Teoria Geral do Direito Previdenciário

Raul Lopes de Araújo Neto

Teoria Geral do Direito Previdenciário

GZ
EDITORA
Rio de Janeiro
2020

1ª edição - 2020

Diagramação
Olga Martins

Presidente do Conselho Editorial
Nelson Nery

CIP – Brasil. Catalogação-na-fonte.
Sindicato Nacional dos Editores de Livros, RJ.

A69t

Araújo Neto, Raul Lopes de
Teoria geral do direito previdenciário / Raul Lopes de Araújo Neto. - 1. ed. - Rio de Janeiro: G.Z, 2020.
274 p.; 23 cm.

Inclui bibliografia e índice
ISBN 978-85-9524-084-1

1. Previdência social - Legislação - Brasil. I. Título.

20-64807
CDU: 349.3(81)

contato@editoragz.com.br
www.editoragz.com.br

Av. Erasmo Braga, 299 – Sala 202 – 2º andar – Centro
CEP: 20020-000 – Rio de Janeiro – RJ
Tels.: (0XX21) 2240-1406 / 2240-1416 – Fax: (0XX21) 2240-1511

Impresso no Brasil
Printed in Brazil

Para Cris, Júlia e Raul

Apresentação

A previdência social é o tema do momento, no século XXI, por razões das mais diversas, como os fundos previdenciários sendo importantes atores do capitalismo atual ou como um direito social que pode assegurar algum tipo de isonomia, em verdadeira colisão de interesses. Os valores investidos nas empresas capitalistas, nos Estados Unidos, são fundamentais para alavancar os negócios e expandir a base econômica mundial, inclusive pelos aportes colocados em outros países. Ao mesmo tempo, depois de baixa desde o final do século passado, o movimento sindical europeu voltou a se soerguer combatendo as propostas de modificação do sistema securitário vigente, considerado benévolo para com os trabalhadores, mas muito defendido, especialmente na França.

O direito à previdência social nasceu, no final do século XIX, como uma das reivindicações dos sindicatos, na Europa Ocidental, principalmente nas sociedades que tinham avançado para o capitalismo industrial, como a Grã-Bretanha. Além da bandeira máxima dos primeiros passos do movimento sindical, a jornada de oito horas de trabalho, também outros direitos foram pleiteados, principalmente em relação ao Estado, como o direito à educação, à saúde e à previdência social. Na Alemanha, então recentemente unificada, o Chanceler Von Bismark aproveitou as demandas trabalhistas para oferecê-las com outro aspecto, com a formação dos fundos de previdência por categoria sindical. Previa um sistema de depósito em conta pessoal e da capitalização do valor captado, uma modernização do que estabeleciam os montepios, que existiam desde o século XVI, mas agora com a chancela governamental.

A previdência social, no século XX, foi constitucionalizada pela Constituição Mexicana de 1917, pela Constituição Soviética de 1918 (Rússia) e pela Constituição de Weimar de 1919 (Alemanha). Estes novos textos constitucionais contemplaram os direitos trabalhistas e também os novos direitos sociais, como o direito à educação, à saúde e a outras garantias, inclusive o direito à pensão por morte ou por invalidez e a aposentadoria. Começou, com isto, a formação do Estado do **Welfare State** (Bem-estar Social), em especial na Europa pós-Segunda Guerra Mundial, mas que já vinha ensaiando sua afirmação do período depois da Primeira Guerra Mundial. O político inglês **Lord Beveridge** implantou, em pleno conflito, em 1942, o novo sistema, em que todos financiavam a todos. O **Report on Social Insurance and Allied Services**, conhecido como Plano Beveridge, consistia em conceder os direitos conforme a necessidade social do beneficiário e o custeio de acordo com a capacidade de pagamento do contribuinte.

A situação acima foi descrita como o salário indireto, pois o empregado recebia direitos sociais em troca de não reivindicar dos patrões maiores salários.

As nações ocidentais intermediaram o conflito social entre os trabalhadores e os empregadores, bancando novos direitos sociais, o que significava assumir o custo dos benefícios previdenciários e, assim, financiar os dois grupos sociais antagônicos. Nos Estados Unidos, que também tinha um movimento trabalhista tradicional, com o **Crack** da Bolsa, em 1929, o Presidente Franklin Roosevelt, por meio do **New Deal**, passou não só a ajudar as empresas falidas, mas também as pessoas mais necessitadas com a crise econômica. Não obstante, a previdência nesse país continuou a ser um assunto mais pessoal do que institucional, com a formação de fundos de pensões privados e com o sistema de capitalização individualizado.

No final do século passado, começou-se a se questionar a concessão dos direitos trabalhistas já fixados, bem como a excessiva intervenção do Estado na economia, por meio de empresas públicas e de sociedades de economia mista. Esta ingerência alegava-se, longe de trazer o desenvolvimento almejado, aumentava a burocracia e limitava a produtividade do trabalhador. Baseado na teoria da Escola de Chicago adotou-se uma política econômica conhecida como neoliberal, que no seu sentido cultural, adotou a denominação de globalização. Toda essa discussão sobre a previdência social dominou a definição sobre a política econômica adequada a cada país, no início do século XXI, com a hegemonia dos interesses em prol da ampla liberdade no capitalismo. Todavia, diversas crises nas bolsas de valores ocorreram, em especial, norte-americanas, que logo contaminaram todas as demais bolsas mundiais – em 2000 e em 2001, com a Crise da Nasdaq, em 2007 e em 2008, com a Crise do **Subprime**, e, em 2020, com a Crise do Convid19. O consenso em favor do neoliberalismo foi se enfraquecendo, não só por conta da exigência do Estado em socorrer as empresas capitalistas, mas também em garantir direitos sociais aos menos favorecidos.

A discussão sobre a previdência social no Brasil, no século XX, começou junto com os primeiros sindicatos e com as tentativas de greves, ao longo da década de vinte deste. No início, houve a formação de fundos de pecúlio por categoria sindical, independente de serem servidores públicos ou privados, semelhante ao sistema de Bismark. Com a Revolução de Trinta, passou a ser uma das pautas do Estado os direitos sociais já concedidos em outros países, no que resultou na inserção destes na Constituição de 1934. Esta foi a primeira em que se concederam tais benefícios, que foram mantidos nos textos constitucionais seguintes. Depois da Segunda Guerra Mundial, diversos órgãos públicos federais foram criados, não só para um sistema diferenciado de previdência social para os servidores públicos, mas também para as autarquias cuidarem da assistência social e da saúde pública.

Foi adotado o modelo do Plano Beveridge, ainda em pleno regime militar, com a concessão de novos direitos previdenciários e com o estabelecimento de novas fontes de financiamento, inclusive cobradas das empresas e dos empregadores rurais. Depois de nova rearrumação dos órgãos acima, alguns extintos e outros fundidos, no âmbito previdenciário, surgiu à autarquia federal Instituto Nacional de Seguridade Social (INSS), em 1990, que assumiu inclusive os direitos dos trabalhadores rurais, os rurícolas. O sistema previdenciário brasileiro, no final do século passado, longe de diminuir seus órgãos para a concessão de benefícios e para a cobrança de novas contribuições sociais, veio multiplicando seus organismos, prédios, recursos e servidores públicos. A autarquia acima tem um orçamento maior do que a imensa maioria dos Ministérios e dos Estados-membros brasileiros.

A questão da previdência social, no Brasil, no século XXI, foi semelhante ao que aconteceu na Europa Ocidental e em alguns países sul-americanos, como o Chile, com o mercado financeiro e os políticos conservadores-liberais defendendo a capitalização da previdência social. Daí as várias reformas, como a das Emendas Constitucionais nº 19 e 20, de 1998, e da Emenda Constitucional nº 41, de 2003, em relação aos servidores públicos. Mais recentemente, as leis sobre previdência complementar destes servidores e a Emenda Constitucional nº 103, de 2019, elaboradas o favorecimento do mercado financeiro e dos patrões como um todo. Não restam dúvidas de que diversas mudanças ocorreram na demografia brasileira, com as pessoas vivendo mais e com os jovens ficando em menor número do que os idosos. A sociedade também mudou, com a maior inserção da mulher no mercado de trabalho e com sua maior longevidade, pelo cuidado com a própria saúde. No entanto, a pretensão inicial da última reforma era de inserir um sistema de capitalização pessoal das contribuições sociais, como uma volta ao sistema de pecúlio bismarkquiano, de índole ultraliberal, que acabou não passando no Congresso Nacional.

A obra **Teoria Geral do Direito Previdenciário** de Raul Lopes de Araújo Neto, resultou de pesquisas de seu doutoramento na Pontifícia Universidade Católica de São Paulo (PUC/SP), no Núcleo de Direito Previdenciário, implantado a um quarto de século pelo Prof. Dr. Wagner Balela, prefaciador da obra acima. Não só uma obra didática sobre a previdência social e sobre o chamado regime geral, ainda hoje matéria da concessão de benefícios pelo Instituto Nacional de Seguridade Social (INSS), atualmente com mais atribuições e com menos recursos e servidores autárquicos. O autor discute com desvelo os princípios constitucionais dos segurados, que podem ser uma barreira frente à restrição aos direitos sociais e à sanha do mercado financeiro para gerir os recursos previdenciários dos trabalhadores. Ele usa sua escrita como quem explica um sonho em favor da universalidade da cobertura, da distributividade na prestação de benefícios e da dignidade da pessoa humana. Mais ainda, abordou o difícil problema da efetivação do direito previdenciário, exteriorizados pela excessiva judicialização, e as possíveis soluções para tanto.

Raul Lopes de Araújo Neto é um fidalgo de nascimento, mas com destaque pela postura e pelo comportamento que tem em sua vida. Neto e filho de industriais, sem esquecer o passado e sem omitir o orgulho que tem de sua ascendência, encontra-se ao lado dos trabalhadores e dos desvalidos. Foi assim ao longo de sua trajetória intelectual e profissional, com o bacharelado pela Universidade de Fortaleza (UNIFOR), com o mestrado em direito pela Universidade Católica de Brasília (UCB), com o doutorado já mencionado pela PUC/SP e com o pós-doutorado pela Universidade de Brasília (UnB), sempre obtendo louvor e admiração. Não bastasse tudo isto, voltou ao Piauí porque assim foi seu desejo. Retornou à Velha Salamanca, à Faculdade de Direito do Piauí, hoje o Departamento de Ciências Jurídicas da Universidade Federal do Piauí (UFPI), no qual já exerceu o cargo de Chefe do Departamento, com realce e competência.

Para meu gáudio, quis o destino que Raul Neto ingressasse como professor na universidade acima, onde eu também sou professor, e fosse estagiário da sociedade profissional da qual sou sócio, junto com Joaquim Almeida Neto – Almeida e Costa Advogados Associados. Esta, além do autor, tem atualmente mais seis outros professores que fizeram parte do seu quadro de estágio profissionalizante. Como o destino nunca deixa as pontas soltas, durante o período em fui Presidente da Academia Piauiense de Letras, pude editar uma obra de contos de sua autoria e de outros jovens escritores, **Contos Entrerios**, boa parte deles juristas, do movimento Entrerios. Este nome é evocativo a Teresina, capital do Piauí, entre os rios Parnaíba e Poti e salpicada de lagoas e de riachos. Assim como seus companheiros, um ótimo contista, sensível e moderno. Como Presidente do Conselho Editorial da GZ Editora, volto a ter a honra de publicá-lo, agora, com o livro **Teoria Geral do Direito Previdenciário**, ora apresentado. O melhor de tudo, porém, é que ele faz parte do meu círculo de amigos e, apesar de vascaíno, único defeito para mim flamenguista, tem a mesma matéria da qual sou feito – a busca pela felicidade geral.

Nelson Nery Costa
Presidente do Conselho Estadual de Cultura

Prefácio

A estruturação em sistema da seguridade social pode ter sido o perene legado que o constituinte de 1988 legou aos que esperam ser protegidos nas mais diversas situações de necessidade.

Destaca-se, nessa estrutura, a clara repartição de competências e atribuições entre as diversas pessoas políticas e, ainda, entre as incumbências dos poderes públicos e da sociedade.

De fato, quem percorrer as dezenas de dispositivos relativos à proteção social em todo o edifício da Constituição Cidadã perceberá, num relance, que se trata de conjunto que melhor define o perfil das pessoas protegidas e dos entes protetores. Tudo isso é colocado sob a égide superior dos Direitos Humanos, enquanto categoria não apenas jurídica como, sobretudo, social daquele Estado que emergiu no dealbar do Século XX e que, conquanto tenha configurado inexcedível aparato protetor, parece agora estar sob o ataque cerrado do liberalismo e do individualismo.

O autor, cujo formação acadêmica é impecável, valeu-se de metodologia rigorosa da qual não abriu mão. Nem poderia deixar de fazê-lo porquanto se propôs a edificar uma teoria geral no qual a mole do conjunto é a essência

As linhas mestras da teoria foram definidas a partir da modelagem constitucional do sistema brasileiro de proteção social que divide o tema em quatro núcleos fundamentais, em conformidade com a estrutura escalonada da ordem jurídica no padrão kelseniano.

Assim, é de ser considerado o sistema, como categoria de pensamento norteadora das disposições normativas sobre a seguridade social. Em seguida, são examinadas as diretrizes constitucionais erigidas em princípios constitucionais da seguridade social. Ato continuo a teoria avança pela descrição das bases de financiamento do plano de proteção e, por fim, das distintas modalidades de cobertura e de atendimento da comunidade protegida no seu todo considerada.

Ao tomar contato com a mais relevante bibliografia sobre o tema, como se verifica pelas inumeráveis citações produzidas ao longo do texto, o autor dialoga com o debate contemporâneo sobre a seguridade e sobre os caminhos futuros da proteção social.

O resultado dessa trajetória acadêmica não se completa com esta obra, conquanto se trate de uma obra completa.

O que se espera em termos de continuidade de uma certa teoria geral é o constante e permanente dialogar com os temas e os problemas que a sociedade de risco irá propor a quem quer que milite – em termos acadêmicos e nos estreitos limites da docência e da pesquisa – em favor da inclusão social e da efetividade dos direitos humanos sociais. De tal diálogo surgirão, como se espera, sugestões e reflexões sobre o futuro, notadamente diante das reformas e reformas que vieram e que virão.

Conheci **RAUL LOPES DE ARAUJO NETO** no Programa de Pós-Graduação em Direito da Pontifícia Universidade Católica de São Paulo, mais especificamente no Núcleo de Direito Previdenciário que criei há exatos vinte e cinco anos.

Lá, o autor obteve o grau de Doutor, vale dizer, a cidadania acadêmica. E sei que se tratou de conquista de todo em todo merecida.

Acompanho a árdua caminhada do autor como professor dos Programas de Graduação e de Pós-Graduação da Universidade Federal do Piauí, casa a quem o Direito Previdenciário deve uma de suas figuras exponenciais, a veneranda Professora Fides Angélica Omatti, autora de uma das primeiras obras de nossa disciplina.

As acuradas reflexões que são produzidas neste estudo contêm inumeráveis tópicos e implicam, decerto, em debate do qual todos os que se dedicam ao deslinde da questão social tem o dever moral de jurídico de participar.

É sempre necessário distinguir a teoria da prática.

Em verdade a prática só tem revelo, para o estudioso, quando estiver alicerçada em bem construída teoria. O que a presente construção teórica desvela é a carência, diria mesmo, a urgência de que o deslinde das questões práticas, que avultam numa seara onde a judicialização dos temas se transformou em gigantesco e quase insolúvel problema, esteja embasada nos fundamentos superiores da seguridade social.

Deveras, quando enfrenta as questões teóricas, como o faz sem temores nesta teoria, o autor acelera a discussão que há de culminar no deslinde dos casos do dia a dia.

Não é o momento, nos estreitos limites de um prefácio, de adentrarmos nas indagações que se colocam na ordem do dia do Direito Previdenciário.

Todavia, ao terminar de ler a presente teoria o estudioso do tema estará mais preparado para responder a três questões que me parecem fundamentais: qual será o futuro da proteção social no Brasil e no mundo? Até que ponto o individualismo que, como já apontei aqui, se infiltra no enfrentamento do tema, levará a melhor diante da solidariedade? E, *the last, but not the least*, como a humanidade enfrentará os desafios da longevidade, com seu cortejo de consequências, particularmente nos quadrantes da seguridade social?

Faço votos para que a presente teoria sirva como atalaia nos postos avançados de defesa da cidadela da seguridade social pátria.

São Paulo, março de 2020, nos vinte e cinco anos do Mestrado em Direito Previdenciário da PUC-SP

***Professor Doutor* WAGNER BALERA**
Titular da Faculdade de Direito da
Pontifícia Universidade Católica de São Paulo
Decano da Academia Brasileira de Direito da Seguridade Social

Nota do Autor

Este livro é fruto de uma trajetória de pesquisas que desenvolvi nos cursos de mestrado e doutorado em Direito e como professor de Direito Previdenciário na Universidade Federal do Piauí. Na primeira etapa, trouxe para este livro um estudo sobre a estrutura da seguridade social na Constituição Federal de 1988 e a análise dos efeitos das reformas previdenciárias ao longo da história, pesquisa desenvolvida durante o curso de mestrado realizado na Universidade Católica de Brasília.

Em seguida, foram importados para esta obra o conceito de sistema, os objetivos da ordem social e a evolução de justiça e do risco social, que consistiram no meu objeto de estudo no curso doutorado em Direito Previdenciário na Pontifícia Universidade Católica de São Paulo concluído com a tese intitulada: *"O conceito jurídico de invalidez"*.

Por sua vez, os princípios constitucionais bem como os benefícios previdenciários e assistenciais foram objeto de debates em salas de aula dos cursos de graduação, especialização e mestrado em Direito.

A proposta consiste em um livro voltado para os acadêmicos de graduação e pós-graduação em Direito que queiram aprofundar seus estudos no campo da ordem social, especificamente no que se refere à seguridade social e sua estrutura. A matéria abordada consiste numa análise crítica da efetividade dos direitos da seguridade social.

Boa leitura.

Raul Lopes de Araújo Neto

Sobre o autor

Raul Lopes de Araújo Neto
Pós Doutor em Direito pela UnB
Doutor em Direito Previdenciário pela PUC/SP
Mestre em Direito pela UCB/DF
Especialista em Direito Tributário pela UFPE
Professor da Graduação, Especialização e Mestrado em Direito da UFPI

Sumário

1

O Sistema de Seguridade Social na Constituição Federal de 1988

1.1. O Conceito de sistema

Considerando que o sistema jurídico é uma totalidade construída, composta de várias peças ou elementos ligados por um referencial comum,[1] para sua caracterização não basta que seus elementos apresentem características conciliatórias. Torna-se necessária a existência de um referencial comum. Um referencial que represente um ponto de convergência dos elementos do sistema, funcionando como uma espécie de farol a guiar os componentes estruturais do sistema ou até mesmo como uma cola que garanta a unicidade e a coerência, como defendido por Bobbio.[2]

No Direito, o conceito de sistema está associado ao de totalidade jurídica. No conceito de sistema consta também – implícita – a noção de limite, surgindo portanto a necessidade de se precisar o que pertence ao seu âmbito.[3]

---

1 Wagner BALERA destaca que "O Sistema Nacional de Seguridade Social surge aos nossos olhos como conjunto normativo integrado por sem número de preceitos de diferente hierarquia e configuração" (BALERA, Wagner. *Sistema de Seguridade Social.* 7ª ed. São Paulo: LTr, 2014. p.11-12)

2 BOBBIO, Norberto. *Teoria do Ordenamento Jurídico.* São Paulo: Edipro, 2011. p. 79-82.

3 FERRAZ JR., Tercio Sampaio. *Concepção de sistema jurídico no pensamento de Emil Lask.* Disponível em: <http://www.terciosampaioferrazjr.com.br/?q=/publicacoes-cientificas/107>. Acesso em: 29 jun. 2015.

Aurora Tomazini de Carvalho defende que os sistemas existem independentemente de seus elementos se contradizerem ou não. É claro que toda forma estrutural pressupõe um mínimo de harmonia que torna possível a relação entre seus termos, porém tal harmonia não precisa ser absoluta, de modo a não se admitir a presença de conflitos. Mesmo porque, para que duas proposições sejam consideradas contraditórias precisa-se que entre elas se estabeleça uma relação e que tenham como base um referencial comum,[4] isto é, que pertençam ao mesmo sistema. Caso contrário, não há contradição.[5]

No campo da Ordem Social, a "'busca pelo bem-estar e por justiça social"[6] representa o referencial comum que une todos elementos do sistema. Aqui o que importa é que os elementos estejam organizados de forma sistemática e que, independentemente da existência de uma harmonização entre si, subsista uma estrita relação com um objetivo superior, e que este, sim, se sobreponha a todos os elementos e represente o objetivo maior do sistema.

Sobre o assunto, Almansa Pastor ensina que se entendermos por sistema o conjunto de matérias vinculadas reciprocamente entre si e ordenado por e para um determinado objetivo, e se as matérias aludidas estão integradas por relações jurídicas, podemos entender o sistema protetivo ou de seguridade social com sistema jurídico.[7]

---

4 Reforça essa teoria o pensamento de Paulo de Barros Carvalho ao afirmar que "As normas jurídicas formam um sistema, na medida em que se relacionam de várias maneiras, segundo um princípio unificador". (CARVALHO, Paulo de Barros. *Direito Tributário, Linguagem e Método.* São Paulo: Noeses, 2013. p. 218).

5 CARVALHO, Aurora Tomazini de. *Curso de Teoria Geral do Direito* – o construtivismo lógico-semântico. 4ª ed. São Paulo: Noeses, 2014. p. 128-130.

6 BRASIL. Constituição Federal de 1988. Promulgada em 5 de outubro de 1988. **Art. 193.** A ordem social tem como base o primado do trabalho, e como objetivo o bem-estar e a justiça sociais. Este dispositivo está alocado no *Título VIII – Da Ordem Social | Capítulo I – Disposição Geral* e representa a porta de entrada para toda a ordem social constitucional.

7 Tradução nossa. PASTOR, José Manuel Almansa. *Derecho de la Seguridad Social.* 7ª ed. Madrid: Tecnos, 1991. p. 111. No original: Si entendemos por

Dessa forma, para inclusão de um novo elemento, como no caso da "incapacidade laboral social" no conceito de invalidez, exige-se a estrita relação com os objetivos da Ordem Social: o bem-estar e a justiça social, não havendo necessidade de plena consonância harmônica com os demais elementos.[8]

Os elementos do sistema não servem para barrar um novo elemento. Ao contrário, podem servir como porta de entrada a um novo elemento - uma espécie de canal para o ingresso de novos elementos e relações no sistema de seguridade social.[9-10]

1.1.1. Sistema aberto e sistema fechado

Para o ingresso de um novo elemento ou uma nova relação no sistema é necessário que tenhamos a concepção de um sistema de seguridade social aberto e com mobilidade. Com relação à abertura do sistema, Claus-Wilhelm Canaris alerta que a definição entre sistemas aberto e fechado se apresenta na literatura com utilizações linguísticas diferentes.

Numa delas, a oposição entre sistema aberto e fechado é identificada pela diferença entre uma ordem jurídica construída

---

sistema el conjunto de materias vinculadas reciprocamente entre sí y ordenado por y para un determinado objetivo, y si las materias aludidas están integradas por relaciones jurídicas, podemos concebir el ordenamiento de previsión o de seguridad social como sistema jurídico.

8 O tema do conceito jurídico de invalidez será abordado em tópico específico desta obra.

9 Lourival Vilanova afirma que nos sistemas são encontrados elementos e relações. Por esse prisma, as relações não são elementos do sistema, fixam, antes, sua forma de composição interior, sua modalidade de ser estrutura. (VILANOVA, Lourival. *As Estruturas Lógicas e o Sistema do Direito Positivo.* 2ª ed. São Paulo: Max Limonad, 1997. p. 175).

10 Sistema remete à ideia de organização, de ordem. Não obstante, trata-se o ordenamento jurídico frequentemente como sinônimo de sistema de jurídico. Contudo, é necessário um princípio atrator que traga ordem aos elementos, estabelecendo estruturas para que os elos se interrelacionem. Quem melhor desempenha essa função são os princípios constitucionais da seguridade social. (CARVALHO, Cristiano. *Teoria do Sistema Jurídico:* direito, economia, tributação. São Paulo: Quartier Latin, 2005. p. 41).

casuisticamente e apoiada na jurisprudência e uma ordem dominada pela ideia de codificação. Nesse sentido, o sistema de Direito brasileiro deve ser considerado, por sua estrutura, como fechado. Na outra, entende-se por abertura a incompletude, a capacidade de evolução e a modificabilidade do sistema; nesse sentido, o sistema de nossa ordem jurídica pode se caracterizar como aberto.[11]

Optamos pela segunda acepção do termo: aberto no sentido de modificação permissiva, um sistema que permita sua evolução pela troca de informações com o ambiente externo, considerado assim um sistema autopoiético na definição de Luhmann.[12]

Na teoria de Canaris ainda podemos encontrar a fundamentação para as alterações no sistema jurídico. Para isso, distinguimos a abertura do sistema científico, relacionada às proposições doutrinárias, e a abertura do sistema objetivo, relacionada à ideia de codificação.

Sobre o tema, explica Claus-Wilhelm que sob esse prisma, o jurista, como qualquer cientista, deve estar sempre preparado para pôr em causa o sistema até então elaborado para o alargar ou modificar, com base numa melhor consideração. Cada sistema científico é, assim, um projeto de sistema que, apenas exprime um estado dos conhecimentos do seu tempo.[13]

Entretanto, mostra-se necessário saber sob que condições são possíveis modificações no sistema científico e objetivo, até porque é totalmente possível a influência das modificações de um sistema no outro.

A *prima facie* pode-se interpretar que o sistema científico se modifica quando tenham sido obtidos novos ou mais exatos conhecimentos do Direito vigente ou quando o sistema objetivo, ao

---

11 CANARIS, Claus-Wilhelm. *Pensamento Sistemático e Conceito de Sistema na Ciência do Direito.* Lisboa: Fundação Calouste Gulbenkian, 2002. p. 103-104.

12 Luhmann e Teubner afirmam categoricamente a autopoiese do sistema jurídico. O necessário para que um sistema seja autopoiético é que este seja aberto cognitivamente, aberto às mensagens do ambiente, e consequentemente possuidor da capacidade de se auto-produzir e se auto-regular. (Cf. LUHMANN, Niklas. *Introdução à teoria dos sistemas.* Petrópolis: Vozes, 2009).

13 CANARIS, Claus-Wilhelm. *Pensamento Sistemático e Conceito de Sistema na Ciência do Direito.* Lisboa: Fundação Calouste Gulbenkian, 2002. p. 106.

qual o científico tem de corresponder, se tenha alterado. Assim, o sistema científico modifica-se quando os valores fundamentais constitutivos do Direito vigente se alteram. Em consequência, o sistema científico estaria em estreita dependência do objetivo devendo mudar-se sempre com este, enquanto o sistema objetivo, por seu lado, não seria influenciado por modificações dentro do científico.

Não nos parece correta tal suposição. A influência modificativa objetiva pode decorrer de uma modificação científica e vice-versa. É de se reconhecer que a influência das mudanças no sistema objetivo sobre o sistema científico mostra-se mais comum. Quando o legislativo muda o sistema positivo acaba por irradiar seus efeitos nos trabalhos científicos, configurando-se num novo paradigma para o desenvolvimento de estudos e teses.

Por outro lado, as mudanças científicas irradiam seus efeitos de forma mais lenta, e acabam por atingir, primeiramente, o elemento da jurisprudência que, via de consequência, pode irradiar seus efeitos para o Direito codificado ou até mesmo o avanço científico e da sociedade pode gerar a perda da validade normativo pelo desuso. Não é raro que teses científicas ou pareceres consigam orientar uma mudança legislativa, claro que os efeitos dessas mudanças são paulatinos.

Em resumo, as modificações do sistema objetivo reportam-se, no essencial, a modificações legislativas, a novas formações consuetudinárias e a concretização de normas carecidas de preenchimento com valorações. As modificações do sistema científico, às quais nos propomos, resultam dos progressos do conhecimento dos valores fundamentais do direito vigente e traduzem, por outro lado, a execução de modificações do sistema objetivo. As modificações do primeiro seguem, fundamentalmente, as alterações do último. Os sistemas objetivo e científico estão também ligados na dialética geral entre o Direito objetivo em vigor e a sua aplicação.[14]

---

14 CANARIS, Claus-Wilhelm. *Pensamento Sistemático e Conceito de Sistema na Ciência do Direito*. Lisboa: Fundação Calouste Gulbenkian, 2002. p. 126.

1.1.2. Sistema estático e sistema dinâmico

A expressão "mobilidade" do sistema utilizada na teoria de Canaris, não se confunde com sua abertura. É certo que a palavra mobilidade pode significar modificabilidade, mas essa utilização linguística não se mostra a mais adequada para caracterizar a mobilidade de um sistema. Para essa distinção, Canaris se utiliza da teoria de Walter Wilburg sobre sistemas móveis.[15]

A comunicabilidade com o ambiente externo é o ponto de distinção entre os regimes dinâmico e estático. Há sistemas nos quais existe uma constante interação com o seu ambiente, preservando sua ordem interna, enviando e recebendo informações constantemente. Por outro lado, existem sistemas que atuam de forma mais passiva, não possuindo qualquer adaptação com o ambiente. Aos primeiros, denominamos sistemas dinâmicos; aos últimos, sistemas estáticos.

A autorregulação e a autoprodução são características próprias dos sistemas dinâmicos, o que não ocorre com os sistemas fechados. Nos sistemas fechados, em caso de mudança de seu ambiente externo, ele não pode contornar as adversidades e pode correr o risco de se extinguir.

O sistema de seguridade social deve observar, com certa proximidade, as mudanças sociais para poder corresponder às expectativas daqueles a quem o sistema visa proteger. Não se pode conceber um sistema de seguridade na forma hermética, sob pena de o tempo distanciar sua aplicação diante da realidade na qual se insere ou até mesmo ser substituído por um novo sistema.

É importante esclarecer que os termos dinâmico e estático utilizados para a classificação dos sistemas também podem assumir outra conotação no campo jurídico. Referindo-se não de sistema, mas de análise, a dinâmica e a estática são apresentadas por Kelsen[16] de outra forma. A análise dinâmica observará o direito na sua incessante autorregulamentação e autoprodução. A

---

15 Cf. CANARIS, Claus-Wilhelm. *Pensamento Sistemático e Conceito de Sistema na Ciência do Direito*. Lisboa: Fundação Calouste Gulbenkian. 2002.

16 Cf. KELSEN, Hans. *Teoria Pura do Direito*. 6ª ed. São Paulo: Martins Fontes, 1998.

análise estática será como uma fotografia do sistema jurídico num determinado momento, tomando a sua estrutura e os seus elementos da maneira em que se apresentam.

Portanto, sendo o sistema no Direito Brasileiro um sistema aberto no sentido de modificação permissiva, um sistema que permita sua evolução pela troca de informações com o ambiente externo, tal definição adequa-se perfeitamente aos objetivos da ordem social.

Para que possa garantir um bem estar social[17] é necessário haver constante troca de informação com o ambiente externo. O bem estar é transitivo e essa transitoriedade faz que esse objetivo seja sempre algo almejado, colocado num patamar acima da situação na qual o indivíduo se encontre, objetivando melhoria coletiva da população.

1.2. O IDEAL DO ESTADO PROVEDOR

Pra que se possa entender a atual estrutura do sistema de seguridade social no Brasil é necessário uma digressão sobre o ideal do Estado-provedor, uma vez que suas bases foram determinantes para a formação da ordem constitucional brasileira.

A grande crise econômica de 1929 e a situação calamitosa dos países envolvidos na Segunda Grande Guerra fizeram com que o Estado se preocupasse com os chamados riscos sociais[18], que segundo Durand, são classificados em: os infortúnios, que sugerem um revés da sorte, uma desgraça, como a morte ou a invalidez e os venturosos, que se manifestam por fatos ditosos, afortunados, feli-

17 Um dos objetivos da ordem social constitucional - Art. 193 CF

18 Horvath Júnior faz uso das palavras de Santoro-Passarelli, para definir o risco social como o perigo que ameaça o indivíduo e se transfere para a sociedade atingindo toda a coletividade, fazendo surgir a necessidade social. Cabe à previdência social a função de aliviar a necessidade social surgida em virtude da ocorrência dos eventos previamente selecionados, garantindo uma tutela de base (mínimo vital).(HORVATH JÚNIOR, Miguel. *Salário maternidade: à luz da proteção previdenciária*. São Paulo: Quatier Latin, 2004. p. 27.)

zes, como a sobrevivência da pessoa (a aposentadoria por idade é uma contrapartida ao fato da sobrevivência do segurado).[19]

Esse período de depressão econômica causou altas taxas de desemprego, quedas drásticas do produto interno bruto de diversos países, bem como quedas drásticas na produção industrial. Dessa forma, o Estado passou a se preocupar pelos riscos sociais e justificar o surgimento de restauradores com o *Walfare State* e o plano *Beveridge*[20]. Pela teoria do risco social o Estado seria uma espécie de segurador universal contra todo e qualquer evento lesivo ocorrido em seu território, sujeitando-se à respectiva indenização, garantindo a paz social e a realização das necessidades coletivas e individuais.

Os riscos sociais merecem resposta do Estado, que depende dos impostos para existir e como contrapartida deve estruturar a rede de proteção aos trabalhadores pelos riscos sociais.

A preocupação social teve grande expressão com a criação do *Welfare State*, um tipo de organização política e econômica que coloca o Estado como agente da promoção, proteção e defesa social e organizador da economia. Nesta orientação, o Estado é o agente regulamentador de toda a vida e saúde social, política e econômica do país em parceria com sindicatos e empresas privadas, em níveis diferentes, de acordo com a nação em questão. Cabe ao Estado do bem-estar social garantir serviços públicos e proteção à população.[21]

---

19 DURAND, Paul. *La política contemporânea de seguridad social.* Madrid: Ministério de Trabajo y Seguridad Social, 1991. p. 55.

20 Depois da Segunda Guerra Mundial e considerando as várias circunstâncias sociais, econômicas, internacionais, era necessário fazer nascer um novo sistema protetor social que teria por meta principal a extensão da cadeia protetora para as outras pessoas da sociedade. Assim foi que, na Grã-Bretanha, veio à tona em 1942 o famoso *Relatório Beveridge*, redigido por Lord Beveridge, então um dos altos funcionários do governo britânico. Pode-se considerar que esse Relatório é o pai da moderna previdência social, graças à sua influência nas legislações posteriores de muitos países.

21 SCHUMPETER, Joseph. *On The Concept Of Social Value* (1908). Disponível em: <http://socserv.mcmaster.ca/econ/ugcm/3ll3/schumpeter/socialval.html>. Acesso em: 20 nov. de 2010.

O *Welfare State* se originou da grande depressão gerada pela crise econômica de 1929 e foi criado com uma salvação para os países, principalmente, os europeus. Atualmente é um sistema em crise que possui como fatores causadores: a diminuição do gasto público e a adequação às demandas individualistas da sociedade, voltando a estimular a independência.

O *Welfare State é* uma das marcas da era dourada de prosperidade do pós-guerra e significou mais do que um simples incremento das políticas sociais no mundo industrial desenvolvido. Representou um esforço de reconstrução econômica, moral e política. Economicamente, significou um abandono da ortodoxia da pura lógica do mercado, em favor da exigência de extensão da segurança do emprego e dos ganhos como direitos de cidadania e moralmente, a defesa das ideias de justiça social, solidariedade e universalismo.[22]

Esse plano de reforma do Estado, incorporou um ideal de recuperação para as nações economicamente abaladas e repercutiu em muitos países da Europa, como a Suécia, a Dinamarca, a Noruega e a Finlândia. Diante dessa grande reforma, surgiu também a proposta do funcionamento do Estado na forma Regulatória.

A respeito dessa mudança, Mattos afirma que o desenvolvimento do Estado regulador nos Estados Unidos teve dois momentos fundamentais: o *New Deal* (1933-1940) e a *New Social Regulation* (1965-1980) e afirma que em estudo profundo sobre o *New Deal* e o tratamento de concentrações econômicas, *The New Deal and the problem of monopoly – a study in economic ambivalence*, Ellis W. Hawley demonstra que o New Deal, em resposta à depressão, começou com a atuação do governo federal dando suporte a carteis e ao planejamento empresarial, e terminou com uma campanha pró-concorrência e o ataque a estruturas rígidas de controle de preços. Daí o New Deal ser qualificado, desde uma análise econômica, como uma das políticas mais ambivalentes da historia da economia norte-americana. Porém o sentido do New Deal e seus efeitos sobre a configuração do Estado regulador ame-

22 ESPING-ANDERSEN, Gosta. O futuro do welfare state na nova ordem mundial. *Revista Lua Nova*, nº 35, São Paulo: CEDEC, 1995.

ricano pode ser mais bem compreendido deste ponto de vista da análise política.[23]

Diante desses dois movimentos, o *New Deal* e o *New Social Regulation*, fica claro que o ideal de realização do interesse público será defendido como um contraponto ao ideal liberal de maximização egoísta do interesse privado.

A crise do *Welfare State* é o preâmbulo do crescimento da previdência complementar e dentre os fatores que impulsionaram esse crescimento, podem ser apontados os seguintes[24]:

a) A expansão dos gastos públicos com a área social acarreta deficits para o Estado, provocando a inflação e o desemprego. Os programas socais são os responsáveis pelo desequilíbrio da competitividade entre os indivíduos no mundo do trabalho. "A solução passa pela redução dos programas tanto quanto possível, redução dos benefícios, controle do acesso e fraudes, austeridade no fornecimento de bens, privatização dos serviços, etc.".[25]

b) A diminuição das receitas públicas devido à crise econômica, conduz a redução dos financiamentos para os programas sociais, os quais, por sua vez, não podem ser feitos através da imposição de impostos para as massas, pois estão economicamente desequilibradas. Portanto, a crise fiscal do Estado se expressa nos gastos sociais que aumentam cada vez mais, e o seu financiamento torna-se algo moroso.

c) O colapso do pacto político do pós-guerra sob o qual o *Welfare State* se ergueu. Há autores que defendem a teoria de que os programas de políticas sociais surgiram para cobrir os riscos aos quais estariam expostos os trabalhadores, reforçando assim as atividades econômicas. Porém, com a crise econômica, iniciada, no início dos anos 70, o Welfare State esgotou a sua forma básica entre a regulação estatal fundamentada na política econômica

---

23 MATTOS, Paulo Todescan Lessa. *O novo Estado regulador do Brasil: eficiência e legitimidade*. São Paulo: Singular, 2006. p. 81-84.

24 WIECZYNSKI, Marilene. *Considerações teóricas sobre o surgimento do Welfare State e sua implicações nas políticas Sociais: uma versão preliminar* (2007). Disponível em: <http://www.portalsocial.ufsc.br/publicacao/consideracoes.pdf>. Acesso em: 20 abr. 2011.

25 DRAIBE, Sonia; HENRIQUE, Wilnês. Welfare state, Crise e Gestão da crise. *Revista Brasileira de Ciências Sociais*, v. 3, nº 6, São Paulo: ANPOCS, 1988. p. 58.

de Keynes com a articulação das políticas sociais (WIECZYNSKI, 2007).

Diante da crise do *Welfare State*, Esping-Andersen demonstra que a privatização dos programas de bem-estar social é uma das estratégias mais defendidas na presente crise do *welfare state.* De fato, ela é promovida por duas razões distintas: a primeira com o objetivo de diminuir o gasto público e de estimular a independência; a segunda, visando responder às demandas mais diferenciadas e individualistas da sociedade "pós-industrial". Na prática houve, contudo, poucas reformas substanciais desse tipo. Apesar disso, um processo "silencioso" de privatização pode estar a caminho em muitos países, causado principalmente pela erosão gradual dos níveis dos benefícios ou dos serviços.[26]

As mudanças sociais que implicaram o comprometimento da sustentabilidade do *Walfare State*, fizeram com que o indivíduo se interessasse pela gerência de seu próprio bem-estar, principalmente, no que diz respeito à velhice, assumido os riscos gerados pelas contingências sociais. É nesse contexto que surgem as aplicações em previdência complementar. Não se trata da privatização da Seguridade Social, a previdência complementar tem por objetivo garantir um melhor bem-estar para o segurado e não a substituição das garantias previdenciárias do Estado.

Conduzindo a uma evolução histórica sobre as mudanças na intervenção do Estado, o antiestatismo surge nos anos 1960 e, como um vendaval, avança em todos os países capitalistas, cêntricos ou periféricos.

A ideia intervencionista não era mais tão atraente. Essa forma totalitarista era tão repulsiva quanto a ausência do amparo social anterior à criação do sistema. Assim, exigia-se dos países que adotavam regimes intervencionistas a implementação de um sistema menos dependente da vontade do Estado.

---

26 WIECZYNSKI, Marilene. *Considerações teóricas sobre o surgimento do Welfare State e sua implicações nas políticas Sociais: uma versão preliminar* (2007). Disponível em: <http://www.portalsocial.ufsc.br/publicacao/consideracoes.pdf>. Acesso em: 20 abr. 2011. p. 106-107.

Durante as décadas de 80 e 90, países como Chile, Peru, Colômbia, Uruguai, Bolívia e México e Costa Rica optaram por substituir, parcial ou integralmente, os sistemas públicos de previdência social de repartição por sistemas privados obrigatórios de capitalização individual.[27]

Essas mudanças trouxeram reformas sociais atingindo, inclusive, a previdência social. Os países latino-americanos optaram por um processo de imitação do modelo de estratégia liberal, baseado na privatização da previdência social com ênfase na desregulamentação do mercado de trabalho e nos benefícios seletivos ao invés de universais.

No Brasil, a estrutura constitucional de 1988 está sedimentada em um Estado Social e pautada em objetivos que garantem o bem-estar e a justiça social, conforme detalhado no tópico seguinte.

1.3. Os objetivos da ordem social

1.3.1. Notas introdutórias

Para entendermos o papel do Estado na garantia dos direitos sociais na modernidade, propomos inicialmente um apanhado histórico sobre a justiça social e suas transformações ao longo dos séculos até chegar à forma disposta na Constituição Federal Brasileira de 1988.[28]

A porta de entrada da ordem social na Constituição Federal de 1988, disposta no **Título VIII - Da Ordem Social | Capítulo**

---

27 GENTIL, Denise Lobato. *A Falsa crise do sistema de seguridade social no Brasil: uma análise financeira do período 1990 - 2005* (2007). Disponível em: <www.corecon-rj.org.br/ced/artigo_denise_gentil_reforma_da_previdencia.pdf>. Acesso em: 03 dez. 2010.

28 Sobre o assunto, Wagner Balera cria uma relação de dependência com seus objetivos quando define a Seguridade Social como sendo uma combinação da igualdade com a solidariedade - é o sistema jurídico apto a conferir equivalente quantidade de saúde, de previdência e de assistência a todos quantos necessitarem de proteção. O respectivo objetivo, a justiça social, se tornará realidade quando a promoção do bem de todos deixar de ser um mero programa. (BALERA, Wagner. *Sistema de Seguridade Social*. 7ª ed. São Paulo: LTr, 2014. p. 23).

I - Disposição Geral é o artigo 193 que apresenta claramente seus objetivos que irradiam seus efeitos para toda a estrutura da Seguridade Social:

> **Art. 193.** *A ordem social tem como base o primado do trabalho, e como objetivo o bem-estar e a justiça sociais.*

A análise deste dispositivo partirá da concepção de justiça distributiva na visão de Aristóteles até a dimensão que hoje se discute fundada nas ideias de John Rawls. Com relação à justiça social, o presente tópico possui caráter explicativo e como base relatos históricos divididos em duas etapas: a pré-moderna, até o século XVIII; e a moderna, a partir de século XVIII até os dias atuais.

Nesse texto comumente utilizamos as expressões "conceito" e "concepção" da mesma forma pela qual Rawls as distingue. O Conceito pode ser amplamente compartilhado por pessoas que divergem de forma significativa quanto à concepção específica que reúnem sobre ele. Desse modo, as pessoas podem todas concordar que o conceito de justiça envolve algum tipo de "igualdade" socioeconômica; ao passo que algumas delas sustentam a concepção segundo a qual a 'igualdade' relevante é a 'igualdade' de oportunidades; enquanto outras supõem como relevante a 'igualdade' de resultados.[29]

1.3.2. A justiça social

1.3.2.1. A Concepção pré-moderna de justiça social

Para que seja possível atingir um modelo previdenciário ideal que garanta o bem-estar[30] é necessária a compreensão do signi-

29 FLEISCHACKER, Samuel. *Uma breve história da justiça distributiva*. São Paulo: Martins Fontes, 2006. p. 20.

30 Wagner Balera define que o bem-estar se expressa através da erradicação da pobreza e da marginalização e da redução das desigualdades, somente poderá ser atingido com o esforço e a cooperação de todos e de cada qual. Assim foi no passado, assim é no presente, assim será no futuro. (BALERA, Wagner. Introdução à seguridade social. In: MONTEIRO, Meire Lúcia Gomes (coord). *Introdução ao Direito Previdenciário*. São Paulo: LTr, 1998. p. 16).

ficado e do alcance da justiça social. Mostra-se comum o uso das expressões justiça social e justiça distributiva, ou justiça econômica, por manifestantes contra a globalização, que a invocam no intuito de apontar os males causados pelas grandes corporações e empresas multinacionais.

A concepção de justiça social ou distributiva no período pré-moderno (até o século XVIII) era bem distinta da concepção moderna (ou contemporânea). A análise do binômio "mérito/necessidade" residiu no ponto de distinção entre as duas dimensões. Enquanto o princípio antigo estava relacionado à distribuição de acordo com o mérito, na concepção moderna, requer uma distribuição independentemente do mérito.

A justiça distributiva antiga (anterior ao século XVIII) teve origem nas concepções de Aristóteles, exigindo que as pessoas merecedoras fossem recompensadas de acordo com seus méritos. Na concepção aristotélica, a justiça distributiva contrasta com a justiça corretiva (ou cumulativa), que diz respeito à punição. Nesse sentido, Aristóteles traça duas distinções sobre a noção de justiça.

Em primeiro lugar, ele distingue entre um sentido, depois denominado de "justiça universal", que abrange todas as virtudes e uma "justiça particular", que se aplica às constituições políticas e às decisões judiciais. Em segundo lugar, distingue, no interior desse segundo sentido do termo, "justiça distributiva" de "justiça corretiva". A justiça distributiva requer que honra, ou posições de autoridade política, ou dinheiro sejam distribuídos de acordo com o mérito, enquanto a justiça corretiva requer que os culpados por injúrias paguem pelos danos que causaram a suas vítimas de acordo com a extensão desses danos.[31]

No Livro V, capítulo 2 da Ética a Nicômaco, Aristóteles[32] define as justiças distributiva e corretiva e defende que da justiça particular e do que é justo no sentido correspondente: (A) uma espécie é a que se manifesta nas distribuições de honras, de dinheiro ou das outras coisas que são divididas entre aqueles que

31 FLEISCHACKER, Samuel. *Uma breve história da justiça distributiva*. São Paulo: Martins Fontes, 2006. p. 29-30.

32 ARISTÓTELES. Ética a Nicômaco. São Paulo: Nova Cultural, 1991. (Coleção Os Pensadores. v. 2).

têm parte na constituição (pois aí é possível receber um quinhão igual ou desigual ao de um outro); e (B) outra espécie é aquela que desempenha um papel corretivo nas transações entre indivíduos. Desta última há duas divisões: dentre as transações, (1) algumas são voluntárias, e (2) outras são involuntárias - voluntárias, por exemplo, as compras e vendas, os empréstimos para consumo, as arras, o empréstimo para uso, os depósitos, as locações (todos estes são chamados voluntários porque a origem das transações é voluntária); ao passo que das involuntárias, (a) algumas são clandestinas, como o furto, o adultério, o envenenamento, o lenocínio, o engodo a fim de escravizar, o falso testemunho, e (b) outras são violentas, como a agressão, o sequestro, o homicídio, o roubo à mão armada, a mutilação, as invectivas e os insultos.

O Livro V, capítulo 2, da Ética a Nicômaco alude brevemente ao conceito, que é então desenvolvido no capítulo 4. No capítulo 3, somos informados de que a justiça distributiva - a justiça na distribuição, pelo Estado, de dinheiro, horarias e outras coisas de valor - requer a distribuição de acordo com o mérito (*Kat'axian*).

A justiça corretiva (cumulativa) é diferente. O princípio corretivo (*diorthotikos* - literalmente, "fazer corretamente") aplica-se não a recompensas, mas a transações (*synallagmata*) tanto voluntárias quanto involuntárias, com a distinção correspondendo aproximadamente àquela que existe no direito norte-americano entre contratos e responsabilidade civil extracontratual.[33]

Com relação à justiça distributiva, Richard Posner ensina que o livro V, capítulo 3 da Ética a Nicômaco explica que o princípio que deve guiar o Estado na alocação de dinheiro ou honrarias é o mérito relativo dos beneficiários potenciais. O padrão do mérito depende, por sua vez, dos valores da sociedade. Se esta for aristocrática (a concepção de sociedade justa por Aristóteles), o princípio de distribuição se dará de acordo com a virtude ou a excelência: o cidadão mais virtuoso terá direito a uma parte proporcionalmente maior da distribuição do que o menos virtuoso.[34]

33 POSNER, Richard A. *Problemas de filosofia do direito*. São Paulo: Martins Fontes, 2007. p. 319 e 320.

34 POSNER, Richard A. *Problemas de filosofia do direito*. São Paulo: Martins Fontes, 2007. p. 449.

Uma leitura moderna sobre a teoria de Aristóteles tenta associar a expressão "mérito" à atual ideia de "necessidade". Um exemplo disso apresenta-se na opinião de Richard Kraut.[35] Exemplifica o autor que, no caso de haver comida e outros recursos disponíveis para serem distribuídos entre os necessitados, a justiça de Aristóteles exigirá que parcelas maiores sejam concebidas àqueles que tiverem maiores necessidades.

Ocorre que pelo fato de Aristóteles ignorar a equivalência entre "mérito e necessidade" na justiça distributiva, não se pode cravar que ele concordaria com tal fato apenas por não se opor a ele.

Os textos de Aristóteles sugerem fortemente que, para ele, a justiça distributiva estava essencialmente vinculada ao mérito, e não à necessidade. Os seguidores cristãos de Aristóteles consideram que a justiça distributiva é governada por uma norma de mérito, não de necessidade.

Sobre o assunto, Fleischacker ensina que é verdade que ocasionalmente Aristóteles menciona o fato de que questões de justiça distributiva podem surgir em conexão com a distribuição de bens materiais - quando, por exemplo, os sócios de um empreendimento comercial têm de desprender fundos comuns de maneira proporcional à contribuição de cada um ao empreendimento (1.131b29-1.131b30). O que ele não levanta nem mesmo como uma possibilidade é que a justiça possa exigir que o Estado organize a estrutura fundamental da posse material entre seus cidadãos.[36]

Richard Posner aponta que a teoria de Aristóteles sobre justiça distributiva funciona bem dentro de seus limites, mas estes são demasiado exíguos, em especial porque Aristóteles não concebia o Estado como se este possuísse, de início, todos os recursos da sociedade para só então dividi-los entre os cidadãos. Aristóteles acreditava ainda que na esfera privada as pessoas seriam livres para negociar e acumular toda riqueza que quisessem, sujeitas a um dever de evitar a prática de atos injustos como o roubo e a

---

35 Cf. KRAUT. Richard. *Aristotle:* Political Philosophy. Oxford: Oxford University Press. 2002.

36 FLEISCHACKER, Samuel. *Uma breve história da justiça distributiva.* São Paulo: Martins Fontes, 2006. p. 31.

fraude. Seu princípio de justiça distributiva não abarcava toda a extensão da riqueza da sociedade.[37]

Depois de Aristóteles, a figura mais importante na tradição do direito natural centrou-se em Tomás de Aquino, que também adotou a concepção distributiva de Aristóteles. Aquino segue o contrato da justiça distributiva e justiça cumulativa, em que uma corrige erros e outra distribui bens. Novamente a distribuição relaciona-se diretamente com o mérito e com os bens políticos, não havendo qualquer sugestão de que prover aos pobres seja uma questão de justiça distributiva.

Esse pensamento dominou a filosofia político-ocidental até o início do século XVII, quando a tradição do direito natural foi concebida por Hugo Grócio.

Grócio seguiu as ideias de Aristóteles e Aquino e criou uma distinção entre justiça expletiva e justiça atributiva, com o propósito de equiparar a distinção entre justiça distributiva e cumulativa até então defendida pelos seus antecessores. A justiça expletiva governa tudo o que a lei faz ou deve fazer, e as reivindicações que ela procura satisfazer são correspondentemente denominadas de direitos legais – ou direitos estritos. Por sua vez, a justiça atributiva abarca todas aquelas virtudes que têm o propósito de fazer bem aos outros, tais como a generosidade, a compaixão e a previdência em questão de governo.

Segundo Fleischacker, as concepções de Grócio são pouco claras em vários aspectos. Ele não deixa claro por que a justiça atributiva deveria ser considerada parte da justiça, nem como seria possível interpretar os dois tipos de justiça de Aristóteles como dividindo-se entre o que pode e o que não pode ser aplicado coercitivamente.[38]

O último a trabalhar a ideia de justiça distributiva, sem dedicar-se primariamente ao alívio da miséria dos mais necessitados, foi Adam Smith. Para Smith, a questão da justiça distributiva estava atrelada a deveres de beneficiários para benfeitores, pais

---

37 POSNER, Richard A. *Problemas de filosofia do direito*. São Paulo: Martins Fontes, 2007. p. 449.

38 FLEISCHACKER, Samuel. *Uma breve história da justiça distributiva*. São Paulo: Martins Fontes, 2006. p. 36.

e filhos, amigos e vizinhos e de todas para com as pessoas de mérito. Ainda era perceptível a valoração do mérito. Assim como a justiça atributiva de Grócio, a justiça distributiva de Smith está relacionada à concepção cristã de virtude social. Porém, este último mostrou-se o primeiro a destacar os danos que a pobreza causa na vida privada dos pobres, passo muito importante para a concepção de justiça distributiva na modernidade.

Dessa forma, até o século XVIII não havia qualquer intenção da concepção de justiça que provesse a retirada do pobre da miséria. Nem mesmo a Lei dos pobres,[39] (*poor relief act*) editada em 1601 na Inglaterra, possuía o intuito de ajudar os pobres. O que era feito pelas paróquias inglesas se ajustava mais às obras de caridade (virtude) que distinguia entre os pobres merecedores e os não merecedores do amparo, aplicando severas punições àqueles que se recusassem a trabalhar.

1.3.2.2. A Concepção moderna de justiça social

No século XVIII iniciou-se uma mudança significativa nas atitudes da sociedade, impulsionada pelo desenvolvimento científico e político. Diante dessa nova forma de pensar, ganhava espaço a ideia da erradicação da pobreza. O principal ator dessa visão moderna da justiça distributiva era o Estado, o provedor, aquele que deveria tirar as pessoas da miséria, distribuindo ou redistribuindo bens.

Rousseau destacou-se como o pensador que apoiava o papel do Estado em retificar as desigualdades. A contribuição de Rousseau para o distributivismo residia no fato de que "a solução para os problemas de tal sociedade encontra-se na política, e não em atitudes religiosas ou filosóficas que podem fazer com que aqueles que sofrem aceitarem a carregar o fardo que sobre eles recai".[40]

---

39 Poor Relief Act. Disponível em: <http://www.workhouses.org.uk/poorlaws/1601act.shtml>. Acesso em: 28 mar. 2016.

40 FLEISCHACKER, Samuel. *Uma breve história da justiça distributiva*. São Paulo: Martins Fontes, 2006. p. 83.

Smith, Rousseau[41] e Kant foram os precursores da concepção de justiça distributiva, ou justiça social, que possuímos na modernidade. Essa concepção invoca o Estado para garantir que a propriedade ou qualquer recurso básico sejam distribuídos por toda sociedade de modo que todas as pessoas consigam suprir a si mesmas com um certo nível de recursos sociais, mas isso não era suficiente para a concepção moderna.

Por meio da Revolução Francesa surgiu a ideia da moderna justiça distributiva. Inspirado por ideias de Smith, Rousseau e Kant, foi Babeuf quem primeiro proclamou explicitamente o papel redistributivo do Estado e a atenção especial aos pobres.

Já em evidência o papel do Estado em solucionar as desigualdades priorizando a ajuda aos pobres, o conceito de justiça distributiva passa por quatro movimentos políticos e filosóficos que rejeitaram ou mitigaram o conceito estudado.

São eles:

a) os reacionários (Townsend, Mandeville, Colquhoun, Burke e Malthus) se opunham à assistência estatal aos pobres e acreditavam que a justiça não possuía um componente distributivo;
b) os positivistas queriam eliminar todo o tipo de linguagem moral da ciência social e, tanto quanto possível, lidar com problemas sociais sob uma perspectiva puramente científica;
c) Marx também queria abolir a linguagem da moralidade, e especialmente da justiça, embora não por razões científicas;
d) os utilitaristas estavam satisfeitos com a linguagem moral, mas reduziam toda a moralidade a um único princípio, segundo o qual o bem da sociedade deveria triunfar sobre o bem dos indivíduos.

---

41 Foi com Rousseau que Kant aprendeu a verdadeira igualdade dos seres humanos: Sou um investigador por inclinação. Sinto um anseio devorador por conhecimento, a inquietação que acompanha o desejo de progredir nele e a satisfação com qualquer avanço que nele consiga fazer. Houve um tempo em que julguei que nisso residia a honra da humanidade e desprezava o povo, que nada sabe. Rousseau endireitou-me com respeito a isso [...] Aprendi a honrar a humanidade, e me acharia mais inútil do que o trabalhador comum se não acreditasse que essa minha atitude pode dar valor a todos os outros ao estabelecer os direitos da humanidade. (KANT apud FLEISCHACKER, 2006, p. 82.)

Surgindo no contraponto das ideias utilitaristas, Rawls se apresenta como um pensador que acredita na distinção entre as pessoas. Enquanto o utilitarismo prima pelo coletivo, Rawls observa tal fenômeno como "muitas pessoas fundidas em uma só" e também rechaça a redução dos fins humanos a um tipo homogêneo de coisa (a felicidade).

O utilitarismo utiliza apenas de argumentos pragmáticos, ou seja, o que enfatiza as consequências. Em suas objeções ao utilitarismo, Rawls tomou como referência o princípio que instituiu a felicidade geral como parâmetro de avaliação dos atos. Quando se discutem as soluções aplicáveis às questões morais, o método utilitarista prioriza as fórmulas favoráveis ao bem-estar social. Para Rawls, era ao contrário, o fundamental na aferição moral são as qualidades intrínsecas aos atos.[42]

Nessa concepção, Rawls acredita que a justiça só deve se ocupar da distribuição de "bens primários"[43] – bens necessários à busca de praticamente qualquer fim humano –, apontando a importância do sistema social na concretude da justiça distributiva.

O principal problema da justiça distributiva é a escolha de um sistema social. Os princípios de justiça se aplicam à estrutura básica e regulam o modo como suas instituições mais importantes se combinam em um único sistema. Ora, como já vimos, a ideia da justiça como equidade é usar a noção de justiça procedimental pura para lidar com as contingências de situações específicas. Deve-se estruturar o sistema social de modo que a distribuição resultante seja justa, independentemente do que venha a acontecer. Para se atingir esse objetivo, é necessário situar o processo econômico e social dentro de um contexto de instituições políticas

42 NADER, Paulo. *Filosofia do direito*. 20ª ed. Rio de Janeiro: Forense, 2011. p. 79.

43 Rawls discrimina cinco tipos de bens primário: a) a liberdade de pensamento e de consciência, como direitos necessários à participação consciente em uma sociedade estruturada; b) liberdades de movimentação e escolha de atividade à vista das disponibilidades; c) cargos públicos, posições de autoridade e respectivos poderes e prerrogativas; c) renda e patrimônio como instrumentos destinados aos mais diversos fins; e) ambiente social favorável ao autorrespeito, a fim de que alcance, com confiança, as metas pessoais. (NADER, Paulo. *Filosofia do direito*. 20ª ed. Rio de Janeiro: Forense, 2011. p. 80).

e jurídicas adequadas. Sem uma organização apropriada dessas instituições básicas, o resultado do processo distributivo não será justo.[44]

Rawls defende que o passo inicial para a estruturação desse sistema social é a regulação por uma constituição justa que assegure as liberdades de cidadania, a qual permita ao governo promover além das formas habituais de despesas sociais básicas, assegurando iguais oportunidades de educação e cultura. Na justiça distributiva de Rawls, a função do Estado passa a ser, antes de tudo, a de regular a posse, a produção e a distribuição dos bens.

Outra concepção moderna de justiça social assenta-se na do americano Michael Walzer, [45] que publicou seus estudos sobre as esferas da justiça e propôs uma visão pluralista de justiça social, cujo objetivo denominou de "igualdade complexa". O autor rejeitava os objetivos igualitários simples que querem tornar as pessoas tão iguais quanto possível em sua situação geral; defendendo ainda que as convenções designam diferentes tipos de recursos e oportunidades a diferentes "esferas" da justiça, cada uma das quais é governada por seu próprio princípio da equidade.[46]

A teoria da "igualdade complexa" de Walzer consiste em ter esferas distintas que recebem seus recursos a depender do princípio adequado a sua esfera. A ideia reside em fazer que cada esfera permaneça intacta, cada uma vivendo a seu modo suas tradições, evitando comparações, tensões e ciúmes da "igualdade simples".

A teoria de Walzer recebe duras críticas de Dworkin, o qual afirma: "uma teoria que vincula a justiça a convenções não seria aceitável mesmo que disponível" e diz que Walzer às vezes parece sugerir que a única possibilidade é a igualdade "simples" que ele descarta, que exige que todos tenham exatamente a mesma parcela de tudo. Mas ninguém defende isso: ninguém sugere que castigos e prêmios Nobel sejam distribuídos por sorteio. Poucos

---

44 RAWLS. John. *Uma teoria da justiça*. São Paulo: Martins Fontes, 2000. p. 303.

45 Cf. WALZER, Michael. *Esferas da Justiça: uma defesa do pluralismo e da igualdade*. 1ª ed. São Paulo: Martins Fontes, 2003.

46 DWORKIN, Ronald. *Uma questão de princípios*. 2ª ed. São Paulo: Martins Fontes, 2005, p. 319.

igualitários chegariam a aceitar a igualdade simples de renda ou riqueza. Qualquer versão defensável da igualdade deve ser muito mais sutil; deve permitir que a origem das desigualdades remonte às escolhas que as pessoas fizeram quanto ao tipo de trabalho a exercer, que tipo de riscos correr, que tipo de vida levar.[47]

A diversidade de opiniões expressa a prova da instabilidade do conceito de justiça social na modernidade. Percebemos um conceito em mutação, ainda encontrando seus axiomas e sua estrutura, que certamente será decorrente não de uma transformação, mas da forma de uma nova dimensão de justiça social.

1.3.3. O bem-estar e a primazia do trabalho

Passada a evolução histórica da justiça distributiva, ou justiça social, Fleischacker propõe a adoção de cinco premissas para a definição do conceito moderno de justiça distributiva:

1. Cada indivíduo, e não somente sociedades ou a espécie humana como um todo, tem um bem que merece respeito, e aos indivíduos são devidos certos direitos e proteções com vistas à busca daquele bem;
2. Alguma parcela de bens materiais faz parte do que é devido a cada indivíduo, parte dos direitos e proteções que todos merecem;
3. O fato de que cada indivíduo mereça isso pode ser justificado racionalmente, em termos puramente seculares;
4. A distribuição dessa parcela de bens é praticável; tentar conscientemente realizar essa tarefa não é um projeto absurdo nem é algo que, como ocorreria caso se tentasse tornar a amizade algo compulsório, solaparia o próprio objetivo que se tenta alcançar; e
5. Compete ao Estado, e não somente a indivíduos ou organizações privadas, garantir que tal distribuição seja realizada.

Tendo como referência o item quatro do conceito acima proposto, e aproximando-o de nosso ordenamento jurídico, Wagner Balera ensina que o ideal de justiça, embutido em nosso ordenamento jurídico, não é algo utópico nem pode ser considerado como pouco prático. Ideal exigente de mecanismos de proteção social

47 DWORKIN, Ronald. *Uma questão de princípios.* 2ª ed. São Paulo: Martins Fontes, 2005, p. 327.

que, não sendo sucedâneos da justiça a ser atingida e do progresso e do desenvolvimento a ser alcançado, permitam equacionamento eficiente – em conformidade com os valores constitucionais e das contingências que o desenvolvimento provoca.[48]

Wagner Balera relaciona os elementos essenciais para que o sistema de seguridade social atinja seus objetivos, ele afirma que a concepção da responsabilidade solidária, com cooperação de todos para a efetiva integração das comunidades locais e mundial, modifica o cenário social que a brutalidade da globalização econômica vinha montando. No sistema jurídico brasileiro a justiça social é objetivo, a meta a ser atingida, e a Seguridade Social é o conjunto integrado que, em certo ambiente, alia componentes, estrutura e recursos capazes de institucionalizar o referido objetivo.[49]

Com visto, no Brasil, a Seguridade Social encontra-se no Capítulo II do Título VIII da Constituição Federal de 1988, o qual destina-se à ordem social. Por isso, assim como as demais áreas da Ordem Social "têm como base o primado do trabalho, e como objetivo o bem-estar e a justiça social".[50]

O valor do trabalho expressa-se no texto constitucional em seu artigo Art. 1º, IV[51] e refere-se a base da seguridade social. Com relação aos objetivos, estes também possuem previsão constitucional e estão indicados no art. 3º, I e III.[52] Sobre o art. 193 da Constituição Federal, Wagner Balera destaca que há uma intima

48 BALERA, Wagner. *Noções preliminares de direito previdenciário.* 2ª ed. São Paulo: Quartier Latin, 2010. p. 37.

49 BALERA, Wagner. *Sistema de Seguridade Social.* 7ª ed. São Paulo: LTr, 2014. p. 21-25.

50 Art. 193. A ordem social tem como base o primado do trabalho; e como objetivo, o bem-estar e a justiça social.

51 Art. 1º. A República Federativa do Brasil, formada pela união indissolúvel dos Estados e Municípios e do Distrito Federal, constitui-se em Estado Democrático de Direito e tem como fundamentos: IV – os valores sociais do trabalho e da livre iniciativa;

52 Art. 3º Constituem objetivos fundamentais da República Federativa do Brasil: I – construir uma sociedade livre, justa e solidária; III – erradicar a pobreza e a marginalização e reduzir as desigualdades sociais e regionais;

conexão entre esse comando e a expressão contida no art. 1º, IV, da mesma Carta Maga. O trabalho, sobre ser um valor social fundamental na República (art. 1, IV) possui uma categoria superior aos demais valores que a Ordem Social salvaguarda.[53]

A valorização do trabalho pela Ordem Social constitucional representa um binômio garantidor da existência e do funcionamento da previdência social.[54] É da remuneração do trabalho que se podem extrair as contribuições para o financiamento da seguridade social (incluindo a previdência). E é também a partir do trabalho que se analisam as situações de riscos sociais,[55] nas quais o trabalhador pode incorrer para gerar um benefício ou serviço, como é o caso da aposentadoria por invalidez. A impossibilidade de exercer a atividade laboral caracteriza o elemento técnico para a percepção do benefício de aposentadoria.

Em outras palavras, é da valorização do trabalho que se extraem as situações de incapacidade laboral sujeitas à proteção do Estado. Com isso, a própria Constituição Federal garantiu um cuidado especial aos trabalhadores, resguardando o Capítulo II do

---

53 BALERA, Wagner. O Valor Social do Trabalho. *Revista LTr*, v. 58/10, p. 1167-1178, 1994. p. 1167.

54 Segundo Daniel Pulino, o conceito de seguridade social no direito brasileiro possui direta relação com o primado do trabalho quando a define como um conjunto sistematizado, integrado, de ações de iniciativa dos Poderes Públicos e da sociedade, destinadas a assegurar direitos relativos à saúde, previdência e assistência social, tendo como base o primado do trabalho e como finalidade superar necessidades sociais para alcançar bem-estar e justiça social. (PULINO, Daniel. *A aposentadoria por invalidez no direito positivo brasileiro*. 1ª ed. São Paulo: LTr, 2001. p. 21).

55 Normalmente, as necessidades individuais a cargo da seguridade social têm raízes econômicas: insuficiência de meios de vida acarretadas pela ausência ou escassez de recursos, isto é, de rendimentos do trabalho. A solução está, portanto, em suprir essa privação mediante a garantia pelo menos dos recursos mínimos indispensáveis: os recursos econômicos. Como em geral isto é feito por processo coletivo, comunitário, social, na realidade trata-se, em última análise, de soluções sociais para problemas econômicos. (LEITE, Celso Barroso. Conceito de Seguridade Social. In: BALERA, Wagner (coord.). *Curso de Direito Previdenciário em homenagem a Moacyr Velloso Cardoso de Oliveira*. 5ª ed. São Paulo: LTr, 2003. p. 13-35).

Título VIII – Da Seguridade Social – para protegê-los das situações de redução ou supressão da capacidade laborativa.

Antes de adentrarmos nos objetivos, importa frisarmos que o trabalho não significa o fundamento apenas da Ordem Social. Não se aplica apenas à Seguridade Social, o trabalho também está presente nos fundamentos da Ordem Econômica,[56] como destaca o artigo 170 da Constituição Federal: "A ordem econômica, fundada na valorização do trabalho humano e na livre iniciativa, tem por fim assegurar a todos existência digna, conforme os ditames da justiça social".

Essa interseção entre a Ordem Econômica e a Ordem Social não se inaugurou pela Constituição Federal de 1988, e sim por outra Constituição que remonta aos primórdios da história dos direitos sociais. No Brasil, a primeira Constituição a disciplinar os direitos sociais, inscrevendo-os no título sobre a Ordem Econômica e Social, foi a de 1934. Esta foi notavelmente influenciada pela Constituição alemã de Weimar, de 1919, responsável pela introdução de um novo espírito, de cunho social, nas constituições.

A título ilustrativo, não somente a valorização do trabalho mostra-se comum à Ordem Social e Econômica, mas "a redução das desigualdades regionais e sociais"[57] também representa outro ponto de interseção de interesses econômicos e sociais.

Com relação aos objetivos, Celso Barroso Leite afirma que a seguridade social se destina, ou pelo menos aspira, a garantir o ser humano contra o perigo de passar privações. É esse perigo que se deve ter em mente, para se proteger contra ele, contra a miséria. Como? Atendendo às necessidades essenciais. Não se pode

56 Sobre o tema Wagner BALERA defende, que, ao afirmarmos que o objetivo da Seguridade Social se confunde com o objetivo da Ordem Social (e, diga-se, igualmente, com o objetivo da Ordem Econômica, na voz do caput do art. 170), esse valor – a justiça social – uma vez concretizado, representa o modelo ideal de comunidade para qual tende a concretização constitucional do sistema. (BALERA, Wagner. *Sistema de Seguridade Social.* 7ª ed. São Paulo: LTr, 2014. p. 27).

57 Art. 170. A ordem econômica, fundada na valorização do trabalho humano e na livre iniciativa, tem por fim assegurar a todos existência digna, conforme os ditames da justiça social, observados os seguintes princípios: [...] VII – redução das desigualdades regionais e sociais;

pretender mais do que isso da seguridade social, sob pena de levar, além de um limite razoável, o ônus que ela representa para a sociedade.[58]

Retomando a concepção de justiça distributiva do início do século XX, a relação de justiça com a seguridade social teve grande significado com a criação do *Welfare State*, que colocava o Estado como agente de promoção, proteção e defesa social e organizador da economia. Nesta orientação, o Estado é o agente regulamentador de toda vida e saúde social, política e econômica do país em parceria com sindicatos e empresas privadas, em níveis diferentes, de acordo com a nação em questão. Cabe ao Estado do Bem-Estar Social garantir serviços públicos e proteção à população.[59]

Com o surgimento *Welfare State* a justiça social ganhou outros contornos de solidariedade. No Brasil, o que se pretende atingir com a justiça social traduz-se na sintética expressão: "erradicar a pobreza e reduzir as desigualdades sociais e regionais",[60] bem qualificada pela Constituição Federal como objetivo da República.[61]

Mesmo carimbada na Constituição Federal de 1988, a justiça social não possui um valor estático e representativo apenas da época em que foi impresso: as mudanças sociais relacionadas à definição do bem-estar fazem desse conceito um valor transitivo.[62]

Numa visão estática pode-se extrair e mensurar o mínimo de seguridade (proteção) ao qual cada pessoa humana tem direito. Ocorre que as mudanças sociais em busca de novos padrões (me-

---

58 LEITE, Celso Barroso. Conceito de Seguridade Social. In: BALERA, Wagner (Coord). *Curso de Direito Previdenciário em homenagem a Moacyr Velloso Cardoso de Oliveira*. 5ª ed. São Paulo: LTr. 2003.

59 SCHUMPETER, Joseph. On The Concept Of Social Value. s.n.t. [1908]. *The Quarterly Journal of Economics*, 1909, v. 23, nº 2, p. 213-232.

60 Art. 3º Constituem objetivos fundamentais da República Federativa do Brasil: III – erradicar a pobreza e a marginalização e reduzir as desigualdades sociais e regionais;

61 BALERA, Wagner. *Sistema de Seguridade Social*. 7ª ed. São Paulo: LTr, 2014. p. 15.

62 BALERA, Wagner. *Sistema de Seguridade Social*. 7ª ed. São Paulo: LTr, 2014. p. 21.

lhores) fazem que o conceito de justiça social passe mutações, adquirindo essa característica transitiva.

É natural que o ser humano ambicione o ideal pleno do bem-estar, o engajamento coletivo e a solidariedade são determinantes para que se atinja essa meta. Portanto, não se pode analisar a justiça social de forma estagnada sob o risco de ter como objetivo do Sistema de Seguridade Social um ideal ultrapassado; um ideal já conquistado. A transitoriedade do bem estar social faz que esse objetivo sempre seja almejado, colocado num patamar acima da situação na qual o indivíduo se encontre, objetivando melhoria coletiva da população.

Sua transformação no tempo e no espaço faz que se extrapole a ideia de que a justiça social consiste apenas na caridade da sociedade através do Estado no intuito de promover um mínimo de dignidade aos desvalidos. A justiça social é transitiva: depende dos anseios da sociedade em busca do bem-estar da coletividade, sem desrespeitar o indivíduo.[63]

A busca pelo fim da ordem social, a justiça, através da seguridade social passa não só pela garantia do direito positivo, mas pela expansão dos planos de proteção social, a fim de que seja atingido o ideal da universalidade da cobertura e do atendimento, previstos no texto constitucional.[64]

1.4. Definição de Seguridade Social na CF de 1988

1.4.1. O risco social

O risco social possui a mesma problemática da justiça social, no que se refere ao uso das expressões "conceito" e "concepção", propostas por Rawls e trabalhadas nas notas introdutórias deste capítulo. Aqui, enfatizaremos as "concepções" do risco social, principalmente no que se refere a sua ocorrência no plano coletivo - individual. Essa passagem não se refere a um corte abrupto, pois ainda possui resquícios dos riscos sociais da modernidade.

---

63 Cf. MILLER, David. *Principles of Social Justice*. Cambridge: Harvard Press. 2001.

64 Princípios que serão estudados em tópico específico.

Lyotard bem descreve esse momento como: "a passagem das coletividades sociais ao estágio de uma massa composta de átomos individuais lançados num absurdo movimento browniano".[65]

Com relação à evolução dos riscos sociais, Paul Durand destaca o momento de crescimento e identificação dos riscos no século passado:

Os seguros tiveram, durante a primeira metade do século XX, um desenvolvimento notável. Um progresso técnico incessante permitiu-lhes cobrir riscos cada vez mais numerosos. Um instinto de seguridade, sempre mais vivo, levara os indivíduos à proteção contra as eventualidades de tais riscos.[66]

Não há como não avocar o estudo feito pelo professor Armando de Oliveira Assis, no início da década de 50, sobre a moderna concepção do risco social. Por mais que nesse trabalho retratemos a busca pela concepção moderna de risco, é importante analisar seus argumentos e apresentar a atual visão pós-moderna sequencial ao seu estudo.

1.4.1.1. Concepção moderna de risco social

O que se busca na concepção moderna[67] e até pós-moderna do risco é equacionar os dois elementos nos quais esses conceitos de apoiam: o indivíduo e a sociedade. Armando de Oliveira Assis apresenta seus argumentos com uma provocação de que a ciência histórica demonstra que o homem vive em coletivo, afastando, desde o início, uma concepção individualista:

---

65 LYOTARD, Jean-François. *A condição pós-moderna.* 14ª ed. Rio de Janeiro: José Olympio, 2011. p. 28.

66 DURAND, Paul. A política de Seguridade Social e a evolução da sociedade contemporânea. In: BALERA, Wagner (coord.). *Revista de Direito Social.* Ano 4, out./dez., nº 16. Porto Alegre: Notadez, 2004. p. 127-128.

67 Para Giddens, a modernidade refere-se a estilo, costume de vida ou organização social que emergiram na Europa a partir do século XVII, os quais, ulteriormente, se tornariam mais ou menos mundiais em sua influência. (GIDDENS Antony. *As consequências da modernidade.* São Paulo: Unesp, 1991. p. 11).

Não estamos em condições de afirmar se algum dia o homem viveu só. Mas o que a ciência histórica já demonstrou, e é aceito sem constatação, é que o homem, na marcha para a sociedade atual, veio agrupando-se segundo moldes cada vez mais complexos, a saber: primeiro construindo o grupo familiar, em seguida compondo tribo, e, afinal, radicando-se, organizando as nações.[68]

Decidido pelo superior valor da sociedade em detrimento do indivíduo, Assis acredita que a sociedade é, ou deverá ser, um instrumento adequado a proporcionar ao indivíduo a satisfação de certas aspirações naturais: representa o clima que lhe permite a integração de umas tantas virtudes pessoais. Não importa que o homem apenas recentemente tenha chegado a essa conclusão; o instinto profundo que o levou a agir de tal modo reside numa razão explicativa mais que suficiente.

Aqui a sociedade atua como uma proteção do indivíduo, uma carapuça que serve para protegê-lo. No entanto, o que atinge a sociedade também atinge o indivíduo; e, se o que atinge o indivíduo se reflete na sociedade, esta não poderá deixar de ressentir.

De forma mais aguda, a teoria proposta para a concepção moderna do risco social atua com um condutor de necessidades,[69] de forma em que a ameaça a uma das partes, a um dos compo-

---

68 ASSIS. Armando de Oliveira. Em busca de uma concepção moderna de "risco social". In: BALERA, Wagner (Coord). *Revista de Direito Social.* Ano 4, abr./jun., nº 14. Porto Alegre: Notadez, 2004. p. 155.

69 Armando de Oliveira Assis trabalha a ideia de risco social de forma coletiva, por isso prefere chamar tal contingência de "necessidade social". Dessa forma, o risco social que representa cada pessoa só é social aquela fração que, se atingida, ponha em perigo a sociedade. Mas, com dissemos, essa fração será maior ou menor segundo o país ao qual se refira, assim como, dentro de uma mesma nação, variará para menos ou para mais de conformidade com a época em que seja considerada. Essa variação poderá, até, atingir a mesma pessoa, pois em certas emergências as necessidades podem ser momentaneamente mais prementes que as sobrevindas de uma causa persistente ou, quando menos, de longa duração. Em suma, atender-se-á a necessidade mínima do momento que passa, aquela que, por suas repercussões, se constitua em real e verdadeira "necessidade social" (ASSIS. Armando de Oliveira. Em busca de uma concepção moderna de "risco social". In: BALERA, Wagner (coord.). *Revista de Direito Social.* Ano 4, abr./jun., nº 14. Porto Alegre: Notadez, 2004. p. 166).

nentes (indivíduo), fatalmente ameaçará a toda coletividade, "os males individuais devem ser tratados pela sociedade como focos de infecção".[70]

Para Wagner Balera, "a concepção moderna de risco social nasce nesse instante: o da assunção, pelo Estado, do papel garantidor da proteção social dos trabalhadores".[71]

A atuação do Estado na proteção dos direitos sociais[72] depende não somente da existência/previsão, mas também da ocorrência das necessidades sociais. Cumpre destacar que as necessidades criam o arcabouço de situações de proteção por parte do Estado.[73]

As necessidades sociais, no sistema protetivo brasileiro, ganham importância pelo seu papel de selecionar, filtrar, escolher quais os riscos que, uma vez acometendo o segurado, poderão gerar uma contraprestação do Estado na forma de serviço ou benefício. Com isso, as contingências sociais atuam num papel instrumental, tornando-se situações previamente tipificadas e aptas

---

70 ASSIS. Armando de Oliveira. Em busca de uma concepção moderna de "risco social". In: BALERA, Wagner (Coord). *Revista de Direito Social.* Ano 4, abr./jun., nº 14. Porto Alegre: Notadez, 2004. p. 158.

71 BALERA, Wagner. *Noções preliminares de direito previdenciário.* 2ª ed. São Paulo: Quartier Latin, 2010. p. 156.

72 No caso da previdência social essa proteção é realizada com o pagamento de benefícios e a prestação de serviços, assim dispostos na Lei nº 8.213/91: "Art. 1º A Previdência Social, mediante contribuição, tem por fim assegurar aos seus beneficiários meios indispensáveis de manutenção, por motivo de incapacidade, desemprego involuntário, idade avançada, tempo de serviço, encargos familiares e prisão ou morte daqueles de quem dependiam economicamente".

73 No caso específico da previdência social, Daniel Pulino define que "Por força do que dispõe o art. 201 da Constituição, a previdência social deve atender à cobertura dos eventos doença, invalidez, morte e idade avançada, além de outros especificados nos demais incisos e parágrafos desse dispositivo. Dessa forma, a proteção dos indivíduos, na previdência social brasileira, é feita em atenção à numeração legal de contingências sociais específicas que produzem determinadas situações de necessidade social. Contingências que hão de estar, assim, tipificadas na lei previdenciária". (PULINO, Daniel. *A aposentadoria por invalidez no direito positivo brasileiro.* 1ª ed. São Paulo: LTr, 2001. p. 39).

a gerar uma necessidade social e, consequentemente, uma manifestação na forma de benefício, por parte do Estado.

No entanto, essa concepção ditada pela Carta de 1988, inspirada na universalidade de cobertura e do atendimento, onde o Estado assume o papel de provedor do bem-estar atuando como braço forte diante das necessidades sociais, ainda não foi plenamente implementada, muito pelo contrário, existe uma grande deficiência dos serviços sociais prestados a sociedade em todas as áreas.

Mais especificamente, no que concerne aos sistemas de seguridade social que, Wagner Balera diz que foram apresentados como a promessa final e acabada da modernidade em favor dos trabalhadores e dos pobres em geral, o fracasso resultou evidente. Surge então, a pós modernidade como o momento histórico que permite a retomada do ideário da seguridade social e a indicação dos caminhos possíveis para a libertação de todas as necessidades de que padecem as pessoas humanas.[74]

Diante de tal ineficiência estatal e dos novos riscos impostos por uma sociedade pós-moderna embalada por efeitos de magnitude global, Wagner Balera[75] bem define o posicionamento da efetividade dos direitos sociais no Brasil quando afirma: "o Brasil é o lugar no qual, ao mesmo tempo, ainda não foram implementados os rudimentos de um verdadeiro Estado de Bem-Estar e já se avizinha o risco global da universalização do desemprego".[76]

---

74 BALERA, Wagner. *Noções preliminares de direito previdenciário.* 2ª ed. São Paulo: Quartier Latin. 2010. p. 162.

75 BALERA, Wagner. *Noções preliminares de direito previdenciário.* 2ª ed. São Paulo: Quartier Latin. 2010. p. 174.

76 A pós-modernidade chega para se instalar definitivamente, mas a modernidade ainda não deixou de estar presente entre nós, e isto é fato. Suas verdades, seus preceitos, seus princípios, suas instituições, seus valores (impregnados do ideário burguês, capitalista e liberal), ainda permeiam grande parte das práticas institucionais e sociais, de modo que a simples superação imediata da modernidade é ilusão. Obviamente, nenhum processo histórico instaura uma nova ordem, ou uma nova fonte de inspiração de valores sociais, do dia para a noite, e o viver transitivo é exatamente um viver intertemporal, ou seja, entre dois tempos, entre dois universos de valores - enfim, entre passado erodido e presente multifário. (BITTAR,

Por seu conteúdo potencialmente agressivo, o desemprego representa o maior risco social da sociedade pós-moderna, etapa que define o momento histórico que estamos atravessando. É sobretudo nesse sentido que se faz notar o perverso contraste entre necessidades e recursos: quanto maiores as primeiras, menores os segundos. Por outras palavras: as necessidades em geral decorrem principalmente de insuficiência de recursos.[77]

Desta forma, a pós-modernidade expressa a superação do modelo moderno de organização da vida e da sociedade, que propõe uma reanálise da atuação da sociedade diante de suas mazelas.[78]

1.4.1.2. O risco social na concepção pós-moderna

A sociedade pós-moderna foi o termo encontrado para marcar o limiar de uma nova era, à qual as ciências sociais devem responder e que está nos levando para além da própria modernidade. É comum a existência de uma variedade de termos que demonstram as mudanças que ocorreram, e ainda ocorrem, após o final do século XX e que simbolizam uma nova dimensão da modernidade, dentre eles: sociedade pós-industrial, pós-modernismo,[79] pós-modernidade e assim por diante.

Eduardo C. B., O direito na pós-modernidade. *Revista Sequência*, v. 29, nº 57, p. 131-152, 2008. Disponível em: <https://periodicos.ufsc.br/index.php/sequencia/issue/view/1471>. Acesso em: 04 abr. 2016.

77 LEITE, Celso Barroso. Conceito de Seguridade Social. In: BALERA, Wagner (coord.). *Curso de Direito Previdenciário em homenagem a Moacyr Velloso Cardoso de Oliveira*. 5ª ed. São Paulo: LTr, 2003. p. 25.

78 BITTAR, Eduardo C. B. *O direito na pós-modernidade*. Rio de Janeiro: Forense Universitária, 2005. p.107.

79 Giddens esclarece a distinção entre "pós-modernismo" e "pós-modernidade". O pós-modernismo se é que significa alguma coisa, mostra-se mais apropriado para se referir a estilos ou movimentos no interior da literatura, artes plásticas e arquitetura. Diz respeito a aspectos da reflexão estética sobre a natureza da modernidade. Embora às vezes um tanto vagamente designado, o modernismo é ou foi uma perspectiva distinguível nestas várias áreas e pode-se dizer que tem sido deslocado de outras correntes de uma variedade pós-moderna. Já a pós-modernidade se refere a algo diferente, se estamos encaminhando para uma fase de pós-modernidade, isto significa que a trajetória do desenvolvimento social está nos tirando das

A pós-modernidade, entendida como período de revisão das heranças modernas e como momento histórico de transição, no qual se ressente o conjunto dos descalabros da modernidade, produz rupturas e introduz novas definições axiológicas, das quais os primeiros benefícios diretos se podem colher para os sistemas jurídicos contemporâneos (a arbitragem, a conciliação, o pluralismo jurídico, entre outras práticas jurídicas), e causaram, em parte, o abalo ainda não plenamente solucionado de estruturas tradicionais, nos âmbitos das políticas públicas, da organização do Estado e na eficácia do direito, como instrumento de controle social.[80]

De qualquer forma, a primeira percepção do advento da pós-modernidade e de sua projeção no âmbito jurídico é a de crise. A noção de crise vem contextualizada, crescentemente, numa vivência maior da própria crise do capitalismo solidamente constituído, alicerçado em fortes concepções presenciais do Estado intervencionista, de condições materiais de expansão dos mercados; amplo espaço para a dominação e a hegemonia das novas ideologias pregadas pela mídia e pelos meios de comunicação; descobertas científicas pluralizando os usos da natureza; políticas internacionais fortalecedoras da consciência de mercado e da expansão multinacional; desenvolvimento acelerado dos meios de transporte que encurtaram distância e reduziram custos; amplo progresso tecnológico e mecânico etc., que é um capitalismo do período fordista e keynesiano do pós-guerra (1945-1973), hoje em direção a um toyotismo.[81]

instituições da modernidade rumo a um novo e diferente tipo de ordem social. (GIDDENS Antony. *As consequências da modernidade*. São Paulo: Unesp, 1991. p. 51-52). Para Perry Anderson, o pós-modernismo surgiu pela primeira vez no mundo hispânico antes do seu aparecimento da Inglaterra ou nos Estados Unidos. Foi um amigo de Onamuno e Ortega, Federico de Onís, quem imprimiu o termo *postmodernismo* para se referir a um refluxo conservador dentro do próprio modernismo. (ANDERSON. Perry. *As origens da pós-modernidade*. Rio de Janeiro: Jorge Zahar Editor, 1998. p. 9).

80 BITTAR, Eduardo C. B. O direito na pós-modernidade. *Revista Sequência*, v. 29, nº 57, p. 131-152, 2008. Disponível em: <https://periodicos.ufsc.br/index.php/sequencia/issue/view/1471>. Acesso em: 04 abr. 2016.

81 BITTAR, Eduardo C. B. O direito na pós-modernidade. *Revista Sequência*, v. 29, nº 57, p. 131-152, 2008. Disponível em: <https://periodicos.ufsc.br/index.php/sequencia/issue/view/1471>. Acesso em: 04 abr. 2016.

Ao analisar o final da modernidade e o surgimento da pós-modernidade, Boaventura Sousa Santos critica a utilização do termo pós-modernidade e afirma o paradigma cultural da modernidade construiu-se antes de o modo de produção capitalista se ter tornado dominante e extinguir-se-á antes de este último deixar de ser dominante. A sua extinção é complexa porque é em parte um processo de superação e uma parte um processo de obsolescência. É superação em que a modernidade cumpriu algumas das suas promessas e, de resto, cumpriu-as em excesso. É obsolescência na medida em que a modernidade está irremediavelmente incapacitada de cumprir outras das suas promessas. Tanto o excesso no cumprimento de algumas das promessas como o défice no cumprimento de outras são responsáveis pela situação presente, que se apresenta superficialmente como de vazio ou de crise, mas que é, a nível mais profundo uma situação de transição. Como todas as transições são simultaneamente semicegas e semi-invisíveis, não é possível nomear adequadamente a presente situação. Por esta razão lhe tem sido dado o nome inadequado de pós-modernidade. Mas, à fata de melhor, é um nome autêntico na sua inadequação.[82]

Mesmo diante das críticas e apesar de concordarmos com a opinião de Boaventura, utilizaremos a expressão pós-moderno para nos referirmos à atual acepção do risco social. Da mesma forma, Bauman conceitua que não é em toda parte, porém, que essas condições parecem, hoje, estar prevalecendo: é numa época que Anthony Giddens chama de 'modernidade tardia', Ulrich Beck de 'modernidade reflexiva', Georges Balandier de 'supermodernidade', e que eu tenho preferido (junto com muitos outros) chamar de 'pós-moderna': o tempo em que vivemos agora, na nossa parte do mundo (ou, antes, viver nessa época delimita o que vemos como a ´nossa parte do mundo).[83]

Ultrapassada a questão terminológica, chegamos à ideia de que a pós-modernidade refere-se a uma condição processante de

82 SANTOS. Boaventura Sousa. *Pela mão de Alice*: o social e o político na pós--modernidade. 4ª ed. São Paulo: Cortez, 1995. p. 76-77.

83 BAUMAN. Zygmunt. O mal-estar da pós-modernidade. Rio de Janeiro: Zahar, 1998. p. 30.

amadurecimento social, político, econômico e cultural, que haverá de se alargar por muitas décadas até sua consolidação.

Ela não encerra a modernidade, pois inaugura sua mescla com os restos da modernidade. Do modo como podemos compreendê-la, deixa de ser vista somente como um conjunto de condições ambientais para ser vista como certa percepção que parte das consciências acerca da ausência de limites e de segurança, num contexto de transformações, capaz de gerar uma procura (ainda não exaurida) acerca de outros referenciais possíveis para a estruturação da vida (cognitiva, psicológica, afetiva, relacional etc.) e do projeto social (justiça, economia, burocracia, emprego, produção, trabalho etc.).[84]

É na procura por esse projeto social que nós nos deparamos com os riscos sociais, principalmente os relacionados ao trabalho.[85] O estudo dos riscos sociais passa pela distribuição destes riscos na sociedade pós-moderna, que, no estudo de Beck, nascem e criam forma na sociedade de risco. Apesar de a distribuição de risco ser diferente da distribuição de riquezas, pois os riscos não podem ser previstos nem controlados, é possível que eles sejam distribuídos de modo especificado por camada ou classe social.

Desse modo, a distribuição de riscos determinada pela classe social e em decorrência do aprofundamento dos contrastes de classes através da concentração de riscos entre os pobres e débeis, durante muito tempo se impôs e ainda se impõe em relação a algumas dimensões centrais dos riscos. Como é o caso do risco de tornar-se desempregado, atualmente consideravelmente

---

84 BITTAR, Eduardo C. B. O direito na pós-modernidade. *Revista Sequência*, v. 29, nº 57, p. 131-152, 2008. Disponível em: <https://periodicos.ufsc.br/index.php/sequencia/issue/view/1471>. Acesso em: 04 abr. 2016.

85 Dentre as várias transformações sociais nas quais a sociedade pós-moderna está inserida, enfatizaremos os riscos relacionados ao fenômeno do não-trabalho (ampliação do desemprego para englobar aqueles que não tiveram acesso nem mesmo ao primeiro emprego – Wagner Balera), por ter estrita relação com os benefícios incapacitantes, principalmente com a aposentadoria por invalidez, que é objeto deste trabalho.

maior para quem não possui qualificação do que para os que são qualificados.[86]

Os critérios de renda e escolaridade acabam sendo preponderantes na distribuição de riscos por camada ou classe social. Por isso, a pós-modernidade retrata um contexto histórico no qual a exclusão a cada dia está aumentando mais. Colaboram para isto as novas exigências/qualificações para o mercado de trabalho, com as quais a estrutura educacional não está preparada para lidar, tornando-se então uma forte causa do desemprego.

A questão do desemprego também é pontuada por Feijó Coimbra quando afirma que dos riscos sociais de efeitos mais deploráveis é o desemprego. O *chômage* dos franceses, o *paro forzoso* dos povos de língua castelhana, a *disocupazione forzata* dos italianos é um agressor da população trabalhadora nas sociedades modernas, por razões peculiares, mas que se aparentam, até certo ponto, com as que determinaram aspectos sociais similares, de efeitos diversos, nas sociedades de antanho. [...] O afastamento do trabalhador sadio dos quadros da atividade remunerada não exprime apenas a perda de seu sustento: é, bem mais que isto, a diminuição do poder do consumo coletivo, tornando mais dificultosa a superação da crise econômica que tenha deflagrado as despedidas.[87]

Wagner Balera alerta que esse risco está assumindo novos matizes. Seu conteúdo potencialmente agressivo se apresenta como desafio a ser enfrentado pela concepção pós-moderna de proteção social, cuja a única cura dá-se por meio do desenvolvimento e cujo subproduto necessário é o pleno emprego.[88]

Ademais, segundo Balera verifica-se que a concepção pós-moderna de risco, na medida em que revela a precariedade dos seus contornos, exigirá muito mais de decisão política do que de

86 BECK, Ulrich. *Sociedade de risco*: rumo a uma nova modernidade. São Paulo: Editora 34, 2010. p. 41.

87 COIMBRA, J.R. Feijó. *Direito previdenciário brasileiro*. 7ª ed. Rio de Janeiro: Edições Trabalhistas, 1997. p. 136.

88 BALERA, Wagner. *Noções preliminares de direito previdenciário*. 2ª ed. São Paulo: Quartier Latin, 2010. p. 159.

ferramental técnico. Com efeito, a globalização transforma o mundo do trabalho em realidade distinta, em trabalho no mundo sem fronteiras, sem garantias e sem proteção.[89]

A marcha dos riscos sociais da pós-modernidade permanece aberta a novas concepções e novos riscos. Como se fosse um teste, desafia os sistemas de seguridade social, como o da Constituição Federal de 1988, a fim de verificar sua eficácia.

1.4.2. Definição

A Constituição Federal de 1988 foi a primeira a instituir no Brasil o Sistema da Seguridade Social, criando ações no campo social divididas em três pilares de sustentação: saúde, assistência social e previdência social, conforme disciplina o artigo 194 da Constituição Federal de 1988:

> **Art. 194.** *A seguridade social compreende um conjunto integrado de ações de iniciativa dos Poderes Públicos e da sociedade, destinadas a assegurar os direitos relativos à saúde, à previdência e à assistência social.*

O artigo 194 da Constituição Federal de 1988 define o papel estrutural da seguridade social ao determinar a parceria entre o poder público e a sociedade. Na prática, essa parceria reserva ao poder público a prerrogativa de estruturar e criar as entidades que viabilizem a garantia dos direitos sociais. À sociedade restou o papel de financiar a seguridade social através de contribuições incidentes sobre a folha de salário, lucro, receita, faturamento, concurso de prognósticos e importação.

Sob a designação genérica de seguridade social, o direito previdenciário estuda o inventário de mecanismos de proteção social, dos quais se vale o aparato normativo, a fim de, intervindo modeladoramente no mundo fenomênico, superar certas questões sociais.

A Seguridade Social é um sistema em que o Estado garante a "libertação da necessidade". A adoção pura e simples do crité-

---

89 BALERA, Wagner. *Noções preliminares de direito previdenciário*. 2ª ed. São Paulo: Quartier Latin, 2010. p. 166.

rio finalístico e da libertação social acarreta uma distorção da real finalidade da Seguridade Social, o sistema trabalha com necessidades previamente selecionadas. Somente para exemplificar a distorção do conceito sem a limitação das necessidades sociais, estariam englobadas dentro da seguridade social a formação profissional, a emigração, o controle de preços, a legislação do inquilinato, dentre outros.[90]

Dessa forma ocorre um deslocamento das funções típicas do Estado para o conceito de Seguridade, extrapolando os limites do princípio da solidariedade, uma vez que a Seguridade Social é a forma que o Estado tem de assegurar aso cidadãos uma tutela de base que cubra suas necessidades essenciais.

1.4.3. Saúde

Com relação aos alicerces da Seguridade Social, a Saúde possui caráter universal, não é compulsória e nem contributiva, constituindo direito de todos e dever do Estado. É dessa forma que os artigos 196 a 200, da Constituição Federal de 1988, apresentam a Saúde como um dos direitos fundamentais mais complexos de implementação e efetivação devido aos seus altos custos operacionais. Esse pilar de sustentação da seguridade social, apresenta características bem distintas da previdência social.

A saúde, representada pelo Sistema Único de Saúde (SUS), possui, como diretrizes as ações e os serviços públicos que integram uma rede regionalizada e hierarquizada, constituindo um sistema único e descentralizado com direção em cada esfera de governo. Por esse motivo, segundo atual posicionamento do STJ aponta que o funcionamento do Sistema Único de Saúde - SUS é de responsabilidade solidária da União, estados-membros e municípios de modo que qualquer destas entidades tem legitimidade ad causam para figurar no polo passivo de demanda que objetiva a garantia do acesso à medicação para pessoas desprovidas de recursos financeiros.[91]

---

90 HORVATH JR. Miguel. *Direito Previdenciário*. 9ª ed. São Paulo: Quartier Latin, 2012. p. 113-114).

91 STJ, AgRg no Resp 1.225.222/RR, Rel. Ministro HERMAN BENJAMIN, SEGUNDA TURMA, DJe de 05/12/2013.

Além dos serviços de atendimento médico e distribuição de medicamentos, o SUS ainda dispõe de benefício, o auxílio-reabilitação psicossocial instituído pela Lei 10.708/2003, que prevê a assistência, acompanhamento e integração social, fora de unidade hospitalar, de pacientes acometidos de transtornos mentais, internados em hospitais ou unidades psiquiátricas, nos termos desta Lei. O benefício consiste em pagamento mensal de auxílio pecuniário, destinado aos pacientes egressos de internações, segundo critérios definidos em Lei.

Um delicado problema enfrentado pelos tribunais no que se refere a Saúde é a garantia do disposto no artigo 196 da Constituição Federal de 1988. O referido artigo assegura que a Saúde é direito de todos e dever do Estado, dessa forma não pode Poder Público, qualquer que seja a esfera institucional de sua atuação no plano da organização federativa brasileira, não pode mostrar-se indiferente ao problema da saúde da população.

Ocorre que a efetivação do dever do Estado em garantir a saúde de todos (art. 196 CF) passa pela ponderação do princípio da igualdade e da *reserva do possível.* Num Sistema de Seguridade Social alinhado com a terceira dimensão dos direitos sociais e pautado na solidariedade, não pode privilegiar apenas aqueles que buscam o acesso a saúde pela via judicial, a concessão de liminares e o provimento no mérito de milhares de ações individuais para concessão de medicamentos e tratamentos médicos ocasiona uma inversão do acesso a saúde.

Como o sistema é único e pautado na solidariedade, o desvio da aplicação de recursos na saúde coletiva para o tratamento médico individualizado faz com que ocorra um comprometimento do atendimento pelo SUS àqueles que não recorreram ao Poder Judiciário.

Parece adequado um equilíbrio entre o artigo 196 da Constituição Federal e a reserva do possível para que não haja uma subversão dos princípios e garantias constitucionais. Medidas para esse equilíbrio já vêm sendo tomada tanto pelo Estado quando pelos superiores tribunais, como é o caso da Portaria do Ministerial da Saúde nº 763/1994, referendada pelo STJ, que proíbe o financiamento de tratamento médico no exterior pelo SUS.

No que se refere a legitimidade *ad causam* para figurar no polo passivo das demandas contra o SUS que objetivam a garantia de acesso à medicação, o entendimento é de que "o funcionamento do Sistema Único de Saúde – SUS é de responsabilidade solidária da União, Estados-membros e Municípios."[92]

A análise do fenômeno da 'judicialização' das políticas públicas no Brasil busca estabelecer limites da intervenção do poder judiciário na construção e execução das políticas públicas. Dentro deste fenômeno é possível observar duas correntes, a primeira adotando uma posição e visão ativista entendendo que cabe ao poder judiciário interferir, remodelar e criar políticas públicas. A segunda corrente adotando uma posição garantista entendendo que cabe ao poder judiciário limitar-se ao controle formal (e não material) de atos dos gestores públicos. [93]

Por ativismo judicial devemos entender a forma como parte dos integrantes do Poder Judiciário entende a atual função jurisdicional. Não mais, como como apenas aplicador e chancelador do direito positivo, mas como parte integrante do núcleo de formação do direito.

A judicialização da saúde no modelo brasileiro está criando um SUS de duas portas, ou seja, um sistema com porta dos fundos, uma para aqueles que vão ao Judiciário, para quem "a vida não tem preço" e conseguem assim acesso irrestrito aos recursos estatais para satisfazer suas necessidades em saúde, um acesso sem filha, sem limite de gastos com fornecimento de medicamentos ou procedimentos cirúrgicos; outra para o resto da população, que, inevitavelmente, tem acesso limitado, e mais limitado ainda pelo redirecionamento de recursos que beneficia aqueles que entraram pela outra porta.

O argumento daqueles que defendem incondicionalmente a judicialização como simples proteção da vida deve portanto ser adaptado para exprimir seu verdadeiro sentido: "A vida não tem preço, mas a vida de alguns tem menos preço que a vida de outros".

---

92 2ª Turma, AgRg no Ag 1.1.07.650, de 03/08/10

93 HORVATH JÚNIOR, Miguel. As políticas públicas, o ativismo judicial e a assistência social. In: COSTA, José Ricardo Caetano; SERAU JÚNIOR, Marcos Aurélio (Coords.). *Benefício Assistencial: temas polêmicos – Lei nº 8.742/93*. São Paulo: LTr , 2015. p. 44-47.

Essa espécie de sistema paralelo de saúde decorrente do crescimento desenfreado de medidas judiciais, principalmente as individuais, pode trazer sérias consequências para o equilíbrio do planejamento orçamentário da saúde, sendo recomendada a busca do equilíbrio entre concessão do direito individual e políticas públicas para que o impacto orçamentário dessas ações não torne inviável a execução da política de saúde para o coletivo.[94]

O debate acerca da judicialização da saúde deve ter como ponto de partida a noção de que o cenário de escassez de recursos é real e de que as necessidades tendem a serem maiores do que pode atender o orçamento público. Essa constatação parece óbvia tanto para os economistas quanto para os gestores públicos, mas parece não fazer sentido ou não importar para os operadores do direito.

1.4.4. A assistência social

1.4.4.1. Notas introdutórias

Outro pilar de sustentação da ordem social brasileira é a assistência social prevista no artigo 203 da Constituição Federal de 1988, a qual define que a assistência será prestada a quem dela necessitar, sendo dispensada qualquer contribuição e tem por objetivo: a proteção à família, à maternidade, à infância, à adolescência e à velhice; o amparo às crianças e adolescentes carentes; a promoção da integração ao mercado de trabalho; a habilitação e reabilitação das pessoas portadoras de deficiência e a promoção de sua integração à vida comunitária; a garantia de um salário mínimo de benefício mensal à pessoa portadora de deficiência e ao idoso que comprovem não possuir meios de prover à própria manutenção ou de tê-la provida por sua família, conforme dispuser a lei.

A assistência social limita-se a promover o mínimo necessário para o afastamento do risco social, diante do fato de que que é oferecida a todos que dela necessitam, sem que se exija nenhu-

---

94 SILVA, L. C. *Judicialização da saúde: em busca de uma contenção saudável.* Revista Âmbito Jurídico, Rio Grande, v. 16, nº 112, maio 2013. Disponível em: <http://www.ambito-juridico.com.br/site/index.php/?n_link=revista_artigos_leitura&artigo_id=13182&revista_caderno=9>. Acesso em: 16 ago. 2013.

ma espécie de contribuição, fundada que está no princípio da solidariedade.[95]

Segundo Wagner Balera, contrariamente com o que ocorre com a previdência social, que atende basicamente aos trabalhadores já engajados no mercado de trabalho e que, por conseguinte, contribuem para o seguro social e esperam obter, quando surgirem as contingências prévia e rigidamente definidas, prestações em dinheiro (os benefícios) para si ou para seus dependentes, a assistência social possui dimensões muito mais amplas.[96]

A primeira tarefa da assistência social, e, só ela gigantesca tarefa, é a de proporcionar melhores condições de vida à população em geral. Onde houver carentes, aí estará a assistência social.

Como já afirmamos em outra oportunidade, o pobre, como sujeito de direitos, é o titular da prestação social devida pelo Estado e pela coletividade. E a seguridade social é o veículo através do qual os necessitados são atendidos nas suas demandas concretas.

As tarefas assistenciais da seguridade social não consistem, porém, única e exclusivamente no socorro dos pobres. Mais exigente é a diretriz constitucional: erradicas a pobreza e a marginalização. Trata-se de verdadeira convocação de todos para a imensa tarefa social que o Brasil está devendo a milhões e milhões de pessoas.[97] É o que Mattia Persiani chama de 'efeito irradiador' da seguridade social como instrumente de ação social.

Cabe, então, à assistência social garantir os mínimos sociais, com vistas a erradicar a pobreza e reduzir as desigualdades sociais. Estes mínimos sociais visam proteger todos aqueles que não estejam ao alcance da cobertura oferecida pela previdência social, pois necessitado é aquele que não tem renda própria.

A assistência social ganha um contorno mais definido com a advento da Lei Orgânica da Assistência Social – LOAS que dis-

---

95 RAEFFRAY, Ana Paula Oriola. *O bem-estar social e o direito de patentes na seguridade social.* São Paulo: Conceito, 2011. p. 68.

96 BALERA. *Sistema de Seguridade Social.* 7ª ed. São Paulo: LTr, 2014.

97 Balera, Wagner. A importância da Assistência Social na Constituição Federal como instrumento social. In: COSTA, José Ricardo Caetano; SERAU JÚNIOR, Marcos Aurélio (Coords.). *Benefício Assistencial: temas polêmicos – Lei nº 8.742/93.* São Paulo: LTr , 2015. p. 53.

põe sobre a organização da assistência social, aponta quais são os princípios informadores da assistência social:

Art. 4º *A assistência social rege-se pelos seguintes princípios:*
I - supremacia do atendimento às necessidades sociais sobre as exigências de rentabilidade econômica;
II - universalização dos direitos sociais, a fim de tornar o destinatário da ação assistencial alcançável pelas demais políticas públicas;
III - respeito à dignidade do cidadão, à sua autonomia e ao seu direito a benefícios e serviços de qualidade, bem como à convivência familiar e comunitária, vedando-se qualquer comprovação vexatória de necessidade;
IV - igualdade de direitos no acesso ao atendimento, sem discriminação de qualquer natureza, garantindo-se equivalência às populações urbanas e rurais;
V - divulgação ampla dos benefícios, serviços, programas e projetos assistenciais, bem como dos recursos oferecidos pelo Poder Público e dos critérios para sua concessão.

A LOAS estabeleceu o respectivo campo de ação em três frentes de trabalho: a das prestações pecuniárias (que compreendem o BPC e os benefícios eventuais) a dos programas assistenciais e, finalmente, a dos projetos de enfrentamento da pobreza.

No entanto, no Brasil, esta tarefa ainda é hercúlea, não podendo ser enfrentada apenas pela assistência social, nem sequer restar à mercê da vontade do Estado, que na sua falta de engajamento transforma o Estado assistencial em Estado marginal baseado no casuísmo e no fisiologismo político.

1.4.4.2. Benefícios assistenciais

Além dos serviços, o artigo 203, V do texto constitucional também instituiu os benefícios assistenciais em duas categorias: aos idosos e às pessoas portadoras de deficiência. Interessa ao nosso estudo apenas os destinados àqueles portadores de deficiência, por exigir como requisito para concessão o grau de incapacidade do pleiteante.

Cumpre ressaltar que por uma questão de conveniência administrativa, competindo a União arcar com seu pagamento, os benefícios assistências são geridos pelo INSS - Instituto Nacional do Seguro Social (Artigo 29, parágrafo único da Lei nº 8.742/93).

Critério específico

a) *Incapacidade*

O requisito específico para o caso da pessoa com deficiência é o laudo médico comprovando a incapacidade do solicitante. A definição de incapacidade para fins de deferimento de BPC também sofreu mudanças com o tempo e essas transformações guardam maior proximidade com a invalidez previdenciária, pois exigem um grau mais severo de incapacidade.

O Decreto nº 6.949/09, que promulga a Convenção Internacional sobre os Direitos das Pessoas com Deficiência, assinada em Nova York, em 30 de março de 2007, em seu artigo primeiro define:

> *O propósito da presente Convenção é promover, proteger e assegurar o exercício pleno e equitativo de todos os direitos humanos e liberdades fundamentais por todas as pessoas com deficiência e promover o respeito pela sua dignidade inerente.*
> *Pessoas com deficiência são aquelas que têm impedimentos de longo prazo de natureza física, mental, intelectual ou sensorial, os quais, em interação com diversas barreiras, podem obstruir sua participação plena e efetiva na sociedade em igualdades de condições com as demais pessoas.*[98]

A Lei nº 8.742/93 conceituava a pessoa portadora de deficiência como aquela incapacitada para a vida independente e para o trabalho, em razão de anomalias ou lesões irreversíveis, de natureza hereditária, congênita ou adquirida.

Posteriormente, esse dispositivo foi alterado pela Lei nº 12.435/11, de 6 de julho de 2011, passando a definir a pessoa com deficiência como aquela que possui impedimentos de longo prazo de natureza física, intelectual ou sensorial, os quais, em interação com diversas barreiras, podem obstruir sua participação plena e efetiva na sociedade junto às demais pessoas.

---

98 BRASIL. *Decreto nº 6.949* de 25 de agosto de 2009. Promulga a Convenção Internacional sobre os Direitos das Pessoas com Deficiência e seu Protocolo Facultativo, assinados em Nova York, em 30 de março de 2007. Publicado no D.O.U em 26.08.2009.

Logo em seguida o dispositivo sofreu outra alteração, dessa vez pelo advento da Lei nº 12.470/11, de 31 de agosto de 2011, que delimitou que, para efeito de concessão deste benefício, considera-se pessoa com deficiência aquela que possui impedimentos de longo prazo de natureza física, mental, intelectual ou sensorial, os quais, em interação com diversas barreiras, podem obstruir sua participação plena e efetiva na sociedade em igualdade de condições com as demais pessoas.

Pela leitura dos textos legais percebemos que na primeira mudança legislativa houve a supressão da exigência da incapacidade para a vida independente e para o trabalho, passando a detalhar apenas a natureza da incapacidade: física, intelectual ou sensorial.[99] Outro ponto residiu na duração da incapacidade, num primeiro momento deveria ser irreversível e, logo depois, exige-se que seja de logo prazo, assim considerado, a incapacidade superior a dois anos, segundo a Lei nº 12.435/2011.[100]

Na segunda mudança legislativa, acrescentou-se mais um termo no rol da natureza incapacitante (mental) e modificou-se a parte final do texto, na qual passou a constar que a incapacidade deva ser suficiente para obstruir a participação plena e efetiva na sociedade em igualdade de condições com as demais pessoas.

Por fim, o Estatuto da Pessoa com Deficiência, deu nova redação ao artigo 20, §2º da LOAS:

> **Art. 20.** *O benefício de prestação continuada é a garantia de um salário-mínimo mensal à pessoa com deficiência e ao idoso com 65 (sessenta e cinco) anos ou mais que comprovem não possuir meios de prover a própria manutenção nem de tê-la provida por sua família. (Redação dada pela Lei nº 12.435, de 2011)*

---

99 Essa mudança já vinha sendo trabalhada pela jurisprudência, é o caso da súmula 29 da TNU: Para os efeitos do art. 20, § 2º, da Lei nº 8.742/93, incapacidade para a vida independente não é só aquela que impede as atividades mais elementares da pessoa, mas também a que a impossibilita de prover ao próprio sustento.

100 Súmula 48 da TNU - 18/04/12: A incapacidade não precisa ser permanente para fins de concessão do benefício assistencial de prestação continuada.

§ 2º Para efeito de concessão do benefício de prestação continuada, considera-se pessoa com deficiência aquela que tem impedimento de longo prazo de natureza física, mental, intelectual ou sensorial, o qual, em interação com uma ou mais barreiras, pode obstruir sua participação plena e efetiva na sociedade em igualdade de condições com as demais pessoas. (Redação dada pela Lei nº 13.146, de 2015)

A evolução legislativa demonstra uma flexibilização no conceito de incapacidade para o amparo social. Num primeiro momento exigia-se a incapacidade para uma vida independente e laboral de forma cumulativa. Por essa rigidez legislativa, muitos casos foram indeferidos pela previdência, mesmo que a pessoa não possuísse qualquer condição laboral.

Acertadamente a jurisprudência evoluiu no sentido de que a incapacidade para vida independente não é só aquela que impede as atividades mais elementares da pessoa, mas também a impossibilita de prover o próprio sustento, ou seja, aquele impossibilitado de trabalhar se equipara a um inválido.

O Estatuto da Pessoa Deficiente (Lei nº 13.146/15) ainda criou critérios biopsicossocial para definir a deficiência:

Art. 1º *É instituída a Lei Brasileira de Inclusão da Pessoa com Deficiência (Estatuto da Pessoa com Deficiência), destinada a assegurar e a promover, em condições de igualdade, o exercício dos direitos e das liberdades fundamentais por pessoa com deficiência, visando à sua inclusão social e cidadania.*
§ 1º A avaliação da deficiência, quando necessária, será biopsicossocial, realizada por equipe multiprofissional e interdisciplinar e considerará:
I – os impedimentos nas funções e nas estruturas do corpo;
II – os fatores socioambientais, psicológicos e pessoais;
III – a limitação no desempenho de atividades; e
IV – a restrição de participação.

Mesmo antes do Estatuto da Pessoa com Deficiência, para comprovação da incapacidade, a jurisprudência determina que nos pedidos de benefício de prestação continuada (LOAS), tendo em vista o advento da Lei nº 12.470/11, para adequada valoração dos fatores ambientais, sociais, econômicos e pessoais que impactam na participação da pessoa com deficiência na sociedade, é necessária a realização de avaliação social por assistente social ou outras providências aptas a revelar a efetiva condição vivida no meio social pelo requerente (Súmula 80 da TNU).

> Súmula 80 TNU: Nos pedidos de benefício de prestação continuada (LOAS), tendo em vista o advento da Lei nº 12.470/11, para adequada valoração dos fatores ambientais, sociais, econômicos e pessoais que impactam na participação da pessoa com deficiência na sociedade, é necessária a realização de avaliação social por assistente social ou outras providências aptas a revelar a efetiva condição vivida no meio social pelo requerente.

No que se refere a concessão do ampara aos menores de 16 anos, deverá ser avaliada a existência da deficiência e o seu impacto na limitação do desempenho de atividade e restrição da participação social, compatível com a idade, sendo dispensável proceder à avaliação da incapacidade para o trabalho, haja vista a vedação constitucional que proíbe o trabalho aos menores de 16 anos, salvo na condição de aprendiz a partir dos 14 anos.[101]

O entendimento jurisprudencial, principalmente da TNU é de que para o menor de 16 anos recebe o amparo assistencial é imprescindível que algum membro do grupo familiar deixe de laborar para cuidar dele, ou então que seja curial a contratação de terceiro para isso. Aliás, quando o pedido for proposto pelo menor de idade, será obrigatória a intervenção do Ministério Público na condição de fiscal da lei, ante a presença de interesse de incapaz, conforme jurisprudência remansosa

b) Idade

A idade é o critério específico para o benefício assistencial ao idoso. Trata-se um critério mais objetivo e sua regulamentação foi promovida pelos artigos 20 e 21 da Lei nº 8.742/93, pelo Estatuto do Idoso, Lei nº 10.741/03 e pelo Decreto nº 6.214/07.

---

101 AMADO, Frederico. *Direito Previdenciário*. 7ª ed. Salvador: Jus Podivm, 2016. p. 55.

A idade exigida para o deferimento do benefício já foi de 70 anos, atualmente 65 anos. Essa redução decorre da concretização do princípio da Universalidade da Cobertura e do Atendimento, pois apesar do crescimento da expectativa de vida dos idosos, houve uma extensão da proteção social em favor dos necessitados, na medida em que surgiram mais recursos públicos disponíveis.

Critério geral – Renda per capta

a) Incapacidade de provimento

A Constituição Federal criou, mas destinou a regulamentação dos amparos sociais aos atos infraconstitucionais. De acordo com a Lei Orgânica da Assistência Social (LOAS), um dos critérios para concessão do amparo assistencial diz respeito à renda *per capta* do cidadão, cuja exigência do texto constitucional destina o amparo "à pessoa portadora de deficiência e ao idoso que comprovem não possuir meios de prover à própria manutenção ou de tê-la provida por sua família".[102]

> **Art. 20.** *O benefício de prestação continuada é a garantia de um salário-mínimo mensal à pessoa com deficiência e ao idoso com 65 (sessenta e cinco) anos ou mais que comprovem não possuir meios de prover a própria manutenção nem de tê-la provida por sua família.*
> *§ 3º Considera-se incapaz de prover a manutenção da pessoa com deficiência ou idosa a família cuja renda mensal* ***per capita*** *seja:*
> *I – igual ou inferior a 1/4 (um quarto) do salário-mínimo, até 31 de dezembro de 2020;*

b) Grupo familiar

A previsão inicial do disposto na LOAS considera como família, para fins de concessão do beneficio assistencial, o grupo formado pelo requerente, o cônjuge ou companheiro, os pais e, na ausência de um deles, a madrasta ou o padrasto, os irmãos solteiros, os filhos e enteados solteiros e os menores tutelados, desde que vivam sob o mesmo teto.

---

102 Artigo 203, V da Constituição Federal.

> **Art. 20.** *O benefício de prestação continuada é a garantia de um salário-mínimo mensal à pessoa com deficiência e ao idoso com 65 (sessenta e cinco) anos ou mais que comprovem não possuir meios de prover a própria manutenção nem de tê-la provida por sua família.*
> *§ 1º Para os efeitos do disposto no caput, a família é composta pelo requerente, o cônjuge ou companheiro, os pais e, na ausência de um deles, a madrasta ou o padrasto, os irmãos solteiros, os filhos e enteados solteiros e os menores tutelados, desde que vivam sob o mesmo teto. (Redação dada pela Lei nº 12.435, de 2011)*

c) Flexibilização do critério da renda

Esse critério já foi objeto de muita discussão na doutrina e na jurisprudência por não fixar um valor condizente com o mínimo que o cidadão precisa para ter uma vida digna. Os critérios já foram modificados com o tempo e atualmente se tem uma visão mais flexível do critério da renda, possibilitando o deferimento de benefícios nos casos de renda per capita ser superior ao limite estabelecido.

Em abril de 2103, o STF confirmou a inconstitucionalidade do §3º do artigo 20 da LOAS, que estipula o critério objetivo da renda, por considerá-lo defasado para caracterizar a situação de miserabilidade.[103] O STJ também tem entendido que a comprovação do requisito da renda familiar per capta não superior a ¼ do salário mínimo não é objetivo e, caso esse limite seja ultrapassado, não exclui outros fatores que tenham o condão de auferir a condição de miserabilidade.[104]

Recentemente, o Estatuto da Pessoa com Deficiência (Lei nº 13.146/15) alterou a LOAS e determinou que para concessão do benefício – LOAS idoso ou pessoa com deficiência – poderão ser utilizados outros elementos probatórios da condição de miserabi-

---

103 Reclamação 4374 e REs com Repercussão Geral 567985 e 580963.

104 Súmula 79 TNU: Nas ações em que se postula benefício assistencial, é necessária a comprovação das condições socioeconômicas do autor por laudo de assistente social, por auto de constatação lavrado por oficial de justiça ou, sendo inviabilizados os referidos meios, por prova testemunhal.

lidade do grupo familiar e da situação de vulnerabilidade, conforme regulamento.

Art. 20. *O benefício de prestação continuada é a garantia de um salário-mínimo mensal à pessoa com deficiência e ao idoso com 65 (sessenta e cinco) anos ou mais que comprovem não possuir meios de prover a própria manutenção nem de tê-la provida por sua família.*
§ 11. Para concessão do benefício de que trata o caput deste artigo, poderão ser utilizados outros elementos probatórios da condição de miserabilidade do grupo familiar e da situação de vulnerabilidade, conforme regulamento. (Incluído pela Lei nº 13.146, de 2015)

O Estatuto da pessoa com deficiência adicionou ainda (à LOAS) que os rendimentos decorrentes de estágio supervisionado e de aprendizagem não serão computados para os fins de cálculo da renda familiar *per capita*. A contratação de pessoa com deficiência como aprendiz não acarretará a suspensão do benefício de prestação continuada, limitado a 2 (dois) anos o recebimento concomitante da remuneração do benefício.

Art. 20. *O benefício de prestação continuada é a garantia de um salário-mínimo mensal à pessoa com deficiência e ao idoso com 65 (sessenta e cinco) anos ou mais que comprovem não possuir meios de prover a própria manutenção nem de tê-la provida por sua família.*
§ 9º Os rendimentos decorrentes de estágio supervisionado e de aprendizagem não serão computados para os fins de cálculo da renda familiar per capita a que se refere o § 3º deste artigo. (Redação dada pela Lei nº 13.146, de 2015)
Art. 21-A. *O benefício de prestação continuada será suspenso pelo órgão concedente quando a pessoa com deficiência exercer atividade remunerada, inclusive na condição de microempreendedor individual. (Incluído pela Lei nº 12.470, de 2011)*
§ 2º A contratação de pessoa com deficiência como aprendiz não acarreta a suspensão do benefício de prestação continuada, limitado a 2 (dois) anos o recebimento concomitante da remuneração e do benefício. (Incluído pela Lei nº 12.470, de 2011)

Por sua vez, no Estatuto do idoso (Lei nº 10.741/03) existe uma mudança no calculo da renda *per* capta. O artigo 34, parágrafo único, determina que o benefício – LOAS idoso – já concedido a qualquer membro da família não será computado para os fins do cálculo da renda familiar *per capita* a que se refere a Loas.

> **Art. 34.** *Aos idosos, a partir de 65 (sessenta e cinco) anos, que não possuam meios para prover sua subsistência, nem de tê-la provida por sua família, é assegurado o benefício mensal de 1 (um) salário-mínimo, nos termos da Lei Orgânica da Assistência Social – Loas. (Vide Decreto nº 6.214, de 2007)*
> *Parágrafo único. O benefício já concedido a qualquer membro da família nos termos do caput não será computado para os fins do cálculo da renda familiar per capita a que se refere a Loas.*

Com fundamento no artigo 34, parágrafo único do Estatuto do Idoso, existem precedentes jurisprudenciais que ampliam a exclusão de renda.

Observe que o artigo exclui o benefício assistencial concedido ao idoso do calculo de outro benefício a ser concedido ao idoso, no caso do entendimento jurisprudencial, além de ampliar o benefício a ser excluído a qualquer um (inclusive previdenciário) no valor de um salário mínimo, também amplia o destinatário da benesse, podendo usufruir de tal exclusão não somente o idoso (com previsto no artigo 34, parágrafo único da Lei nº 10.741/03) mas também o deficiente.[105]

---

105 PREVIDENCIÁRIO. RECURSO REPRESENTATIVO DE CONTROVÉRSIA. CONCESSÃO DE BENEFÍCIO ASSISTENCIAL PREVISTO NA LEI Nº 8.742/93 A PESSOA COM DEFICIÊNCIA. AFERIÇÃO DA HIPOSSUFICIÊNCIA DO NÚCLEO FAMILIAR. RENDA PER CAPITA. IMPOSSIBILIDADE DE SE COMPUTAR PARA ESSE FIM O BENEFÍCIO PREVIDENCIÁRIO, NO VALOR DE UM SALÁRIO MÍNIMO, RECEBIDO POR IDOSO. 1. Recurso especial no qual se discute se o benefício previdenciário, recebido por idoso, no valor de um salário mínimo, deve compor a renda familiar para fins de concessão ou não do benefício de prestação mensal continuada a pessoa deficiente. 2. Com a finalidade para a qual é destinado o recurso especial submetido a julgamento pelo rito do artigo 543-C do CPC, define-se: Aplica-se o parágrafo único do artigo 34 do Estatuto do Idoso (Lei nº 10.741/03), por analogia, a pedido de benefício assistencial feito por pessoa com deficiência a fim de que benefício previdenciário recebido por idoso, no valor de um salário mínimo, não seja computado no cálculo da renda per capita prevista no artigo 20, § 3º, da Lei nº 8.742/93. 3. Recurso especial provido. Acórdão submetido à sistemática do § 7º do art. 543-C do Código de Processo Civil

Em razão do estado de calamidade pública reconhecido pelo Decreto Legislativo nº 6, de 20 de março de 2020, e da emergência de saúde pública de importância internacional decorrente do coronavírus (Covid-19), a Lei nº 13.982, de 2020 redefiniu que o critério de aferição da renda familiar mensal **per capita** com a inclusão do artigo 20-A na LOAS:

> **Art. 20-A.** *Em razão do estado de calamidade pública reconhecido pelo Decreto Legislativo nº 6, de 20 de março de 2020, e da emergência de saúde pública de importância internacional decorrente do coronavírus (Covid-19), o critério de aferição da renda familiar mensal* ***per capita*** *previsto no inciso I do § 3º do art. 20 poderá ser ampliado para até 1/2 (meio) salário-mínimo.*
> *§ 1º A ampliação de que trata o* ***caput*** *ocorrerá na forma de escalas graduais, definidas em regulamento, de acordo com os seguintes fatores, combinados entre si ou isoladamente:*
> *I – o grau da deficiência;*
> *II – a dependência de terceiros para o desempenho de atividades básicas da vida diária;*
> *III – as circunstâncias pessoais e ambientais e os fatores socioeconômicos e familiares que podem reduzir a funcionalidade e a plena participação social da pessoa com deficiência candidata ou do idoso;*
> *IV – o comprometimento do orçamento do núcleo familiar de que trata o § 3º do art. 20 exclusivamente com gastos com tratamentos de saúde, médicos, fraldas, alimentos especiais e medicamentos do idoso ou da pessoa com deficiência não disponibilizados gratuitamente pelo Sistema Único de Saúde (SUS), ou com serviços não prestados pelo Serviço Único de Assistência Social (Suas), desde que comprovadamente necessários à preservação da saúde e da vida.*
> *§ 2º O grau da deficiência e o nível de perda de autonomia, representado pela dependência de terceiros para o desempenho de atividades básicas da vida diária, de que tratam, respectivamente, os incisos I e II do § 1º deste artigo, serão aferidos, para a pessoa com deficiência, por meio de índices e instrumentos de avaliação funcional a serem desenvolvidos e*

---

e dos arts. 5º, II, e 6º, da Resolução STJ nº 08/2008.(STJ – REsp: 1355052 SP 2012/0247239-5, Relator: Ministro BENEDITO GONÇALVES, Data de Julgamento: 25/02/2015, S1 – PRIMEIRA SEÇÃO, Data de Publicação: DJe 05/11/2015). Cf. STF Recurso Extraordinário 580.963, de 18/04/2013.

adaptados para a realidade brasileira, observados os termos dos §§ 1º e 2º do art. 2º da Lei nº 13.146, de 6 de julho de 2015.
§ 3º As circunstâncias pessoais e ambientais e os fatores socioeconômicos de que trata o inciso III do § 1º deste artigo levarão em consideração, observado o disposto nos §§ 1º e 2º do art. 2º da Lei nº 13.146, de 2015, entre outros aspectos
I – o grau de instrução e o nível educacional e cultural do candidato ao benefício;
II – a acessibilidade e a adequação do local de residência à limitação funcional, as condições de moradia e habitabilidade, o saneamento básico e o entorno familiar e domiciliar;
III – a existência e a disponibilidade de transporte público e de serviços públicos de saúde e de assistência social no local de residência do candidato ao benefício;
IV – a dependência do candidato ao benefício em relação ao uso de tecnologias assistivas; e
V – o número de pessoas que convivem com o candidato ao benefício e a coabitação com outro idoso ou pessoa com deficiência dependente de terceiros para o desempenho de atividades básicas da vida diária

1.4.5. A previdência social

Como está disposto no artigo 201 da Constituição Federal de 1988, a previdência, diferentemente, da saúde e da assistência social, é compulsória e contributiva, e deve haver prévia contribuição para que exista, futuramente, uma contraprestação estatal.

1.4.5.1. Evolução e natureza jurídica

A primeira ideia de proteção social no Brasil remonta a um período posterior ao seu descobrimento por volta de 1543. Incentivada pelo setor privado e inspirada na caridade e no sentimento cristão foram criadas as Santas Casas de Misericórdia, pelo Padre José de Anchieta. Alvim nos dá conta da fundação da Santa Casa de Misericórdia de Santos, em 1543, e da Santa Casa de Misericórdia do Rio de Janeiro, em 1584, cuja finalidade consistia em prestar atendimento hospitalar aos pobres.

Por força de deveres morais e lógicos, a transição da simples beneficência para a assistência pública no Brasil demorou aproximadamente três séculos. A primeira manifestação normativa sobre assistência social ocorreu na Constituição de 1824, especificamente no art. 179, inciso nº XXXI, com a seguinte redação:

> **Art. 179.** *A inviolabilidade dos Direitos Civis, e Politicos dos Cidadãos Brazileiros [sic], que tem por base a liberdade, a segurança individual, e a propriedade, é garantida pela Constituição do Império, pela maneira seguinte.*
> *(...)*
> *XXXI. A Constituição também garante os soccorros [sic] públicos.*

Denota-se do corpo do dispositivo da Constituição Imperial de 1824, notadamente do *caput* do art. 179, a preocupação excessiva com as liberdades públicas, com a proteção aos indivíduos contra as eventuais investidas do Estado. A concepção estritamente liberal mostra-se evidente, inaugurando-se, em nível normativo constitucional, a assistência social pública, totalmente incipiente, uma vez que nada de concreto assegurava-se aos cidadãos. No velho mundo, por sua vez, já se assegurava tal medida, ao menos em nível normativo, desde a lei dos pobres londrina do século XVII (PEREIRA JÚNIOR, 2001).

O marco inicial da história previdenciária no Brasil ocorreu com a criação da Lei Eloy Chaves[106]. Esse fato não passa imune a crítica do Aníbal Fernandes em artigo publicado por Alvim, onde se destaca o conteúdo ideológico da Lei e afirma que tivemos o mutualismo como forma organizatória e como precedente precioso da Previdência Oficial. Sob tal prisma, os festejos oficiais que situam na Lei Eloy Chaves (1923) o nascimento da Previdência brasileira têm caráter ideológico que deve ser desvendado: buscam transformar as conquistas sociais, logradas com lutas e a partir das bases, em benesses estatais. Sobre ser ainda, a afirmativa relativa ao surgimento da Previdência em 1923, uma inverdade histórica, seja pelos apontamentos, seja porque outras leis pre-

---

106 A lei Eloy Chaves foi o marco da criação da Previdência Social no Brasil, em 24 de janeiro de 1923, por meio do Decreto Legislativo 4.682, que se originou de um projeto apresentado em 1921 pelo deputado federal Eloy de Miranda Chaves. Com o decreto, foi aprovada a formação da primeira instituição de previdência no País, a Caixa de Aposentadorias e Pensões dos Ferroviários, em Jundiaí-SP.

videnciárias são anteriores a esta data (como nossa primeira lei acidentária que data de 1919).[107]

Apesar disso, a Lei Eloy Chaves inaugurou um período de grande evolução da previdência social no Brasil, foi responsável pela instituição das Caixas de Aposentadorias e Pensões (CAP)[108].

Durante a década de 30, a Previdência Social passou por uma reestruturação e incorporou as categorias de trabalhadores urbanos. As CAPs deram lugar ao Instituto de Aposentadoria e Pensão (IAP), e o financiamento dos benefícios repartidos entre os trabalhadores, os empregadores e o governo federal, deu origem à Tríplice Forma de Custeio[109]. No mesmo período surgiu a expressão "seguridade social", inspirada na legislação previdenciária social dos Estados Unidos, como uma nova concepção de seguro total, que procurou abranger toda a população na luta contra a miséria e as necessidades sociais.

Com a promulgação da Lei Orgânica da Previdência Social (LOPS) em 1960, a previdência social foi organizada em 5 (cinco) grandes institutos e 1 (uma) caixa, essa elevada também à condição de instituto e devido ao custeio e organização passou a abranger a quase totalidade dos trabalhadores urbanos brasileiros.

Segundo Canuto, entre 1923 e 1990 houve um forte crescimento dos componentes do sistema. A população economicamente ativa (PEA) urbana passou de cerca de 5 (cinco) para 45

---

107 ALVIM, Rui Carlos Machado. *Uma história crítica da legislação previdenciária brasileira*. São Paulo: RDT, 1979.

108 A primeira forma de previdência no país foi a criação da Caixa de Aposentadoria e Pensão, inicialmente destinada aos empregados das empresas de estrada de ferro existentes. Posteriormente, durante a década de 30, os benefícios de aposentadoria por invalidez, tempo de serviço, pensão por morte e assistência médica foram estendidos a outras categorias, como portuários, marítimos e os trabalhadores dos serviços telegráficos e radiotelegráficos. Na década de 40, a evolução da CAP deu origem ao Instituto de Aposentadoria e Pensão – IAP, que em 1960 deu origem a Lei Orgânica da Previdência Social (KERTZMAN, 2009).

109 O princípio da Tríplice Forma de Custeio está insculpido no artigo 195 da Constituição Federal de 1988 e no artigo 16, parágrafo único da Lei nº 8.212 de 1991, ao definir que a Seguridade Social será financiada pelas empresas, pelos trabalhadores e pela União.

(quarenta e cinco) milhões de pessoas entre 1940 e 1990, no entanto, o número de contribuintes pouco cresceu até 1967, e foi intensificado até 1990 quando chegou aos 30 milhões de contribuintes, demonstrando, assim, uma proporcionalidade entre o crescimento da base de custeio e o desenvolvimento econômico.

Devido ao crescimento do número de segurados, em 1966, as instituições previdenciárias foram unificadas no Instituto Nacional de Previdência Social (INPS), órgão que representava uniformemente a previdência social em todo o território brasileiro. Em 1974, o Ministério do Trabalho e Previdência Social (MTPS) foi desdobrado e criou-se o Ministério da Previdência e Assistência Social que passou a ter todas as atribuições referentes à previdência social. O INPS ficou responsável pela concessão de benefícios, assim como pela readaptação profissional e amparo aos idosos, por sua vez, o Instituto de Administração Financeira da Previdência e Assistência Social (IAPAS) ficou responsável pelo custeio, mais precisamente, arrecadação e fiscalização das contribuições.

Em 1977, foi criado o SINPAS – Sistema Nacional de Previdência e Assistência Social, por meio da Lei nº 6.439/1977, o que possibilitou a integração das áreas de previdência social, assistência social e assistência médica. As entidades integrantes do SINPAS são:

- IAPAS – Instituto de Administração Financeira da Previdência Social – autarquia responsável pela arrecadação, fiscalização e cobrança das contribuições;
- INPS – Instituto Nacional de Previdência Social – autarquia que administrava os benefícios;
- INAMPS – Instituto Nacional de Assistência Médica da Previdência Social – autarquia responsável pela saúde;
- FUNABEM – Fundação Nacional do Bem-Estar do Menor – fundação responsável pela promoção de política social em relação ao menor;
- CEME – Central de Medicamentos – órgão ministerial responsável pela distribuição de medicamentos;
- LBA – Fundação Legião Brasileira de Assistência – fundação responsável pela Assistência Social;
- DATAPREV – Empresa de Processamento de Dados da Previdência Social – empresa pública, gerencia os dados previdenciários.

Foi com a promulgação da Constituição Federal de 1988 que ocorreu a grande inovação em matéria de seguro social, reunindo as três áreas da seguridade social: saúde, previdência social e assistência social.

No ano de 1990, foi criado o Instituto Nacional do Seguro Social (INSS), por meio da Lei nº 8.029/1990, decorrente da fusão do INPS (benefícios) com IAPAS (custeio).

Ainda em 1990 foi criado o SUS, por meio da Lei nº 8.080/90, decorrente da fusão do INAMPS e CEME.

A FUNABEM e LBA foram extintas dando lugar as ações da Assistência Social na forma do art. 203 da Constituição Federal de 1988.

Dessa forma, além da Constituição Federal de 1988, a legislação que atualmente regulamenta a seguridade social é composta das seguintes normas básicas: a) Lei nº 8.212/1991 (Plano de Organização e Custeio da Seguridade Social - PCSS); b) Lei nº 8.213/1991 (Plano de Benefícios da Seguridade Social - PBSS); c) Lei nº 8.742/1993 (Lei Orgânica da Assistência Social - LOAS); d) Decreto nº 3.048/1999 (Regulamento da Previdência Social).

Com relação a natureza jurídica da seguridade social, podemos apontar que o processo evolutivo que atravessou a previdência social, tanto no Brasil como no mundo, surgiu com a preocupação em se proteger os indivíduos das contingências sociais geradoras de necessidades sociais, como, também, do desenvolvimento da solidariedade como parte da evolução dos direitos humanos.[110]

---

110 Os direitos humanos foram divididos em três gerações. A primeira valorizava a postura individualista como valor supremo fruto da liberdade gerada pela ausência da intervenção do Estado nas relações sociais, chamada de liberdade negativa ou absenteísmo estatal. Na segunda etapa, o Estado liberal perdeu espaço para o Estado social, que valorizava direitos sociais, econômicos e culturais, motivado pelo movimento constitucionalista (Weimar 1919 e México 1917). A terceira geração, no final do século XX, faz surgir os direitos relacionados à paz, meio ambiente, patrimônio comum da humanidade e comunicação, conhecidos como direitos da solidariedade ou da fraternidade. A terceira geração de direitos não está vinculada ao Estado nacional nem a um determinado grupo de pessoas, visa tutelar um número indeterminado de pessoas, em prol da humanidade, visando assegurar o gênero humano por possuir alto teor de humanismo e universalidade, conhecidos como direitos metaindividuais.

Porém, antes de atingir a solidariedade e os direitos a ela relacionados (terceira dimensão dos direitos fundamentais), o provimento estatal ganhou importância com o surgimento do Estado Social que foi o garantidor dos direitos fundamentais de segunda dimensão.

Com o nascimento progressivo do Estado Social, o Poder Público se viu obrigado a sair da sua tradicional contumácia, passando a assumir gradativamente a responsabilidade pela efetivação das prestações econômicas e sociais, valendo destacar em nosso tema os direitos relativos à saúde, à assistência e à previdência social.[111] Dessa forma, a Seguridade Social ostenta simultaneamente a natureza jurídica de direito fundamental de segunda e terceira dimensões.

1.4.5.2. Os regimes previdenciários

A previdência social brasileira possui como principais características a gestão pública e quadripartite[112] e a diversidade de regimes. Quanto aos regimes, ela possui três modalidades: Geral, Próprio e Complementar.

a) **Regime Geral de Previdência Social (RGPS)** - O artigo 201 da Constituição Federal de 1988 define e organiza a previdência social sob forma de regime geral com característica contributiva e de filiação obrigatória, observados os critérios que preservem o equilíbrio financeiro e atuarial, e atende, nos termos da lei, a cobertura dos eventos de doença, invalidez, morte e idade avançada; proteção à maternidade, especialmente à gestante; proteção ao trabalhador em situação de desemprego involuntário; salário-família e auxílio-reclusão para os dependentes dos segurados de baixa renda; pensão por morte do segurado, homem ou mulher, ao cônjuge ou companheiro e dependentes.

---

111 AMADO, Frederico. *Direito Previdenciário*. 7ª ed. Salvador: Jus Podivm, 2016. p. 22.

112 A gestão quadripartite é uma expressão da democracia na seguridade social, pois a composição dos conselhos responsáveis pela administração é heterogênea onde fazem parte representantes do governo, das empresas, dos trabalhadores e dos aposentados.

b) **Regime Próprio de Previdência Social** - Os Regimes Próprios de Previdência Social são aqueles previstos no artigo 40[113] da Constituição Federal de 1988 e possuem como segurados os servidores públicos efetivos da União, dos Estados, do Distrito Federal, de alguns Municípios, bem como os servidores das autarquias e fundações, os titulares de cargos vitalícios: magistrados, membros do Ministério Público e membros dos Tribunais de Contas.

c) **Regime de Previdência Complementar** - Este regime é privado facultativo e tem administração privada. O regime de previdência complementar tem como objetivo fornecer aos cidadãos que não possuem vinculo com o RGPS ou RPPS, ou até mesmo os que possuem vínculo com esses regimes e também almejam o recebimento de valores que possam garantir ou aumentar a renda mensal dos seus benefícios.

Ainda sobre a finalidade do Regime de Previdência Complementar, Weintraub aponta a possibilidade ou não do caráter complementar, causando dúvidas sobre a acepção do termo "complementar": "[...] não é o enriquecimento do participante. Os planos previdenciários visam permitir uma continuidade no padrão de vida da pessoa, complementando ou não uma aposentadoria oficial"[114].

Tanto o texto constitucional, no artigo 202[115], quanto a Lei Complementar 108 e 109, de 2001, que dispõe sobre o regime de previdência complementar, expressamente destacam que este

---

113 Art. 40. Aos servidores titulares de cargos efetivos da União, dos Estados, do Distrito Federal e dos Municípios, incluídas suas autarquias e fundações, é assegurado regime de previdência de caráter contributivo e solidário, mediante contribuição do respectivo ente público, dos servidores ativos e inativos e dos pensionistas, observados os critérios que preservem o equilíbrio financeiro e atuarial e o disposto neste artigo.

114 WEINTRAUB, Arthur Bragança de Vasconcelos. *Previdência privada: doutrina e jurisprudência*. São Paulo: Quartier Latin, 2005. p. 76.

115 Art. 202. O regime de previdência privada, de caráter complementar é organizado de forma autônoma em relação ao regime geral de previdência social, será facultativo, baseado na constituição de reservas que garantam o benefício contratado, e regulado por lei complementar.

regime tem caráter complementar e não suplementar ao regime estatal da previdência.

O aspecto de complementaridade decorre da insuficiência do sistema oficial. Explica-se, desde logo, que o sistema oficial de previdência tem como finalidade prover condições mínimas para os que a ela estão filiados, facultativa ou obrigatoriamente. Esses limites serão aferíveis por meio dos parâmetros que a lei fixar. Por certo, os benefícios que a previdência social proporcionar deixarão uma parcela da população com restrições à época do pagamento dos benefícios, em relação àqueles auferidos quando em atividade. Aquele segurado que em atividade extrapolar o limite (teto) de benefícios pagos pela Previdência Social terá seus rendimentos sensivelmente reduzidos por ocasião da aposentadoria. É no exame desse contexto que se verifica a característica nitidamente complementar do regime que ora tratamos.[116]

A complementaridade da previdência não está relacionada exclusivamente com o Regime Geral de Previdência[117] ou com o Regime Próprio de Previdência. Todavia, a opção pelo plano de previdência complementar não está vinculada a uma prévia contribuição para qualquer dos regimes públicos, existindo de forma autônoma e acessível a qualquer indivíduo.

Não é somente a complementaridade que traduz a natureza dos planos de previdência privada, pois esses planos não são, exclusivamente, um complemento ao regime geral de previdên-

116 AMARAL FILHO, Léo. *Previdência privada aberta*. São Paulo: Quartier Latin, 2005. p. 148-149.

117 No caso do segurado facultativo do regime geral de Previdência Social, aquele maior de 16 anos que não exerce atividade remunerada, não estando obrigatoriamente vinculado a qualquer regime público, a previdência privada toma ares de previdência substitutiva, até porque não há o que complementar. Como não existe qualquer contribuição para regimes oficiais, quando o facultativo faz opção para contribuir para uma previdência privada essa se torna única, não possuindo caráter complementar e sim substitutivo, demonstrando assim uma exceção ao caráter complementar da previdência privada.

cia social, mas sim totalmente autônomo, conforme definição constitucional.[118]

O traço constitucional de complementaridade da previdência privada não vincula à necessidade de haver obtido implementação do benefício no regime previdenciário público para que se dê a cobertura do Plano Privado. Entretanto, não se pode esquecer que existe igualmente, como opção, a função de suplementaridade, que consiste na concessão de benefícios de previdência privada ainda que não se implemente a cobertura pela previdência pública.[119]

Desta forma, o caráter complementar da previdência privada não está somente ligado aos casos em que o segurado recebe aposentadoria inferior ao teto pago pelo INSS. Tal entendimento imobiliza a essência da complementaridade da previdência privada, pois essa característica não está atrelada unicamente ao regime geral ou próprio, mas sim a todo o sistema previdenciário brasileiro como instrumento de proteção social.

Portanto, nesta dissertação será utilizado o termo previdência complementar não no sentido da complementaridade do benefício e sim como sinônimo de previdência privada. No entanto, faz-se necessária a distinção entre os dois tipos de entidades da previdência complementar (EPC):

a) **Entidades Abertas de Previdência Complementar (EAPC)** – Em conformidade com o artigo 36 da Lei Complementar 109 (2001), as EAPC são aquelas constituídas sob a forma obrigatória de sociedades anônimas, tendo como escopo a formulação de planos de benefícios de caráter previdenciário. Tais Entidades são normalmente constituídas por instituições financeiras em que não há obrigatoriedade de um vínculo empregatício ou associativo para ser participante do plano.[120]

---

118 RAMOS, Maria Cibele de Oliveira. *Os planos de benefícios das entidades de previdência privada.* São Paulo: Ltr, 2005.

119 DERZI, Heloisa Hernandez; ZAPPA, Fabiana Ulson. A tributação e o caráter social da previdência complementar. *Revista de Previdência.* nº 4, Rio de Janeiro: Gramma, 2006. p. 64.

120 BARRA, Juliano Sarmento. *Fundos de pensão instituídos na previdência privada brasileira.* São Paulo: Ltr, 2008. p. 122.

No âmbito da conceituação das entidades abertas de previdência complementar, pontuais são os ensinamentos de Ramos no sentido de que As entidades são denominadas abertas por poderem oferecer seus planos de benefícios livremente a todas as pessoas interessadas, não tendo seu âmbito de atuação restrito, tal qual as entidades fechadas de previdência complementar. A filiação de participantes aos planos de benefícios dessas entidades não depende da existência de qualquer vínculo prévio entre as pessoas físicas e/ou jurídicas envolvidas na relação de previdência complementar. Os participantes podem ser tidos como associados dessas entidades, nunca como seus sócios.[121]

Estas entidades, na verdade, são instituições financeiras que exploram o ramo dos riscos sociais, mediante a instituição e operação de planos de benefícios de caráter previdenciário, seja em forma de renda continuada ou pagamento único. Para tanto, devem necessariamente revestir-se sob a forma societária de sociedade anônima.

b) Entidades Fechadas de Previdência Complementar (EFPC) – São aqui também denominadas de fundos de pensão e são endereçadas a um público específico, ou seja, aos empregados de uma empresa, grupo de empresas, associados de entidades de classe ou de representação, instituídas sob a forma de pessoa jurídica de direito privado, sem fins lucrativos, podendo se constituir sob a forma de fundação.

Por não possuir finalidade lucrativa e por ser destinadas a um grupo homogêneo, essas entidades possuem algumas vantagens sobre as entidades abertas como:

a) menor custo;
b) maior transparência na gestão;
c) constituídas sem fins lucrativos, o que faz com que todos os recursos aplicados sejam investidos no próprio fundo, sem a necessidade de gerar resultados para um grupo de acionistas, como acontece com as entidades abertas;

121 RAMOS, Maria Cibele de Oliveira. *Os planos de benefícios das entidades de previdência privada*. São Paulo: Ltr, 2005. p. 41.

d) melhor controle da gestão dos investimentos, pois seguem políticas de investimento e diretrizes estabelecidas pela entidade, observadas as Resoluções do Conselho Monetário Nacional.

O conceito de finalidade lucrativa surge como um diferencial para caracterização de uma EFPC. Coelho[122] interpreta que tal situação deve ser entendida como aquela que não se apropria dos resultados operacionais, ou seja, que não distribui resultados entre sócios ou mantenedores ou associados.

Sobre o tema, Machado escreve que não ter fins lucrativos não significa, de modo nenhum, ter receitas limitadas aos custos operacionais. Elas na verdade podem e devem ter sobras financeiras, até para que possam progredir, modernizando e ampliando suas instalações. O que não podem é distribuir lucros. São obrigadas a aplicar todas as suas disponibilidades na manutenção dos seus objetivos institucionais.[123]

Os fundos de pensão recebem contribuições tanto dos participantes como dos patrocinadores e aplicam esses recursos, dentre outras finalidades, em renda fixa, renda variável e imóveis. O resultado dessas aplicações incrementam financeiramente os fundos e o montante é utilizado para pagamento dos benefícios aos participantes e despesas com administração, ou seja, todo valor arrecadado é utilizado no próprio fundo, seja na melhoria de seus serviços e/ou na garantia de benefícios mais vantajosos aos beneficiários.

1.4.5.3. Formas de financiamento

O regime de financiamento da previdência se apresenta de duas formas: capitalização e repartição simples. A primeira forma é aquela em que o trabalhador acumula as contribuições deduzidas do seu salário em um fundo do qual geram os benefícios de sua aposentadoria; ou seja, as contribuições pretéritas capitaliza-

122 COELHO, Sacha Calmon Navarro. *Curso de direito tributário brasileiro.* 1ª ed., Rio de Janeiro: Forense, 1999. p. 277.

123 MACHADO, Hugo de Brito. *Curso de direito tributário.* 13ª ed. São Paulo: Malheiros, 1998. p. 199.

das de cada trabalhador constituem uma poupança, que tem como característica principal a individualidade. Cada segurado contribui para o seu próprio benefício, estabelecendo desta forma uma correspondência entre o custeio e o benefício. Este regime é uma poupança individual, onde as aposentadorias prometidas pela previdência complementar dependerão sempre do que acontecer no mercado financeiro.[124]

A segunda, repartição simples, é aquela em que o benefício dos aposentados é financiado pelas contribuições dos trabalhadores ativos. A solidariedade é a principal característica, pois os segurados na ativa contribuem para o pagamento dos benefícios do grupo de segurados em inatividade. Quando os segurados da ativa chegarem à inatividade, os novos segurados em atividade estarão contribuindo e arcando com o pagamento destes benefícios e assim por diante.

Pelo exposto, o regime de capitalização apresenta-se como o mais adequado à previdência complementar, pois dá poder de gerência ao segurado sobre as suas aplicações; por outro lado o regime de repartição simples valoriza o coletivo em detrimento do indivíduo, as contribuições de cada segurado serviram para manter o funcionamento do sistema fomentando o pagamento dos benefícios, com isso não existe a possibilidade de resgate do valor investido, por isso também, menos atrativo às aplicações.

1.4.5.4. Os fatores históricos do comprometimento da prestação dos serviços e benefícios pela previdência social no Brasil

Neste tópico será demonstrado o comprometimento dos serviços e benefícios prestados pelo Regime Geral de Previdência Social administrados pelo INSS, as causas que levaram a instabilidade do sistema, que ao longo do tempo não resistiu ao descontrole da gestão pública.

A forma de contribuição que a maioria dos segurados brasileiros estão vinculados é o de repartição simples, daí aparecer como legítima a preocupação do governo em manter o seu orça-

124 CARVALHO, Fábio Junqueira; MURGEL, Maria Inês. *Tributação de fundos de pensão*. Belo Horizonte: Decálogo, 2007.

mento equilibrado, ainda que se deva reconhecer, de imediato, que a corrosão das receitas previdenciárias, pelo crescimento do desemprego na década de 90, da informalidade do trabalho e da sonegação é desdobramento natural da sua própria política econômica.

O sistema protetivo brasileiro enfrenta graves problemas estruturais. Derzi elenca os quatro grupos de causas da sua crise:

a) Atuariais, uma vez que precocemente o Brasil introduziu a aposentadoria por tempo de serviço, desvinculada da idade do trabalhador, alongando-se em demasia a sua duração.
b) Administrativos, pois a burocracia, a corrupção, o empreguismo e o nepotismo agigantaram os órgãos previdenciários, elevando-se o seu custo.
c) Caixa, pois desvios de recursos da previdência social para outras finalidades do Estado advieram de lacunas existentes na Constituição de 1967-69; o caixa da previdência social confundiu-se com o caixa do Tesouro Nacional e seus recursos foram canalizados até para construção de hidroelétricas.
d) Econômicos-conjunturais ou estruturais, desencadeados pelas crises de recessão, desemprego e queda dos salários no produto interno bruto, o que provoca o acentuado decréscimo no produto da arrecadação das contribuições previdenciárias, incidente sobre a massa dos salários.[125]

Para uma detalhada análise do problema de caixa da previdência é imprescindível um minucioso levantamento histórico dos dados que, infelizmente, ainda está por ser elaborado. Entretanto há uma presunção bem amparada de que os governos brasileiros das décadas de 1930 a 1960 se valeram desses recursos para financiar muitas das obras de infraestrutura do período.

No período pós 1964, Oliveira analisou que o financiamento do INPS continuava a basear-se em um sistema de contribuição tripartite, no entanto a União passou a se responsabilizar unicamente pelos custos de administração (cerca de 11% das despesas totais do INPS) e pessoal do instituto. A maioria das cotizações

---

125 DERZI, Misabel Abreu Machado. Seguridade social. Problemas financeiros e soluções na constituição de 1988. *Revista Trimestral de Direito Público*. São Paulo: Malheiros, 2003.

de empregados e empregadores era da ordem de 8% sobre o salário. Porém, a União permanece como uma grande devedora, na medida em que honra seus compromissos somente de forma parcial (em 1968 dos R$ 1.505.938.136,46 despendidos com pessoal e administração somente R$ 846.777.579,32 foram efetivamente repassados à previdência pelo governo federal).[126]

Para ilustrar a evolução da dívida da União com a previdência social no na primeira década do período pós 1964, em projeção feita pela coordenadoria geral de contabilidade do INSS, entre 1967 e 1976 as despesas com pessoal cresceram 212,54%, as de administração cresceram 278,07%, o valor arrecadado cresceu 94,57% e o saldo devedor deu um salto de 432,61%. O aumento do saldo devedor não foi proporcional as gastos com pessoal e administração.

Segundo Balera, essa prática de saques dos recursos previdenciários para outras finalidades está se repetindo nos últimos vinte anos. O artigo 90, da Lei n° 8.212, de 1991, autorizou o Conselho Nacional de Seguridade Social a apurar o montante do grande devedor da previdência social.

Porém, com a extinção do Conselho Nacional de Seguridade Social, o débito da União nunca foi apurado e está crescendo cada vez mais, comprometendo o papel do Estado de cumprir com o preceito constitucional do artigo 201.[127]

---

126 OLIVEIRA, Francisco Eduardo Barreto de; BELTRÃO, Kaizo Iwakami; DAVID, Antônio Carlos de Albuquerque. *A dívida da União com a previdência social: Uma perspectiva histórica* (1999). Disponível em: < www.ipea.gov.br/pub/td/td0638.pdf>. Acesso em: 21 jun. 2010. p. 8.

127 Segundo Wagner Balera no artigo intitulado "Poço sem fundo" publicado no site Consultor Jurídico, a crise, a dívida da previdência tem como principal responsável a União e cita que no ano de 2004, foram aprovadas 17 leis que desviaram quase R$ 10 bilhões da seguridade social para outras finalidades que não guardam relação com saúde, previdência social e assistência social. Afirma ainda que, nesse contexto, a existência da dívida do governo federal para com o sistema de seguridade social prejudica a todos os setores que dela dependem: a saúde, a previdência social e a assistência social. O setor de saúde funciona mal. Até as camadas mais pobres da população se obrigam a contratar um seguro médico particular. O setor da previdência social funciona mal, distorcendo os valores dos benefícios com

É importante destacar que o crescimento da previdência complementar não foi o motivo do impacto financeiro negativo aos cofres públicos, sob a alegação de que o segurado destinaria suas contribuições para outro regime que não fosse o público.

Os segurados do Regime Geral não podem optar pelo regime em que deverão ser vertidas as suas contribuições, eles são obrigados[128] a contribuir para o regime público durante o período laboral e, dessa maneira, o financiamento do Regime Geral está garantido por todos aqueles maiores de 16 anos que exercem atividade remunerada lícita.

Há quem argumente que comprometimento da prestação dos benefícios e serviços pela previdência social pública, principalmente do Regime Geral de Previdência Social[129] está evidenciado na ineficiência do Estado, como assevera Fabrício Adroaldo quando afirma que a culpa toda seria do Estado-pai, que distribuiu benesses excessivas e compatíveis com as forças do sistema; a solução seria entregar ao miraculoso poder de auto-regulamentação

correções que sempre perdem da inflação e obrigam as pessoas a buscar amparo no Poder Judiciário. São milhões e milhões de processos nos quais todos querem a mesma coisa: o valor justo para os benefícios que lhes custaram muitos anos de contribuições. O setor de assistência social é o mais vulnerável de todos. Não há previsão legal ou constitucional de quanto se deve gastar com as medidas assistenciais, nem que medidas devem ser tomadas. Por essa razão, a cada governo que assume o poder muda completamente os programas sociais (BALERA, 2005).

128 Alem dos segurados obrigatórios, o artigo 11 do Decreto n° 3.048/99 disciplina a possibilidade do segurado do Regime Geral de Previdência Social filiar-se como facultativo. Segundo o dispositivo, segurado facultativo é o maior de dezesseis anos de idade que se filiar ao Regime Geral de Previdência Social, mediante contribuição, na forma do art. 199, desde que não esteja exercendo atividade remunerada que o enquadre como segurado obrigatório da previdência social.

129 O regime geral de previdência social apresenta maior comprometimento dos benefícios e serviços do que o regime próprio. As reformas previdenciárias não conseguem impedir o crescente déficit nas contas da previdência, com isso a valorização dos benefícios não acompanha o poder aquisitivo dos segurados que ainda sofrem com a insegurança do momento de recebimento do benefício, pois as regras para concessão constantemente são objeto de reforma.

do mercado mais esse lucrativo campo de atuação, afastando o poder público do inepto e perdulário.[130]

No entanto, é importante frisar a relação da crise previdenciária pública com o desenvolvimento da economia e da sociedade. O aumento da longevidade cumulado com o baixo índice de fecundidade, reserva aos cofres públicos a diminuição da arrecadação decorrente da subtração do número de segurados e o aumento de beneficiários. Para tanto, deve ser observado o processo de redução de mortalidade que começou a gerar suas transformações em 1970, quando a população era constituída em grande parte por jovens dos quais hoje alguns se tornaram beneficiários do sistema protetivo.

De acordo com o estudo realizado por Canuto, em 1960 cada mulher tinha em média 6,2 filhos vivos e este índice decresceu para 2,2 filhos em 2002. A medida da expectativa de vida cresceu consideravelmente: a das mulheres era 39 anos e a dos homens até os 43; hoje, segundo o IBGE, estes números elevaram-se para 80 para as mulheres e 73 para os homens.[131]

Por isso, a questão do envelhecimento da população brasileira não pode ser pontuada como a única causa para o atual déficit previdenciário. O momento demográfico para a questão previdenciária é positivo, existem, mais pessoas em atividade para financiar do que aquelas que estão aposentadas. O gráfico demonstra a projeção da relação entre a população de jovens e idosos no Brasil.

Os dados do Instituto Brasileiro de Geografia e Estatística demonstram que, no atual momento a população jovem ainda é três vezes maior do que a idosa o que não justifica o déficit previdenciário decorrente da longevidade, mas se pode extrair dessa leitura que, nos próximos quarenta anos haverá uma diminuição da po-

---

130 FABRÍCIO, Adroaldo. Previdência ou imprevidência. In: Previdência ou imprevidência?. Porto Alegre: Ajuris, 2003. p. 37.

131 CANUTO, Alessandra Mihailidou; FERNANDES, Maria Fernanda Otero; THOMAS, José Carlos. *O Crescimento da previdência privada aberta face a crise da previdência social* (2009). Disponível em: <http://www.mackenzie.br/fileadmin/Graduacao/CCSA/Publicaco-es/Jovens_Pesquisadores/02/2_2_09.pdf>. Acesso em: 10 dez 2010.

pulação jovem e um aumento da idosa[132], fator que impulsionou a reforma previdenciária que deu origem à Emenda Constitucional

---

132 Sobre os fatores que impulsionaram a reforma da previdência de 2019 o *Jornal Valor Econômico* publicado em 31 de julho de 2018 trouxe a seguinte matéria: "A necessidade da reforma da Previdência teve um importante reforço após os mais novos cálculos demográficos elaborados pelo Instituto Brasileiro de Geografia e Estatística (IBGE). Em sua recente revisão das projeções da população, o IBGE constatou que a população idosa brasileira está aumentando mais rapidamente do que se imaginava, tornando mais urgente a reforma para conter o aumento dos gastos públicos. O déficit registrado em 2017 com o pagamento dos 30 milhões de beneficiários do setor privado foi de R$ 182 bilhões. Somados aos R$ 86 bilhões destinados à previdência do 1 milhão de funcionários públicos, incluindo militares, a conta chegou a R$ 268 bilhões.
De acordo com o IBGE, a população total do país, estimada em 208,5 milhões neste ano, vai crescer até alcançar o máximo de 233,2 milhões em 2047. A partir daquele ano, com a redução gradual da taxa de fecundidade, a população irá diminuir até atingir 228,3 milhões em 2060, voltando ao patamar de 2034. O Brasil deixará de estar na lista das nações mais populosas do mundo nos próximos anos e, após 2060, deve sair do ranking das dez maiores, sendo superado por vários países africanos.
A taxa de fecundidade total da brasileira – número médio de filhos por mulher – deverá cair de 1,77 neste ano para 1,66 em 2060. A revisão mostrou que aumentou a quantidade de mulheres que engravidam entre 30 e 39 anos, e diminuiu a participação de mulheres entre 15 e 24 anos na fecundidade em todas as grandes regiões do país. Nesse processo, o número de brasileiros com 65 anos ou mais vai crescer a uma média de 2,7% ao ano, até 2060, em um ritmo superior ao de 0,2% do aumento da população em geral, incluindo o da população em idade ativa, de 15 anos a 64 anos.
A revisão do IBGE constatou mais do que isso: descobriu que já ocorreu no ano passado o pico do chamado bônus demográfico, situação em que a quantidade de pessoas em idade ativa supera a do total de habitantes e suas contribuições para a Previdência são suficientes para bancar os benefícios dos aposentados. A partir deste ano, essa relação começa diminuir, o que se esperava que acontecesse só em 2023. Ou seja, o bônus demográfico terminou cinco anos antes do esperado, intensificando a urgência da reforma.
O problema pode também ser dimensionado pela taxa de dependência, que mede a relação entre o total de pessoas com menos de 15 anos, somado ao número das que têm 65 anos ou mais, e os que possuem de 15 a 64 anos e estão na faixa considerada de idade ativa. A taxa de dependência está, atualmente, em 44%, significando que 44 pessoas dependem de 100 em idade de trabalhar. O percentual vai aumentar para 51,4% em 2029 e chegar a 67,2% em 2060, ano em que terminam as atuais projeções do IBGE. Estimativas da Organização das Nações Unidas (ONU) trazem percentuais ainda maiores para o país no fim do século."

n° 103, de 2019, que buscou equilibrar o déficit previdenciário através mudanças nas regras das aposentadorias.[133]

Segundo o levantamento do último anuário estatístico da Previdência Social,[134] mesmo com uma população jovem três vezes maior do que a idosa, é importante destacar o aumento do número de concessão de benefícios de aposentadoria decorrente da longevidade.

No caso específico do Regime Geral de Previdência Social, o desemprego causou a diminuição da base de financiamento, pois as contribuições dos trabalhadores sobre seus rendimentos e da empresa sobre a folha de salário, consistem em uma das principais fontes de custeio da Previdência Social.

Desde o início da década de 90, houve um aumento do trabalho informal e a participação dos trabalhadores que tinham carteira assinada diminuiu de 34,2 milhões em 1992 para 32 milhões em 1999. No mesmo período houve o aumento do número dos que trabalhavam sem carteira assinada, dos empregadores e dos trabalhadores que laboravam por conta própria, mostrando assim a migração das atividades.

Sobre o tema Esteves explica que partir dos anos 80, a crise econômica fortaleceu-se e o cenário empregatício mudou, declinando os seus índices. Nos anos seguintes, o crescimento do setor produtivo deu-se pela inserção das novas tecnologias e não pela mão-de-obra. Assim, diminui-se a produção de emprego e o acesso ao mercado de trabalho, e os que aparecem vêm de formas cada vez mais precárias.[135]

Pelo exposto, mesmo diante da migração das atividades laborais, das mudanças demográficas e do aumento no pagamento de benefícios, é possível identificar que o maior responsável por esta

---

133 BRASIL. Instituto Brasileiro de Geografia e Estatística. *Gerencia de Estudos e Análises da Dinâmica Demográfica de 1950, 1960 e 1970* (2004). Disponível em: <http://seriesestatisticas.ibge.gov.br/> . Acesso em: 12. Jul 2011

134 BRASIL. Ministério da Previdência Social. *Anuário Estatístico da Previdência Social* (2009). Disponível em: <http://www.mpas.gov.br/conteudoDinamico.php?id=978 >. Acesso em: 07 ago. 2011.

135 ESTEVES, Juliana Teixeira. *Fundos de Pensão: benefícios ou prejuízo para os trabalhadores?.* São Paulo: Ltr, 2008. p. 114.

cadeia de problemas é a má gestão dos recursos públicos, principalmente entre as décadas de 1960 e 2000.

Desta maneira, o desemprego, a diminuição da folha de salários, a crise internacional, a longevidade ou até mesmo a baixa fecundidade são fatores que exigem da administração pública medidas que preservem o sistema protetivo nacional. Tais medidas não foram elaboradas nas últimas cinco décadas pela política brasileira, havendo uma relação às avessas, onde a previdência passou a realizar aportes de capital nos déficits do Estado, o que explica a dívida da União.

Conforme foi apresentado neste tópico, a crise do Estado-providência fez surgir um grupo de pessoas excluídas da proteção securitária e outro que não mais confiava no papel do Estado-Pai, preferindo gerir seus próprios investimentos e garantir o próprio bem-estar social, aumentando o interesse pela previdência complementar.

1.4.5.5. O desenvolvimento da previdência complementar

O sistema de previdência brasileiro se apoia em dois pilares, um deles é de natureza pública e outro de natureza privada/complementar que se subdivide em aberto e fechado. O incentivo à expansão do segundo pilar tem sido objeto da política dos governos de muitos países, inclusive o Brasil. Isso vem ocorrendo à medida que fica cada vez mais evidente a incapacidade do primeiro pilar em prover as aposentadorias que propiciem o bem-estar dos segurados.[136]

Os fatores atuariais, administrativos, financeiros e econômicos que impulsionaram a crise da previdência social pública fizeram com os segurados mais preocupados com o futuro e com a melhoria da qualidade de vida procurarem os planos de previdência complementar, onde o participante pode gerenciar as suas aplicações, o tempo de maturação e resgate de seu benefício.

A manutenção da qualidade de vida durante o período da aposentadoria, induz as pessoas a tomar consciência de que para

136 PERES, Marcos Antônio Simões. A evolução da previdência complementar aberta. *Revista da Previdência*. nº 4. Rio de Janeiro: Gramma, 2006.

atingir essa confortável condição será necessário o provisionamento de recursos para a utilização futura, é neste contexto, que a previdência complementar surge como uma opção de seguridade social.

Importante destacar que essa consciência, de saber aplicar e gerenciar os investimentos em previdência complementar, ainda é um privilégio das classes mais ricas. Não é difícil imaginar que para aquele que vive do recebimento de um salário mínimo torna-se difícil resguardar e aplicar parte dos seus vencimento em previdência complementar.

A desigualdade social aumenta há mais de cinco anos no país, segundo dados do estudo "A Escalada da Desigualdade" da FGV e o principal motivo para esses resultados é o desemprego no país, fruto da crise econômica vivida em 2015 e 2016 que corroeu o poder de compra das famílias. Segundo o estudo, a queda na inflação a partir de 2017 – de 10,67 em 2015 para 3,75% em 2018 – teve função importante para fomentar o consumo, mas como os níveis de desemprego não tiveram o mesmo movimento de queda, a situação não se reverteu na concentração de renda.[137]

A opção de investimento na previdência complementar é impulsionada pela crise no setor publico. Na década de 50, para cada aposentado brasileiro havia oito trabalhadores na ativa. Atualmente a proporção é de 2,3 para 1. Se chegar a 2 para 1, a arrecadação necessária para manter o sistema poderá consumir até 50% da folha de pagamento dos trabalhadores. Estima-se que se nada mudar, o déficit da previdência social chegará, no ano 2020, a 4,2% do PIB, o que hoje representa mais de R$ 30 bilhões. Segundo os dados do Ministério da Previdência, o déficit estimado para 2020 ronda a casa dos R$ 5 bilhões.[138]

Existem vários aspectos para se analisar o desenvolvimento da previdência complementar no Brasil. É possível observar esse fenômeno diante da uma divisão temporal, marcando os acontecimentos por década; pode-se optar por uma divisão legislativa, que

137 Disponível em: < https://veja.abril.com.br/economia/desigualdade-social-no-pais-aumenta-pelo-17-trimestre-seguido-diz-fgv/> Acesso em 29 de jan. 2020.

138 LUBIATO, Kelly. Expectativa de crescimento. *Conjuntura Econômica*. São Paulo, 2002.

pontua marcos legais ou até mesmo de modelos de Estado (liberal, social e pós social/neoliberal).

Com fundamento puramente metodológico, optou-se por trabalhar a linha de marcos legais, contudo, os aspectos cronológicos e o papel do Estado serão devidamente explorados no intuito de complementar a explanação sobre o surgimento e expansão da previdência complementar no Brasil.

Em todas as etapas serão apresentados diversos fatores, dentre eles, políticos, econômicos e sociais que moldaram o papel da previdência complementar no Brasil. Esse estudo tem como paralelo as reformas da previdência social pública diante das mudanças legislativas.

Sem fazer distinção, neste trabalho foi utilizado indistintamente as expressões previdência privada e previdência complementar.

PRIMEIRO MARCO: REGULAMENTAÇÃO – LEI Nº 6.435/77

A primeira entidade destinada ao oferecimento de benefícios foi a PREVI (CAPRE à época), criada em 1904 por um grupo de empregados (52 empregados) do Banco da República do Brasil sob a forma de associação *"cujo fim é exclusivamente garantir o pagamento de uma pensão mensal ao herdeiro do funcionário que dela fizer parte, na forma estabelecida pelos presentes Estatutos"*.[139]

Ainda antes da primeira normatização sobre a previdência complementar, surgiram outras entidades, como, por exemplo, a Fundação Petrobrás de Seguridade Social - PETROS (1970) e a Fundação CESP (1974). Além de serem as mais antigas, a PREVI e a PETROS são os dois maiores fundos de pensão do Brasil, tanto no aspecto arrecadatório como no número de assistidos[140]. Neste

139 PAIXÃO, Leonardo André. *A previdência complementar fechada: uma visão geral* (2006). < Disponível em: http://www.previdencia.gov.br/arquivos/office/3_081014-111321-983.pdf > Acesso em: 10 ago. 2014.

140 Segundo o Consolidado Estatístico de junho de 2014 da ABRAPP - Associação Brasileira das Entidades Fechadas de Previdência Complementar, a PREVI é o maior fundo de pensão do Brasil e possui investimento de R$ 171.805.631 milhões de reais e 100.703 participantes ativos em Segundo lugar aparece a PETROS que possui investimento de R$ 67.745.136 milhões de reais e 101.252 participantes ativos. (ABRAPP, 2014)

primeiro momento, observa-se que a previdência complementar é um fenômeno tipicamente associado à grande empresa e sobretudo à grande empresa estatal.

Antes de 1977 os investimentos das aplicações possuíam uma tendência liberal e de pouca regulamentação, até porque o mercado nessa década era bem reduzido. A relação existente entre as entidades e os segurados era de origem contratual, portanto, sujeitas as determinações do Código Civil e normas comerciais dos seguros privados.

A primeira regulamentação foi com a Lei nº 6.435, de 15 de julho de 1977, que foi aprovada em um contexto de fomento ao mercado de capitais por parte do poder público. Seu objetivo foi disciplinar os fundos de pensão enquanto entidades captadoras de poupança popular, estimulando seu crescimento de modo que pudessem canalizar investimentos para aplicações em Bolsa de Valores.

A Lei nº 6.435/77 já previa a divisão as entidades de previdência complementar em abertas e fechadas. As fechadas são acessíveis exclusivamente aos empregados de uma só empresa ou de um grupo de empresas, as quais, para os efeitos desta lei, serão denominadas patrocinadoras; as abertas são os demais casos, ou seja, abertas a participação de qualquer da sociedade.

No campo do previdência social pública, o Estado crescia e assim como na evolução dos direitos humanos, o campo liberal deu espaço para a presença do Estado na garantia do bem estar da sociedade, ou seja, o surgimento de um modelo de Estado social e para fomentar a atuação do Estado na garantida dos direitos sociais, os trabalhadores estavam obrigados a contribuir com a previdência pública.

Diante desse quadro social a previdência privada tinha tímida participação na sociedade, gerava desconfiança. O Estado se apresentava como provedor e o pensamento lógico era de que o "O Estado não quebra". Todos confiavam na garantida do bem-estar pelo Estado.

Mesmo com a Lei nº 6.435/77 a regulamentação da previdência privada era muito frágil, pautada em contrato firmado mediante a vontade do participante, poucos atrativos eram oferecidos, não havia estímulos para os investimentos em previdência privada.

SEGUNDO MARCO: A INSTITUCIONALIZAÇÃO – EMENDA CONSTITUCIONAL Nº 20/98

Partindo de uma visão macro para chegar ao caso do Brasil, o segundo marco foi contextualizado a partir da crise internacional do sistema capitalista das décadas de 1970 e 1980, época em que as garantias sociais ganharam destaque na Constituição Federal de 1988.

Diante da crise internacional do sistema capitalista das décadas de 1970 e 1980 o Estado passou por uma ruptura do padrão de acumulação de riquezas vigente desde o pós-guerra, com a criação de um mercado de consumo de massa. Para a manutenção desse novo sistema era necessário que os trabalhadores recebessem salários, além do nível de subsistência, que permitissem o consumo, isto porque em decorrência do avanço tecnológico, as corporações fabricavam uma quantidade de produtos cada vez maior.

No que tange o papel do Estado no Bem-Estar social, sua intervenção foi necessária tanto para garantia da demanda efetiva e o pleno emprego - com vistas à sustentação da dinâmica da produção e ao consumo em massa - quanto para assumir as políticas dirigidas às áreas de investimentos públicos. O trinômio do Estado de Bem-Estar era: o pleno emprego, a universalização da seguridade social e assistência social para os desvalidos.[141]

Essa forma de organização da produção e do trabalho perdurou e somente em meados da década de 1960 começaram a ficar evidentes os indícios de esgotamento do padrão de acumulação fordista-keynesiano. Como destaca Harvey (1993), as políticas keynesianas tinham se mostrado inflacionárias à medida que as despesas públicas cresciam e a capacidade fiscal estagnava. Se tornou muito clara a incapacidade do fordismo-keynesianismo de conter as contradições inerentes ao capitalismo, em paralelo,

141 JARDIM, Tânia Horsth Noronha. *Responsabilidade social corporativa: uma prática hegemônica? Um estudo sobre a responsabilidade social corporativa e seus impactos para o serviço social de Furnas Centrais Elétricas S/A.* 2010. 206 f. Dissertação (Mestrado em Serviço Social) - Departamento de Serviço Social, Pontifícia Universidade Católica do Rio de Janeiro, Rio de Janeiro, 2010.

o modelo de Estado do bem-estar social - *Welfare State*[142] - entra em declínio.

Diante deste cenário global, com a crise do capitalismo iniciada na década de 70 ocasionando nos países centrais altas taxas de inflação e baixas taxas de crescimento, no Brasil em agosto de 1995 foi encaminhado ao Congresso Nacional o Projeto de Emenda Constitucional no 173 que versava sobre a reforma do Estado brasileiro, prevendo uma ampla reforma nas políticas e nos aparelhos do Estado pretendendo reduzir o "custo Brasil", solucionar a crise da economia brasileira e garantir as condições de inserção do país na economia globalizada.

Diante dessa realidade, tornou-se necessária uma mudança do papel do Estado na garantia dos direitos sociais, pois a função protetiva do Estado-Provedor apresentava-se com obstáculo para o desenvolvimento econômico e implementação de objetivos da reforma.

Não obstante a crise do *Welfare State*, o sistema protetivo brasileiro enfrentava (e enfrenta) graves problemas estruturais. Diante desse panorama, surge um novo modelo assim denominado de Estado pós social ou neoliberal que tem a missão de ajustar o comprometimento do bem-estar social.

A previdência social também apresentava sinais de esgotamento comprometendo a garantia dos direitos sociais e essa situação serviu de mola propulsora para o desenvolvimento da previdência complementar.

Qual a consequência dessa crise para o sistema de previdência complementar? Como o sistema de previdência brasileiro se apoia em dois pilares, o comprometimento de um deles implica no desenvolvimento do outro e o incentivo à expansão do segundo pilar tem sido objeto da política dos governos de muitos países,

142 O *Welfare State* é uma das marcas da era dourada de prosperidade do pós- guerra e significou mais do que um simples incremento das políticas sociais no mundo industrial desenvolvido. Representou um esforço de reconstrução econômica, moral e política. Economicamente, significou um abandono da ortodoxia da pura lógica do mercado, em favor da exigência de extensão da segurança do emprego e dos ganhos como direitos de cidadania e moralmente, a defesa das ideias de justiça social, solidariedade e universalismo (ESPING-ANDERSEN, 1995)

inclusive o Brasil. Isso vem ocorrendo à medida que fica cada vez mais evidente a incapacidade do primeiro pilar em prover as benefícios que propiciem o bem-estar dos segurados.

A manutenção da qualidade de vida durante o período da aposentadoria induz as pessoas a tomarem consciência de que para atingir o bem-estar será necessário o provisionamento de recursos para a utilização futura, é neste contexto que a previdência complementar surge como uma opção para se atingir a finalidade da seguridade social (bem-estar e justiça social).

Outro ponto importante para o desenvolvimento da previdência complementar foi a reforma do Estado brasileiro (iniciada na década de 90) que criou condições econômicas ideais para o seu desenvolvimento, pois somente num cenário de inflação sob controle é possível que os agentes econômicos façam projeções sobre o futuro.

Por estes motivos podemos cravar que a crise do Estado-providência e o surgimento do Estado pós-social ou neoliberal foi um marco na restruturação da prestação dos serviços e benefícios sociais no que se refere a previdência complementar.

Com relação a Constituição Federal de 1988, é importante salientar que ela no seu texto inicial não fomentava o regime de previdência complementar, pelo contrário, a carta de 1988 trouxe um sistema de proteção estatal que chamava pra si a garantia do bem-estar social, ou seja, uma estrutura pautada em um bem-estar coletivo e ciente do quadro de desigualdade no Brasil.

O movimento de modernização da legislação que rege a previdência complementar teve início com a Emenda Constitucional nº 20, de 15.12.1998 no governo do Presidente Fernando Henrique Cardoso. Esta emenda deu nova redação ao art. 202 da CF dedicando-o inteiramente à previdência complementar. Fez-se a opção por disciplinar a previdência complementar dentro do título da Ordem Social da Constituição Federal.[143]

A previdência complementar no Brasil não se deve unicamente de uma mudança no ordenamento jurídico. A previsão no direito positivo é consequência da mudança estrutural e política

143 A Constituição Federal não foi criada, mas moldada para tratar da previdência complementar.

do país, arriscamos a marcar que a mudança poderia até ser feita a nível infraconstitucional que o incremento produziria os mesmos efeitos.

Wagner Balera destaca importante criação (no campo constitucional) do binômio da previdência complementar previsto na Emenda Constitucional 20/98 e consagra o binômio característico da previdência privada que, segundo a ordem logica com o que o fenômeno jurídico deve ser analisado é composto da: a) contratualidade e; da b) facultatividade. Em primeiro lugar, o plano previdenciário privado e figura contratual. Vale dizer que, segundo a clássica distinção entre as obrigações e, em conformidade com a dicotomia do fenômeno previdenciário já antes referida, é, esta, contrariamente ao que ocorre com a implementada pelos Poderes Públicos, obrigação contratual. As partes podem decidir, desde que capazes para contratar, sem qualquer tutela, a extensão, os limites e os efeitos do negocio jurídico que engendram entre elas e que somente a elas diz respeito.[144]

É importante observar que essa expressiva e minudente regulação do setor de previdência complementar, que passou a haver após as alterações impostas pela Emenda Constitucional nº 20, de 1998, a rigor, não significou, em si, nem aumento nem maior restrição à autonomia privada que sustenta o setor. O que houve foi uma maior e mais detalhada regulação da matéria previdenciária complementar no ordenamento jurídico brasileiro em nível constitucional.[145]

A Emenda Constitucional nº 20 e a lei nº 9.876/99 foram responsáveis por uma significativa mudança no RGPS. Com a EC a aposentadoria por tempo de serviço deu lugar a aposentadoria por tempo de contribuição, e com isso, a possibilidade de criar uma idade mínima para o seu recebimento, que até então não existia.

A inexistência de idade mínima para tal aposentadoria permitia o surgimento de aposentadorias precoces, desvirtuando a função social da aposentadoria que é a proteção do segurado

144 BALERA. *Sistema de Seguridade Social.* 7ª ed. São Paulo: LTr, 2014.

145 PULINO. Daniel. *Previdência Complementar: natureza jurídico-constitucional e seu desenvolvimento pelas entidades fechadas.* São Paulo: Conceito. 2011.

quando existente o risco social da idade avançada. Ocorre que a tentativa do governo para propor esse limite não logrou êxito e a saída foi criar a figura do fator previdenciário, que tem por objetivo desestimular a aposentadoria precoce reduzindo o valor do benefício quanto menor for a idade do segurado. Mas o que isso tem haver com a providência complementar?

Com a Emenda Constitucional nº 20/98 o governo sinaliza o encurtamento de sua obrigação para com o bem-estar social, transferindo para sociedade a responsabilidade de gerir seus proventos e assim garantir seu bem-estar futuro e foi diante desse encolhimento do Estado que previdência complementar ganhou espaço.

No Brasil, a reforma do Estado implementada pelo governo do presidente Fernando Henrique Cardoso foi paralela ao declínio do *Welfare State*. Como se sabe, no bojo da reforma do Estado, se situam modificações que conferem lugar de destaque, às assim chamadas agencias reguladoras, inspiradas no modelo norte-americano das *Commissions*, com isso o Estado assume um papel de regulador não mais de provedor.

TERCEIRO MARCO: O CRESCIMENTO – LEIS COMPLEMENTARES 108 E 109 DE 2001.

A EC 20/98 além de tentar diminuir a responsabilidade provedora do Estado, ainda inovou na figura da previdência complementar. A nova redação do art. 202 da CF exigiu a elaboração de duas leis complementares, uma, prevista no *caput* do dispositivo constitucional que traz normas gerais sobre a previdência complementar (Lei Complementar nº 109); e outra, prevista no § 4º do art. 202, contendo normas específicas para disciplinar "a relação entre a União, os Estados, o Distrito Federal e os Municípios, suas autarquias, fundações, sociedades de economia mista e outras entidades públicas e suas respectivas entidades fechadas de previdência complementar" (Lei Complementar nº 108).[146]

146 PAIXÃO, Leonardo André. *A previdência complementar fechada: uma visão geral* (2006). < Disponível em: http://www.previdencia.gov.br/arquivos/office/3_081014-111321-983.pdf > Acesso em: 10 ago. 2014.

É interessante citar o apreço que o legislador da Lei Complementar nº 109 manifestou por esta Emenda, que mostra em vários trechos da respectiva Exposição de Motivos, chamando--a de Reforma Previdenciária, ao mesmo tempo que elogiou a sua flexibilidade para evitar o "atual engessamento", já que o seu objetivo foi estabelecido as condições para uma expansão sustentada da poupança coletiva. Era, finalmente, a manifestação do interesse do Brasil pelos sistemas previdenciários estruturados no regime financeiro da capitalização, expresso da forma mais eloquente, quando anos e anos se tinham passado de penúria de poupança institucional sem que, em nenhum governo isso tivesse sido instituído. É de justiça dizer que, no Governo Sarney, por denodo da ANAPP, tinha sido promulgado o Decreto-Lei nº 2.296, em 21 de novembro de 1986, que criou estímulos aos programas de previdência privada para incentivar a formação de poupança de longo prazo. (PÓVOAS, 2007, p. 460)

Mesmo devido ao crescimento, a previdência complementar não perdeu sua característica de complementariedade. A complementariedade do regime de previdência privada significa, em primeiro lugar, que não lhe compete a cobertura das necessidades sociais tidas como básicas, as quais ficarão a cargo, em nosso sistema, necessariamente dos regimes públicos de previdência social de vinculação obrigatória para os que trabalham.

A regulamentação da previdência não pretende privatizar ou substituir a previdência pública, o que se pretende é fomentar esse setor da previdência social e não impor aos segurados um regime complementar.

A regulamentação da previdência complementar pelas Leis Complementares 108 e 109 de 2001 trouxe mais segurança e transparência para os participantes, redefinindo a atuação do Estado. Foi com a Lei Complementares que o Estado passou a atuar como fiscalizador e regulador das atividades de previdência complementar, diminuindo seu papel de provedor.

A transparência mencionada no artigo 7º da Lei Complementar nº 109, de 2001, refere-se ao fornecimento das informações de interesse dos participantes e beneficiários dos planos de previdência complementar em sentido amplo, alcançando não apenas as informações sobre os critérios para recebimento de benefícios previdenciários e sua forma de cálculo, mas também sobre a situação econômica e atuarial da entidade e dos planos que esta administra, dos resultados de aplicações financeiras que mantêm, entre outras.[147]

Além da transparência, a LC 109/2001 trouxe alguns importantes institutos pra a previdência como o da portabilidade, que se apresenta como uma das principais ferramentas de flexibilização e crescimento da previdência complementar no Brasil.

Com a edição da Lei Complementar nº 109, de 2001, manteve-se a faculdade de venda de planos de benefícios de entidades abertas por intermédio de corretores, permanecendo, também, a previsão legal da profissão de corretor de seguros. Ou seja, além da oferta ou comercialização direta de planos de benefícios pelas próprias entidades de previdência complementar, os planos de benefícios poderão ser comercializados por corretores devidamente habilitados, tal como exigido pela legislação e regulamentação aplicáveis aos corretores de seguro.[148]

Mesmo com esse crescimento da receita dos planos de previdência complementar, segundo a própria FENAPREVI ainda existe uma grande disparidade entre a unidades da federação:

147 BALERA, Wagner. Coordenador. *Comentários à Lei de Previdência Privada. São Paulo:* Quartier Latin. 2005.

148 BALERA, Wagner. Coordenador. *Comentários à Lei de Previdência Privada. São Paulo:* Quartier Latin. 2005.

O gráfico acima demonstra que a receita por unidade da federação está concentrada nos Estados que apresentam maior índice de desenvolvimento econômico. Observa-se o maior número de participantes estão concentrados nas regiões sul e sudeste, já os Estados do norte e nordeste respondem por um percentual bem mais reduzido. Outra característica que se pode notar é que a previdência complementar se apresenta como um fator de concentração de renda, se alocando em cenários mais desenvolvidos economicamente.

Na sequência do aperfeiçoamento legislativo veio a Emenda Constitucional nº 40, de 29 de maio de 2003, que deu nova redação ao artigo 192 que trata do sistema financeiro nacional, suprimindo do dispositivo que integra o Título da Ordem Econômica a referência a "seguros, previdência e capitalização". Deste modo, sob o prisma constitucional, a Previdência Complementar tornou-se um tema evidentemente inserido no âmbito social.

Por sua vez a Emenda Constitucional nº 41, de 19 de dezembro de 2003 alterou o art. 40 da Carta Magna estabelecendo nos parágrafos 14, 15 e 16 a possibilidade de criação, por lei ordinária, de um regime de Previdência Complementar para o servidor público de cargo efetivo.

Desde o início da década de 80 tanto os participantes quanto as entidades de previdência complementar lutaram para eliminar a tributação sobre a renda das aplicações nessas entidades. Tal reivindicação foi atendida quando da publicação da Lei n.° 11.053, de 2004 que passou a vigorar em primeiro de janeiro de 2005.

Segundo Rodrigues, a justificativa para as mudanças foi o fato de que o modelo de previdência complementar mostra-se exitoso em países de maior desenvolvimento em virtude do diferimento fiscal e da dispensa de tributação durante o período de acumulação dos recursos, razão pela qual os contribuintes são estimulados a investir numa poupança de longo prazo, ao invés de consumir imediatamente seus recursos ou investir em aplicações de curto prazo.[149]

---

149 RODRIGUES, Juliano José. *A tributação incidente sobre a previdência privada* (2007). Disponível em: <http://www.ambito-juridico.com.br/site/index.php?n_link=revista_artigos_leitura&artigo_id=1467> Acesso em: 21 set. de 2014.

Pelo seu perfil de longo prazo, e em função da magnitude dos recursos administrados, as entidades de previdência complementar fechada podem consolidar-se como importante instrumento de proteção social e de externalidades positivas quanto à eficiência alocativa e à reorganização da poupança interna do país.

Com isso, o Regime de Tributação Regressiva representou um grande avanço na legislação brasileira pertinente à tributação das entidades de previdência complementar, pois ao criar uma forma regressiva de tributação em função do tempo de permanência dos recursos aplicados, acabou por valorizar a criação de uma poupança mais duradoura, atingindo, portanto, a real pretensão da previdência complementar, que é a manutenção ou até melhoria do bem-estar social.[150]

QUARTO MARCO: A TENTATIVA DE CONSOLIDAÇÃO – EMENDA CONSTITUCIONAL 103/2019.

O ponto de partida para o debate da reforma da previdência que terminou com a promulgação da Emenda Constitucional 103/2019 foi o déficit previdenciário, ou seja, o argumento de que não há recursos suficientes para fazer frente a despesas futuras, caso não se alterem as regras de aposentadoria e pensão e a questão demográfica foi um dos principais fatores para apontar o déficit previdenciário.

A relação contribuinte-beneficiário é uma das preocupações dos estudiosos do tema. De acordo com números oficiais, na década de 1950, oito contribuintes financiavam cada beneficiário. Em 1970, essa relação era de 4,2 para 1; o número de contribuintes por beneficiário foi decrescendo: 2,8, em 1980; 1,9 em 1995. Segundo o Anuário Estatístico da Previdência Social dos últimos anos, o número de contribuintes, que chegou a 71,3 milhões em 2014, caiu em 2016 para 66,8 milhões (fruto da recessão econômica e do desemprego). Por seu turno, o número de beneficiários de aposentadorias e pensões para o mesmo período chegou a qua-

150 ARAÚJO NETO, Raul Lopes de. *Tributação e previdência complementar: o papel do imposto de renda na geração de poupança interna*. Rio de Janeiro: Lumen Juris, 2013.

se 29 milhões. Essa relação tem a ver, naturalmente, com o tempo que os segurados, em média, contribuem para o sistema e, depois, percebem (ou geram para seus dependentes) benefícios cuja finalidade é a substituição do salário (por via de regra, aposentadorias e pensões).[151]

De acordo com as conclusões do Fórum de Debates sobre Políticas de Emprego, Trabalho e Renda e de Previdência Social, cujo relatório[152] foi publicado em maio de 2016:

- A população idosa vai saltar de 22 milhões de pessoas com 60 anos ou mais (projeção do IBGE para 2013) para cerca de 73,5 milhões em 2060.
- Em termos de proporção da população, no mesmo período, a participação dos idosos na população total vai saltar do patamar de 10% para cerca de 33,7% em 2060, conforme a projeção demográfica do IBGE divulgada em 2013; ou seja, hoje, uma em cada dez pessoas é idosa. Em 2060, uma em cada três será idosa.
- O Brasil atravessa a fase final do bônus demográfico, com previsão de encerramento por volta de 2024, devido à redução da taxa de fecundidade e ao aumento da expectativa de vida.
- O resultado previdenciário será duplamente pressionado: haverá mais beneficiários da previdência e um menor contingente de contribuintes.

Por tais motivos houve uma restruturação na forma e concessão das aposentadorias e pensão dos regimes geral e próprio, tornando mais rígidos os requisitos de idade de carência para concessão dos benefícios.

Assim como diagnosticado na análise da Emenda Constitucional 20/1998, o endurecimento das regras de concessão de benefícios nos regimes públicos foi determinante para o crescimento dos planos de previdência complementar, pois os benefícios públicos tornaram-se menores (valores) fazendo com que

151 LAZZARI, João Batista Et Al.. *Comentários à Reforma da Previdência*. Rio de Janeiro: Forense, 2019. p. 01.

152 LAZZARI, João Batista Et Al.. *Comentários à Reforma da Previdência*. Rio de Janeiro: Forense, 2019. p. 01.

o segurado procure um plano de previdência privada para complementar sua renda futura.[153]

Portanto, de forma precisa, podemos apontar os principais motivos que levaram ao crescimento do número de entidades de previdência complementar e de pessoas interessadas em investir nos planos privados de previdência:

a) a preocupação com o futuro;
b) a falta de credibilidade na previdência social;
c) o teto da aposentadoria;
d) a facilidade e os incentivos fiscais;
e) estabilidade econômica;
f) com menor expressão, o crescimento do trabalho informal.

As reformas da previdência básica tiveram importante papel no desenvolvimento da previdência complementar pois a Emenda Constitucional nº 20, a lei nº 9.876/99 e a Emenda Constitucional nº 103/2019 foram responsáveis por significativas mudanças no RGPS que acabou, por consequência, trazer mudanças para o regime de previdência complementar.

O governo sinalizou o encurtamento da sua obrigação para com o bem-estar social, transferindo para sociedade a responsabilidade para gerir os seus proventos futuros e foi nesse encolhi-

---

153 O mercado de previdência complementar aberta segue aquecido neste ano, com crescimento dos aportes ao longo dos últimos meses. Dados da FenaPrevi (Federação Nacional de Previdência Privada e Vida) apontam para o ingresso de R$ 55,7 bilhões em novas contribuições aos planos no primeiro semestre, valor 8,3% acima do registrado em igual período de 2018. Houve ainda uma desaceleração no crescimento dos resgates feitos pelos participantes, com alta de 2,4% nos primeiros seis meses deste ano, ante a expansão de 14,3% apurada no primeiro semestre de 2018 na comparação com o mesmo intervalo de 2017. Com isso, a captação líquida do mercado, resultado da diferença entre contribuições e resgates efetuados, cresceu 20,1% de janeiro a junho de 2019, para R$ 20,4 bilhões.
Apenas no mês de junho, a previdência complementar aberta teve captação líquida de R$ 4,9 bilhões, volume sete vezes maior que os R$ 700 milhões registrados no mesmo período de 2018. (Disponível em: <https://www.infomoney.com.br/onde-investir/previdencia-contribuicoes-crescem-83-no-semestre-mas-numero-de-participantes-se-mantem/> Acesso em: 28 de janeiro de 2020).

mento do Estado que a Previdência Complementar ganhou espaço, mais ainda não se apresenta como um caminho acessível para as populações mais carentes, sendo o Estado-Social, garantido constitucionalmente, o ponto de segurança para os desvalidos e mais pobres que representam grande parte da população brasileira.

1.4.6. Competência Legislativa

O artigo 22, XXIII, da Constituição Federal estabelece a regra geral sobre a competência legislativa. De acordo com este dispositivo, cabe a União legislar privativamente sobre seguridade social:

> **Art. 22.** *Compete privativamente à União legislar sobre:*
> *[...]*
> *XXIII - seguridade social;*

No entanto, o Art. 24 da própria Constituição Federal define como concorrente a competência para legislar sobre a Previdência, Saúde e assistência:

> **Art. 24.** *Compete à União, aos Estados e ao Distrito Federal legislar concorrentemente sobre:*
> *[...]*
> *XII - previdência social, proteção e defesa da saúde;*
> *[...]*
> *XIV - proteção e integração social das pessoas portadoras de deficiência;*
> *XV - proteção à infância e à juventude;*

Consta ainda, no artigo 30, I e II da Constituição Federal, a competência dos municípios para legislar sobre assuntos de interesse local, assim como suplementar a legislação estadual e federal no que lhe couber:

> **Art. 30.** *Compete aos Municípios:*
> *I - legislar sobre assuntos de interesse local;*
> *II - suplementar a legislação federal e a estadual no que couber;*

Nota-se um aparente conflito de dispositivos constitucionais, uma vez que o art. 22, XXIII prevê a competência privativa da União para legislar sobre seguridade social e os demais dispositivos citados repartem competências para legislar sobre previdência, saúde e assistência (todos são parte da seguridade social) para os demais entes federativos.

Essa aparente antinomia é solucionada da seguinte maneira: apenas a união poderá legislar sobre previdência social, exceto no que concerne ao regime de previdência dos servidores públicos efetivos do estado, do Distrito Federal e dos municípios, que poderão editar normas jurídicas para instituí-los e disciplina-los, observadas as normas gerais editadas pela União e Constituição Federal.[154]

Ainda com relação a previdência social, os estados, Distrito Federal e municípios também poderão editar normas jurídicas acerca da previdência complementar dos seus servidores públicos, a teor do artigo 40, § 14, da Constituição Federal[155]. No entanto, somente a União possui competência para legislar sobre previdência complementar privada no que se refere à sua regulamentação, artigo 202 da Constituição Federal.[156]

No que se refere à saúde e à assistência social, a competência acaba sendo concorrente, cabendo à União editar normas gerais a serem complementadas pelos demais entes políticos, conforme peculiaridades regionais.

---

154 AMADO, Frederico. *Direito Previdenciário*. 7ª ed. Salvador: Jus Podivm, 2016. p. 26.

155 Art. 40. Aos servidores titulares de cargos efetivos da União, dos Estados, do Distrito Federal e dos Municípios, incluídas suas autarquias e fundações, é assegurado regime de previdência de caráter contributivo e solidário, mediante contribuição do respectivo ente público, dos servidores ativos e inativos e dos pensionistas, observados critérios que preservem o equilíbrio financeiro e atuarial e o disposto neste artigo. § 14 – A União, os Estados, o Distrito Federal e os Municípios, desde que instituam regime de previdência complementar para os seus respectivos servidores titulares de cargo efetivo, poderão fixar, para o valor das aposentadorias e pensões a serem concedidas pelo regime de que trata este artigo, o limite máximo estabelecido para os benefícios do regime geral de previdência social de que trata o art. 201.

156 Art. 202. O regime de previdência privada, de caráter complementar e organizado de forma autônoma em relação ao regime geral de previdência social, será facultativo, baseado na constituição de reservas que garantam o benefício contratado, e regulado por lei complementar.

2

Princípios Constitucionais

Partindo da premissa de que a constituição rege o sistema, a leitura, portanto, deve ser a partir da Constituição, e não a partir dos atos normativos infraconstitucionais ou mesmo dos atos administrativos que, aparentemente, possuem efeitos normativos.[1]

Seguindo as palavras de Marcos Orione, "o que funda, o que informa o sistema são os princípios",[2] o artigo 194, parágrafo único, da Constituição Federal aduz que compete ao poder público organizar a seguridade social com base em alguns objetivos:

> **Art. 194.** *A seguridade social compreende um conjunto integrado de ações de iniciativa dos Poderes Públicos e da sociedade, destinadas a assegurar os direitos relativos à saúde, à previdência e à assistência social. Parágrafo único. Compete ao Poder Público, nos termos da lei, organizar a seguridade social, com base nos seguintes objetivos:*

---

1 CORREIA, Marcos Orione Gonçalves. Interpretação do direito da segurança social. In: ROCHA, Daniel Machado; CORREIA, Marcos Orione Gonçalves (Coord). *Curso de especialização em direito previdenciário.* 1ª ed. Curitiba: Juruá, p. 249-268. v. 1. 2006. p. 252.

2 Para Marcos Orione, a melhor compreensão do princípio é que esses são os elementos conformadores de uma unidade político-constitucional. A ideia é que, a partir dos princípios, do diálogo dos princípios, construa-se um sistema constitucional que irá subjugar todo o sistema infraconstitucional. Portanto, há de se apreender ou depreender do sistema normativo constitucional quais os princípios que lhe são informadores. CORREIA, Marcos Orione Gonçalves. Interpretação do direito da segurança social. In: ROCHA, Daniel Machado; CORREIA, Marcos Orione Gonçalves (Coord). 1ª ed. *Curso de especialização em direito previdenciário.* Curitiba: Juruá, p. 249-268, 2006. v. 1. p. 255.

I – universalidade da cobertura e do atendimento;
II – uniformidade e equivalência dos benefícios e serviços às populações urbanas e rurais;
III – seletividade e distributividade na prestação dos benefícios e serviços;
IV – irredutibilidade do valor dos benefícios;
V – equidade na forma de participação no custeio;
VI – diversidade da base de financiamento, identificando-se, em rubricas contábeis específicas para cada área, as receitas e as despesas vinculadas a ações de saúde, previdência e assistência social, preservado o caráter contributivo da previdência social;
VII – caráter democrático e descentralizado da administração, mediante gestão quadripartite, com participação dos trabalhadores, dos empregadores, dos aposentados e do Governo nos órgãos colegiados.

Os objetivos aqui elencados são estudados pela doutrina como princípios.[3] A doutrina diverge na enumeração dos princípios da seguridade social e é comum encontrar outros princípios além dos listados pelo citado artigo constitucional.

Daniel Pulino prefere chamar de princípios explícitos aqueles listados pelo texto constitucional, não fazendo menção à categoria dos não relacionados, restando, portanto, àqueles não citados no artigo 194 da Constituição Federal, a categoria de princípios implícitos ou até mesmo regras.[4]

---

3 Não é pretensão desse trabalho evoluir na distinção entre regras e princípios, porém cabe destacar, que corroboramos com a visão de Wagner Balera que analisa como princípio apenas aqueles apontados pela carta magna, adicionando ao rol destes algumas regras (contrapartida e a anterioridade mitigada) também importantes para a estrutura da seguridade social. Não queremos dizer com isso que o que está fora do art. 194 seja considerado regra, outros princípios constitucionais podem servir de base para a seguridade social, estes são princípios fundamentais do Estado democrático de direito, como é caso da dignidade da pessoa humana que será aqui estudado.

4 Cf. PULINO, Daniel. *Previdência Complementar*: natureza jurídico-constitucional e seu desenvolvimento pelas entidades fechadas. 1ª ed. São Paulo: Conceito, 2011. p. 27.

Para que possamos analisar a amplitude da seguridade social tornou-se necessário estudarmos o alcance dessas bases fundamentais.[5]

Seguiremos com uma exposição dos princípios explícitos listados no artigo 194 da Constituição Federal que será complementada por outros dois princípios relevantes não apenas ao sistema de seguridade, mas a todo o ordenamento jurídico: dignidade da pessoa humana e segurança jurídica.

2.1. Universalidade da cobertura e do atendimento

O princípio da universalidade da cobertura e do atendimento remonta à formação da Seguridade Social brasileira. A concepção da seguridade social no Brasil está intimamente relacionada a dois modelos de proteção social: o alemão (1883) e o inglês (1942).

Segundo Celso Barroso Leite, a proteção social "é um conjunto das medidas que, tendo a frente a previdência social, permitem à sociedade atender a certas necessidades essenciais dos indivíduos que a compõe – isto é, de cada um de nós".[6]

A proteção social se preocupa sobretudo com os problemas individuais de natureza social, assim entendidos aqueles que, não solucionados, possuem reflexos diretos sobre os demais indivíduos e, em última análise, sobre a sociedade. A sociedade, então, por intermédio do Estado, se antecipa a esses problemas, adotando medidas de proteção social a fim de resolvê-los.[7]

O modelo alemão de proteção social de Otto Von Bismark possuía como pressuposto a contributividade, ou seja, a necessária prévia contribuição para que fosse possível receber a proteção do manto securitário. Já o segundo modelo, o inglês, baseava-se na proteção universal, com a participação efetiva do Estado em qual-

---

5 Como define Wagner Balera "Os princípios fazem parte da estrutura em que se assenta o edifício da seguridade social." (BALERA, Wagner. *Sistema de Seguridade Social*. 7ª ed. São Paulo: LTr, 2014. p. 43).

6 LEITE, Celso Barroso. *A proteção social no Brasil*. 2ª ed. São Paulo: Ltr, 1978. p. 21.

7 LEITE, Celso Barroso. *A proteção social no Brasil*. 2ª ed. São Paulo: Ltr, 1978. p. 22.

quer situação que configurasse contingência social.[8] Esse sistema tinha como custeio o financiamento indireto (via orçamento).

O princípio da universalidade no direito brasileiro[9] envolve um pouco dos dois modelos, no que se refere ao modelo alemão (Otto Von Bismark) a seguridade social, mais especificamente a previdência social, deve ser contributiva, ou seja, o segurado deve, obrigatoriamente, ter de verter contribuições para o sistema securitário a fim de que possa receber qualquer benefício previdenciário, por esse motivo a universalidade aplicada à previdência é mitigada.[10]

---

8 Miguel HORVATH JR. esclarece que esse modelo de proteção social lança suas raízes mais remotas na política do presidente Roosevelt, que implementa a política do *New Deal* fulcrado na filosofia do *Welfare State*. Tanto que, em 1935, os Estados Unidos criam a sua seguridade social (Social Security Act). Este modelo de proteção social vai ganhar novo alento e obter difusão mundial a partir do modelo de proteção social desenvolvido pelo inglês William Henry Beveridge, ex-integrante do parlamento inglês, diretor da Escola de Economia de Londres e doutor em economia pela Universidade de Oxford. (HORVATH JR. Miguel. *Direito Previdenciário*. 9ª ed. São Paulo: Quartier Latin, 2012. p. 111- 115).

9 Art. 194. A seguridade social compreende um conjunto integrado de ações de iniciativa dos Poderes Públicos e da sociedade, destinadas a assegurar os direitos relativos à saúde, à previdência e à assistência social. Parágrafo único. Compete ao Poder Público, nos termos da lei, organizar a seguridade social, com base nos seguintes objetivos: I - universalidade da cobertura e do atendimento.

10 O custeio da seguridade social é feito na forma do "Art. 195. A seguridade social será financiada por toda a sociedade, de forma direta e indireta, nos termos da lei, mediante recursos provenientes dos orçamentos da União, dos Estados, do Distrito Federal e dos Municípios, e das seguintes contribuições sociais: I - do empregador, da empresa e da entidade a ela equiparada na forma da lei, incidentes sobre: a) a folha de salários e demais rendimentos do trabalho pagos ou creditados, a qualquer título, à pessoa física que lhe preste serviço, mesmo sem vínculo empregatício; b) a receita ou o faturamento; c) o lucro; II - do trabalhador e dos demais segurados da previdência social, podendo ser adotadas alíquotas progressivas de acordo com o valor do salário de contribuição, não incidindo contribuição sobre aposentadoria e pensão concedidas pelo Regime Geral de Previdência Social; III - sobre a receita de concursos de prognósticos. IV - do importador de bens ou serviços do exterior, ou de quem a lei a ele equiparar."

Com relação à influência inglesa, a saúde e a assistência social foram os mais influenciados, pois não exigem prévias contribuições e são oferecidas a quem delas necessitar.[11]

A Seguridade Social está fundada na solidariedade e na universalidade. É a união solidária entre todos os indivíduos para enfrentar os riscos gerados pela própria sociedade moderna. A proposta da Seguridade Social reside na associação entre todos, de modo a que sejam minimizados os riscos sociais.[12] Quando todos contribuem de maneira solidária, torna-se possível a cobertura de um maior número de riscos sociais, diminuindo as quotas de participação, gerando-se, por conseguinte, maior inclusão no sistema de Seguridade Social.[13]

Na Constituição Federal de 1988 foi deliberado o intento do constituinte, ao colocar a universalidade como o primeiro dos objetivos da seguridade social. Refere-se a um princípio informador, do qual derivam todos os demais objetivos insculpidos na Constituição. Na universalidade não existem barreiras para que a proteção social seja concedida a quem quer que dela venha necessitar.[14]

A universalidade possui duas vias, uma objetiva e outra subjetiva.[15] Essas vias apontam para o duplo alcance do princípio, a cobertura e o atendimento.

---

11 Art. 196. A saúde é direito de todos e dever do Estado, garantido mediante políticas sociais e econômicas que visem à redução do risco de doença e de outros agravos e ao acesso universal e igualitário às ações e serviços para sua promoção, proteção e recuperação. Art. 203. A assistência social será prestada a quem dela necessitar, independentemente de contribuição à seguridade social [...]

12 Jean-Jacques Dupeyroux destaca que os sistemas de seguridade social se destinam a proteger os indivíduos contra os riscos sociais, protegendo assim a sua segurança económica. (DUPEYROUX, Jean-Jacques. *Droit de la sécurité sociale.* 8ª ed. Paris: Dalloz, 1997).

13 RAEFFRAY, Ana Paula Oriola. *O bem-estar social e o direito de patentes na seguridade social.* São Paulo: Conceito, 2011. p. 80.

14 BALERA, Wagner. *Noções preliminares de direito previdenciário.* 2ª ed. São Paulo: Quartier Latin, 2010. p. 107.

15 Sobre essa classificação, Almansa Pastor define a universalidade "subjetiva" como aquela que se estende a todos, aos que exercem ou não atividade

Sobre o tema, ensina Daniel Pulino conceitua que a objetiva refere-se, na dicção constitucional, à cobertura, aos objetos a cobrir, vale dizer, às situações de necessidade social que estarão aptas a desencadear as prestações por meio das quais o sistema de seguridade atua de modo específico para garantir proteção aos membros do corpo social. Devem, assim, estar cobertas pela seguridade social todas as situações de necessidade social. A universalidade subjetiva, por sua vez, refere-se ao atendimento, aos destinatários, às pessoas que serão protegidas pelas prestações de sistema, que hão de alcançar, assim, todos os cidadãos, os que trabalham e os que não trabalham, os que contribuem financeiramente para o custeio do sistema e os que não contribuem.[16]

Wagner Balera destaca a importância da universalidade como princípio condutor e garantidor de que a seguridade social se ajustará aos objetivos da justiça e do bem-estar que tanto almeja o Estado na Ordem Social.[17] Esse princípio busca atingir a maior abrangência possível às ações da seguridade social a todos os brasileiros, no entanto, no caso específico dos benefícios da assistência social, existe uma aparente antinomia com relação a concessão de benefícios assistências aos estrangeiros.

Sobre o caso, extraímos trechos do voto do Juiz George Marmelstein na Turma Recursal do Juizado Especial Federal do Estado do Ceará, sobre o caso de um estrangeiro que pleiteou um benefício assistência para pessoa com deficiente, processo 0507062-90.2009.4.05.8100:

> *Nossa Constituição estabelece que o benefício assistencial é devido "a quem dela necessitar" (art. 203), não fazendo, em princípio, qualquer*

---

remunerada, enquanto que a "'objetiva"' se inclina a reparar todas as consequências que produzissem necessidades sociais, ainda que não previstas, abrangendo ainda necessidades morais e espirituais. (Cf. PASTOR, José Manuel Almansa. *Derecho de la Seguridad Social*. 7ª ed. Madrid: Tecnos, 1991).

16 PULINO, Daniel. *Previdência Complementar*: natureza jurídico-constitucional e seu desenvolvimento pelas entidades fechadas. 1ª ed. São Paulo: Conceito, 2011. p. 28.

17 BALERA, Wagner. *Noções preliminares de direito previdenciário*. 2ª ed. São Paulo: Quartier Latin, 2010. p. 107.

discriminação por conta de nacionalidade. A própria Lei Orgânica da Assistência Social determina que o benefício será devido "à pessoa portadora de deficiência" (art. 20). Pessoa, até onde sei, não é só o brasileiro, mas qualquer ser humano (artigo 1º, do Pacto de San José da Costa Rica). Se o estrangeiro que reside no país e se não há uma norma expressa que o exclua do rol de beneficiários dos direitos assistenciais, o INSS não está autorizado a discriminá-lo na esfera administrativa por falta de suporte jurídico para tanto.

É certo que o artigo 1º, da Lei Orgânica da Assistência Social (LOAS), diz que a assistência social é "direito do cidadão e dever do Estado...". A redação do referido artigo, segundo o INSS, indicaria que apenas os cidadãos brasileiros teriam direito ao benefício. É fácil refutar essa ideia. Em primeiro lugar, o INSS concede o benefício para menores de idade ou mesmo para portadores de graves deficiências mentais, que, a rigor, não são cidadãos no sentido técnico do termo. Além disso, é bastante claro que o texto não trata dos requisitos para a concessão dos benefícios, mas apenas adota uma linguagem retórica para dizer que todos têm o direito à assistência social. A cidadania não pode ser requisito para a concessão do benefício, até porque a própria Constituição não afirmou isso. Se apenas os cidadãos (i.e. os eleitores) pudessem receber benefício assistencial, tal restrição seria claramente inconstitucional.

É lógico, contudo, que o conceito de cidadania previsto no artigo 1º da LOAS nem tem um sentido técnico-eleitoral, nem um sentido sócio-cultural. Seu uso decorreu, provavelmente, de uma atecnia legislativa que evocou a palavra "cidadão" num sentido metafórico. Assim, o referido artigo não pode ser interpretado no sentido de exigir a cidadania brasileira como requisito para o recebimento do benefício.

O Decreto 6.214, de 26 de setembro de 2007, que autoriza a concessão do benefício assistencial para brasileiros naturalizados, também não pode servir como empecilho para o reconhecimento do direito aos estrangeiros residentes. Na verdade, o referido decreto é tautológico, já que a Constituição Federal é muito clara ao estabelecer que "a lei não poderá estabelecer distinção entre brasileiros natos e naturalizados, salvo nos casos previstos nesta Constituição" (art. 12, §2º). Assim, seria flagrantemente inconstitucional qualquer lei que concedesse benefícios sociais apenas a brasileiros natos. Perceba que, se o legislador brasileiro quiser, pode excluir os estrangeiros residentes do rol de beneficiários do amparo assistencial, mas jamais poderia excluir os brasileiros naturalizados. No caso, o legislador pátrio incluiu expressamente os brasileiros naturalizados (e não poderia ser diferente), mas não excluiu expressamente os estrangeiros residentes, devendo prevalecer, no caso, a regra geral de igualdade, à falta de norma específica.

Nossa Constituição estabelece que o benefício assistencial é devido "a quem dela necessitar" (art. 203), não fazendo, em princípio, qualquer discriminação por conta de nacionalidade. A própria Lei Orgânica da Assistência Social determina que o benefício será devido "à pessoa portadora de deficiência" (art. 20). Pessoa, até onde sei, não é só o brasileiro, mas qualquer ser humano (artigo 1º, do Pacto de San José da Costa Rica). Se Mama Djalo é estrangeiro que reside no país e se não há uma norma expressa que o exclua do rol de beneficiários dos direitos assistenciais, o INSS não está autorizado a discriminá-lo na esfera administrativa por falta de suporte jurídico para tanto.

*É certo que o artigo 1º, da Lei Orgânica da Assistência Social (LOAS), diz que a assistência social é "**direito do cidadão** e dever do Estado...". A redação do referido artigo, segundo o INSS, indicaria que apenas os cidadãos brasileiros teriam direito ao benefício. É fácil refutar essa ideia. Em primeiro lugar, o INSS concede o benefício para menores de idade ou mesmo para portadores de graves deficiências mentais, que, a rigor, não são cidadãos no sentido técnico do termo. Além disso, é bastante claro que o texto não trata dos requisitos para a concessão dos benefícios, mas apenas adota uma linguagem retórica para dizer que todos têm o direito à assistência social. A cidadania não pode ser requisito para a concessão do benefício, até porque a própria Constituição não afirmou isso. Se apenas os cidadãos (i.e. os eleitores) pudessem receber benefício assistencial, tal restrição seria claramente inconstitucional.*

Caso se entenda que o conceito de cidadania adotado no artigo 1º da LOAS é uma cidadania no sentido social e cultural, então não vejo porque excluir Mama Djalo da sua esfera de proteção, uma vez que ele já se integrou à sociedade brasileira. Mama Djalo há muito tempo já preencheu os requisitos para obtenção da nacionalidade brasileira. A CF/88 possui uma norma específica que visa facilitar a aquisição naturalização por parte daquelas pessoas que são originárias de países de língua portuguesa. O artigo 12, inc. II, "a", estabelece que, para a aquisição da nacionalidade brasileira, "aos originários de países de língua portuguesa" deve ser exigida "apenas residência por um ano ininterrupto e idoneidade moral". Há pelo menos oito anos, Mama Djalo já preencheu os requisitos para poder pedir a sua naturalização. Talvez não tenha pedido por desconhecimento de seus direitos.

É lógico, contudo, que o conceito de cidadania previsto no artigo 1º da LOAS nem tem um sentido técnico-eleitoral, nem um sentido sócio-cultural. Seu uso decorreu, provavelmente, de uma atecnia legislativa que evocou a palavra "cidadão" num sentido metafórico. Assim, o referido artigo não pode ser interpretado no sentido de exigir a cidadania brasileira como requisito para o recebimento do benefício.

O Decreto 6.214, de 26 de setembro de 2007, que autoriza a concessão do benefício assistencial para brasileiros naturalizados, também não pode servir como empecilho para o reconhecimento do direito aos estrangeiros residentes. Na verdade, o referido decreto é tautológico, já que a Constituição Federal é muito clara ao estabelecer que "a lei não poderá estabelecer distinção entre brasileiros natos e naturalizados, salvo nos casos previstos nesta Constituição" (art. 12, §2º). Assim, seria flagrantemente inconstitucional qualquer lei que concedesse benefícios sociais apenas a brasileiros natos. Perceba que, se o legislador brasileiro quiser, pode excluir os estrangeiros residentes do rol de beneficiários do amparo assistencial, mas jamais poderia excluir os brasileiros naturalizados. No caso, o legislador pátrio incluiu expressamente os brasileiros naturalizados (e não poderia ser diferente), mas não excluiu expressamente os estrangeiros residentes, devendo prevalecer, no caso, a regra geral de igualdade, à falta de norma específica.

2.2. Uniformidade e equivalência dos benefícios e serviços às populações urbanas e rurais

No passado, a população rural obtinha benefícios de valor inferior ao salário mínimo, pois contribuíam sobre bases ínfimas. A partir da nova Carta, os benefícios recebidos pelos rurais foram elevados ao patamar do salário mínimo, mesmo que inferiores a este valor. Isso fez com que a previdência social passasse a custear benefícios aos segurados que não contribuíram suficientemente para deles fazer jus.[18]

A Uniformidade representa uma irradiação dos efeitos do princípio da Isonomia, pois objetiva o tratamento isonômico entre povos urbanos e rurais na concessão das prestações da seguridade social, criando uma equivalência mínima no valor os benefícios e a uniformidade das prestações securitárias.

No entanto, a própria Constituição Federal traz algumas diferenças em relação aos benefícios e serviços previdenciários das populações urbanas e rurais, sempre com o objetivo de adequar a prestação às características de cada atividade como é o caso da

18 KERTZMAN, Ivan. *Curso Prático de Direito Previdenciário*. 11ª ed. rev. ampl. e atual. Salvador: JusPODIVM, 2014. p. 54.

idade mínima para a aposentadoria por idade onde os trabalhadores rurais podem aposentar-se com redução de 5 anos.

Ressalte-se que qualquer diferenciação entre os benefícios e serviços dos trabalhadores urbanos e rurais deve está prevista no texto constitucional, sob pena de poder ser declarada inconstitucional. [19]

2.3. Seletividade e distributividade na prestação dos benefícios e serviços

Assim como a universalidade, a seletividade também possui dois vieses: a seletividade e a distributividade, que se irradiam aos benefícios e serviços da seguridade social.[20]

A seletividade deverá lastrear a escolha feita pelo legislador dos benefícios e serviços integrantes da seguridade social, bem como os requisitos para a sua concessão, conforme as necessidades sociais e a disponibilidade de recursos orçamentários, funcionando como limitadora da universalidade da seguridade social.[21]

No campo da previdência social a seletividade é a responsável por escolher quais os riscos sociais deverão ser amparados pela previdência social. Essas situações estão previamente definidas no artigo 201 da Constituição Federal:

> **Art. 201.** *A previdência social será organizada sob a forma do Regime Geral de Previdência Social, de caráter contributivo e de filiação obrigatória, observados critérios que preservem o equilíbrio financeiro e atuarial, e atenderá, na forma da lei, a:*

---

19 KERTZMAN, Ivan. *Curso Prático de Direito Previdenciário.* 11ª ed. rev. ampl. e atual. Salvador: JusPODIVM, 2014. p. 54.

20 Art. 194. A seguridade social compreende um conjunto integrado de ações de iniciativa dos Poderes Públicos e da sociedade, destinadas a assegurar os direitos relativos à saúde, à previdência e à assistência social. Parágrafo único. Compete ao Poder Público, nos termos da lei, organizar a seguridade social, com base nos seguintes objetivos: [...] III – seletividade e distributividade na prestação dos benefícios e serviços;

21 AMADO, Frederico. *Direito previdenciário.* 7ª ed. Salvador: Jus Podivm, 2016. p. 30

I - cobertura dos eventos de incapacidade temporária ou permanente para o trabalho e idade avançada
II - proteção à maternidade, especialmente à gestante
III - proteção ao trabalhador em situação de desemprego involuntário
IV - salário-família e auxílio-reclusão para os dependentes dos segurados de baixa renda
V - pensão por morte do segurado, homem ou mulher, ao cônjuge ou companheiro e dependentes, observado o disposto no § 2º

As situações previstas no texto constitucional contemplam a doença, a invalidez, a morte, a idade avançada, a maternidade, os desdobramentos dos segurados de baixa renda e os casos de acidentes de trabalho.

A Seletividade é instrumental a serviço do bem-estar e da justiça social e situa-se no estágio de elaboração legislativa, orientando a intenção normativa que se expressa nas finalidades a serem atingidas, cabendo ao legislador definir os benefícios e serviços cuja prestação propicie melhores condições de vida.[22]

O mesmo dispositivo constitucional da seletividade aponta a distributividade das prestações e direciona-se para que, no bojo da previdência social, por meio da elaboração do Plano de Benefícios, sejam concebidos direitos em maior número e qualidade a favor dos mais necessitados.[23]

As exigências do bem comum que o ideal da justiça distributiva evoca não serão atendidas pela mecânica e automática partilha do rol de prestações em partes iguais. A distributividade permite que o legislador consiga destinar as melhores prestações àqueles que demonstrarem maiores necessidades.

Na classificação de José Afonso da Silva, a seletividade e distributividade é considerada uma norma programática,[24] pois es-

---

22 BALERA, Wagner. *Noções preliminares de direito previdenciário*. 2ª ed. São Paulo: Quartier Latin, 2010. p. 109.

23 MARTINEZ, Wladimir Novaes. *Princípios de direito previdenciário*. 6ª ed. São Paulo: LTr, 2015. p. 175.

24 Segundo Celso Ribeiro Bastos, as normas constitucionais podem ser divididas em normas preceptivas e normas programáticas. "As primeiras são as que podem produzir seus efeitos de imediato, ou, pelo menos, não ficam

tabelece apenas uma finalidade, um princípio, mas não impõe propriamente ao legislador a tarefa de atuá-la, embora requeira uma política pertinente à satisfação dos fins positivos nela indicados.[25] Dessa forma, muitas dessas normas inserem-se em princípios, sintetizando programas e linhas de pensamento político, a fim de que o legislador ordinário se encarregue de prover meios que as tornem uma realidade.

Trata-se de opção legislativa de natureza política pendente da investigação das necessidades reais da comunidade e das possibilidades financeiras da respectiva implementação. Podemos dizer que estamos diante do binômio necessidade-possibilidade, cabendo a seleção ao legislador, destinatário da norma.[26]

Segundo Wagner Balera, a distributividade, além de ampliar os critérios para a percepção dos benefícios, atinge outra pretensão constitucional que a própria distribuição de renda. No seu entender a distributividade é o vetor que reduz o campo de manobras do legislador, em ordem a exigir que prestações a serem criadas na continuidade do programa constitucional, cumpram o valor constitucional da redução das desigualdades sociais.[27]

Segundo Paul Durand, a política e a seguridade social apresentam-se com o objetivo de realizar uma transferência de rendas.

---

na dependência de condições institucionais ou de fato. Reversamente, as normas programáticas são as que não reúnem condições de uma integral aplicação de imediato. Voltam-se a transformações não só da ordem jurídica, mas também das estruturas sociais e da própria realidade constitucional. Costuma ficar ao alcance do legislador o exercício de um verdadeiro poder discricionário quanto à possibilidade de as concretizar. Outrossim, exerce uma influência recíproca, por exemplo, na medida em que, mesmo sem condições de ser imediatamente aplicada, a norma programática já reúne requisitos para, por si só, funcionar como critério de interpretação de outras normas preceptivas". (BASTOS, Celso Ribeiro. *Curso de Direito Constitucional.* 21ª ed. São Paulo: Saraiva, 2000. p. 58).

25 SILVA, José Afonso. *Aplicabilidade das Normas Constitucionais.* 8ª ed. São Paulo: Malheiros, 2012.

26 BALERA, Wagner; ANDREUCCI, Ana Claudia Pompeu. *Salário-Família no direito previdenciário brasileiro.* São Paulo: Ltr, 2007. p. 41-42.

27 BALERA, Wagner. *Sistema de Seguridade Social.* 7ª ed. São Paulo: LTr, 2014. p. 35.

Na seguridade social, a transferência opera-se dos indivíduos ou dos grupos sociais favorecidos pela sua origem, fortuna, ou êxito material, para os que se encontram em estado de necessidade. "A política de Seguridade Social quer, sem dúvida, indenizar as vítimas dos riscos, mas se propõe a remediar as desigualdades entre os indivíduos e as classes sociais".[28]

Por força desse princípio, o Estado providenciará a cobertura dos riscos e o atendimento dos indivíduos na medida especificada pelo legislador. À seletividade se prendem as tarefas de identificação das contingências e das hipóteses de vulnerabilidade social, que devem ser compreendidas no campo da Seguridade Social (seletividade horizontal) e de atribuição do nível de sua ação protetora (seletividade vertical).[29]

2.4. Irredutibilidade do valor dos benefícios

Por esse princípio não será possível a redução do valor nominal dos benefícios concedidos no âmbito da Seguridade Social. O princípio visa proteger o segurado de possível redução no valor dos benefícios nos períodos de grave crise econômica, garantindo, no mínimo, a manutenção do valor já percebido pelo segurado.

No que diz respeito aos benefícios previdenciários, além da garantia da irredutibilidade do valor nominal dos benefícios, ainda é garantida a manutenção do poder aquisitivo, um reajustamento para manutenção do valor real do benefício, que caracteriza a irredutibilidade real ou material.

O reajusto é previsto e garantido pelo artigo 41-A da Lei nº 8.213/91, que garante a manutenção do valor real dos benefícios pagos pelo INSS através da incidência monetária do INPC.

---

28 DURAND, Paul. A política de Seguridade Social e a evolução da sociedade contemporânea. In: BALERA, Wagner (Coord). *Revista de Direito Social.* Ano 4, out./dez. nº 16, Porto Alegre: Notadez, 2004, p. 146.

29 SAVARIS, José Antonio. Traços do sistema constitucional de seguridade social. In: ROCHA, Daniel Machado; SAVARIS, José Antonio (Coord). *Curso de especialização em direito previdenciário.* 1ª ed. Curitiba: Juruá, 2006. v. 1. p. 143.

A facilmente perceptível que aquele que ganha mais de um salário mínimo terá seu benefício reajustado na forma da Lei nº 8.213/91, por outro lado o segurado que recebe benefício de um salário mínimo terá sua atualização na proporção do aumento do salário mínimo.

Por vedação constitucional os benefícios previdenciários não poderão ser indexados pelo salário mínimo (art. 7, IV da Constituição Federal), no entanto, o reajuste dos que ganham um salário mínimo será reajustado na proporção do salário em decorrência da aplicação do princípio da uniformidade e equivalência dos benefícios e serviços às populações urbanas e rurais, no qual nenhum segurado poderá receber benefícios inferiores a um salário mínimo.

O que se viu ao longo desses mais de vinte anos decorridos desde a promulgação da Constituição foi uma violenta manipulação dos índices aplicáveis ao reajustamento dos benefícios. Há mais. Sempre que o indexador se aproxima da verdade real, parece que um estranho desígnio impõe a respectiva modificação por um outro que não mediu direito a redução do poder aquisitivo dos benefícios.[30]

Cabe ao legislativo propor qualquer mudança nos índices de atualização dos benefícios e, no caso da criação de um novo índice, o STF já se manifestou no sentido de que não implica que a lei que estabeleça a aplicação de novos critérios de cálculo mais benéficos para os benefícios deva ser automaticamente estendida a todos os benefícios concedidos anteriormente a nova lei.

2.5. Equidade na forma de participação do custeio

Para que se possa definir a forma de participação no custeio da seguridade social, a equidade na forma de participação do custeio leva em conta a capacidade contributiva de cada contribuinte.

Equidade, quer dizer justiça no caso concreto. Não significa igualdade (não me refiro ao alcance do princípio da isonomia), é algo mais justo, onde deve-se cobrar mais contribuições de quem tem maior capacidade de pagamento.

---

30 BALERA, Wagner. *Noções preliminares de direito previdenciário.* 2ª ed. São Paulo: Quartier Latin, 2010. p. 115-116.

Realizando o princípio da equidade, é plenamente válida a progressividade das alíquotas das contribuições previdenciárias dos trabalhadores, proporcionalmente à sua remuneração.

As contribuições para a seguridade social a serem pagas pelas empresas também poderão ser progressivas em suas alíquotas e bases de cálculo, conforme autoriza o artigo 195, § 9º, da Constituição Federal, em razão da atividade econômica, da utilização intensiva de mão de obra, do porte da empresa ou da condição estrutural do mercado de trabalho, sendo outro consectário do Princípio da Equidade no Custeio.[31]

2.6. Diversidade da base de financiamento

Segundo Wagner Balera[32], a Constituição de 1988 ao cuidar do sistema de Seguridade Social, previu que o mesmo deveria ser delineado em detalhes através da legislação. Tanto a organização do sistema como a criação das diversas bases de financiamento que lhe dariam sustentáculo ficavam na dependência da disciplina infraconstitucional.

E, para tanto, o constituinte estipulava, no art. 59 do Ato das Disposições Transitórias, que o Governo teria o prazo de seis meses para encaminhar ao Congresso os projetos de lei relativos à organização da Seguridade Social, ao plano de custeio e ao plano de benefícios.

Somente em 1991, foram aprovadas as leis de custeio (Lei nº 8.212/91) e de benefício (Lei nº 8.213/91) da previdência social. A Lei Orgânica da Assistência Social (Lei nº 8.742) somente foi promulgada em 1993.

No entanto as linhas mestras da base do financiamento da Seguridade Social têm origem na Constituição Federal. O artigo 195 da Constituição Federal determina que a seguridade social será financiada por toda a sociedade, de forma direta e indireta, nos termos da lei, mediante recursos provenientes dos orçamen-

31 AMADO, Frederico. *Direito previdenciário*. 7ª ed. Salvador: Jus Podivm, 2016. p. 34.

32 BALERA, Wagner. A organização e o custeio da Seguridade Social. In: BALERA, Wagner (coord.). *Curso de Direito Previdenciário em homenagem a Moacyr Velloso Cardoso de Oliveira*. 5ª ed. São Paulo: LTr, 2003. p. 36.

tos da União, dos Estados, do Distrito Federal e dos Municípios, e das seguintes contribuições sociais:

> **Art. 195.** *A seguridade social será financiada por toda a sociedade, de forma direta e indireta, nos termos da lei, mediante recursos provenientes dos orçamentos da União, dos Estados, do Distrito Federal e dos Municípios, e das seguintes contribuições sociais:*
> *I – do empregador, da empresa e da entidade a ela equiparada na forma da lei, incidentes sobre:*
> *a) a folha de salários e demais rendimentos do trabalho pagos ou creditados, a qualquer título, à pessoa física que lhe preste serviço, mesmo sem vínculo empregatício;*
> *b) a receita ou o faturamento;*
> *c) o lucro;*
> *II – do trabalhador e dos demais segurados da previdência social, podendo ser adotadas alíquotas progressivas de acordo com o valor do salário de contribuição, não incidindo contribuição sobre aposentadoria e pensão concedidas pelo Regime Geral de Previdência Social;*
> *III – sobre a receita de concursos de prognósticos.*
> *IV – do importador de bens ou serviços do exterior, ou de quem a lei a ele equiparar.*

Observe que a Constituição Federal cria uma diversidade da base de financiamento fazendo com que recaia tributação sobre a folha de salário, receita, faturamento, lucro, concurso de prognósticos. Por outro lado, seria temerário para todo o sistema apontar uma única base de financiamento para a Seguridade Social.

Imaginemos que se toda a arrecadação da seguridade viesse das contribuições sobre a folha de salário, além de prejudicar o setor da economia que necessitasse de mais mão de obra, numa crise econômica que atingisse tais empresas, o desemprego em massa ocasionaria uma drástica queda na arrecadação comprometendo os benefícios e serviços do sistema securitário.

Dessa forma, Wagner Balera[33] defende que a diversidade é diretriz dotada de dupla dimensão: a objetiva (atinente aos fatos

---

33 BALERA, Wagner. A organização e o custeio da Seguridade Social. In: BALERA, Wagner (coord.). *Curso de Direito Previdenciário em homenagem a Moacyr Velloso Cardoso de Oliveira*. 5ª ed. São Paulo: LTr, 2003. p. 47.

sobre os quais incidirão as contribuições) e a subjetiva (relativa a pessoas naturais ou jurídicas que verteram contribuições).

O modelo de financiamento do seguro social, hoje considerado clássico, foi mantido. Aqueles que, direta ou indiretamente, serão beneficiados pelos programas sociais irão custear os planos de proteção.

Destarte, ainda que parcela das receitas advenha de orçamentos de pessoas políticas (art. 195, *caput* da CF) na forma de Tríplice forma de custeio (governo, empresa e trabalhador), os maiores responsáveis pelo custeio do sistema prosseguem sendo os trabalhadores e os empregadores.

2.7. Gestão quadripartite

A gestão quadripartite se refere ao caráter democrático e descentralizado da administração, ou seja, uma gestão participativa com a presença de representantes dos trabalhadores, dos empregadores, dos aposentados e do Governo nos órgãos colegiados.

Nessa linha, o art. 10 da Constituição Federal também prevê ser "assegurada a participação dos trabalhadores e empregados nos colegiados de órgãos públicos em que seus interesses profissionais ou previdenciários sejam objeto de discussão e deliberação".

A participação social também se faz presente no setor previdenciário, como se observa na composição no Conselho Nacional de Previdência Social (art. 3º da Lei 8.213/1991), no Conselho Nacional de Saúde (art. 1º da Lei 8.142/1990), bem como na Assistência Social, com a participação da população, por meio de organizações representativas, na formulação das políticas e no controle das ações em todos os níveis, o que fica nítido na composição partidária dos Conselhos da Assistência Social, nas esferas nacional, estadual, distrital e municipal.[34]

34 GARCIA, Gustavo Filipe Barbosa. *Curso de Direito da Seguridade Social.* Rio de Janeiro: Forense, 2016. p. 71.

2.8. Dignidade da pessoa humana

Paira sobre o princípio da dignidade humana uma legenda vaga, imprecisa, que dá margem a manipulações do seu conteúdo, que podem variar desde concepções autoritárias a preceitos religiosos. É certo que um tema abstrato e amplo pode ser facilmente utilizado em qualquer situação. De fato, isso é o que corriqueiramente acontece com a dignidade humana, uma espécie de princípio pleno que em tudo se adequa.

É bem verdade que não podemos exigir grande objetividade de um princípio, pois é característica intrínseca destas espécies a forma generalista, contudo, não significa que ele não seja capaz de permear o cerne de um problema e, de forma decisiva, fazer valer o seu conteúdo.

Aqui o que se pretende é garantir um valor, mesmo que mínimo, para a dignidade e que ela possa ser compreendida no contexto da Ordem Social e principalmente da previdência social.

Luís Roberto Barroso aponta que a dignidade humana tem seu berço secular na filosofia, por meio de pensadores inovadores como Cícero, Pico dela Mirandola e Immanuel Kant que construíram ideias como antropocentrismo, o valor intrínseco de cada pessoa, e a capacidade individual de ter acesso à razão, de fazer escolhas morais e determinar seu próprio destino.

Tendo suas raízes na ética, na filosofia moral, a dignidade humana é, em primeiro lugar um valor que, na visão de Robert Alexy, representa um conceito vinculado ao bem e à conduta correta.[35]

O princípio da dignidade humana possui um papel importantíssimo em todo o ordenamento jurídico por ser considerado um fundamento do Estado Democrático de Direito, como garante a o artigo 1º, III da Constituição Federal: "Art. 1º A República Federativa do Brasil, formada pela união indissolúvel dos Estados e Municípios e do Distrito Federal, constitui-se em Estado Democrático de Direito e tem como fundamentos: [...] III – a dignidade da pessoa humana".

---

35 BARROSO, Luis Roberto. *A dignidade da pessoa humana no direito constitucional brasileiro:* a construção de um conceito jurídico à luz da jurisprudência mundial. Belo Horizonte: Forum, 2014. p. 61.

Aproximando-se do tema proposto, a preocupação da Ordem Social brasileira com o indivíduo possui sua gênese pautada no princípio da dignidade da pessoa humana, que irradia preceitos fundamentais a todo ser humano.

Estudos de Fábio Konder Comparato apontam que a que a dignidade da pessoa humana não consiste apenas no fato de ser ela, diferentemente das coisas, um ser considerado e tratado como um fim em si e nunca como um meio para a consecução de determinado resultado. Ela resulta também do fato de que, pela sua vontade racional, só a pessoa vive em condições de autonomia, isto é, como ser capaz de guiar-se pelas leis que ele próprio edita. Daí decorre, como assinalou o filósofo, que todo homem tem dignidade e não um preço, como as coisas.[36]

Ingo Sarlet também propôs uma definição jurídica para a dignidade da pessoa humana que serviu de amparo para construção da ordem social brasileira ao disciplinar que a dignidade da pessoa humana possui a qualidade intrínseca e distintiva de cada ser humano que o faz merecedor do mesmo respeito e consideração por parte do Estado e da comunidade, implicando, neste sentido, um complexo de direitos e deveres fundamentais que assegurem a pessoa tanto contra todo e qualquer ato de cunho degradante e desumano, como venham a lhe garantir as condições existenciais mínimas para uma vida saudável, além de propiciar e promover sua participação ativa co- responsável nos destinos da própria existência e da vida em comunhão dos demais seres humanos.[37]

A dignidade da pessoa humana serviu para a organização da Previdência Social. E, visando garantir as condições mínimas para uma vida saudável aos segurados, o Estado criou o plano de benefícios da previdência social.[38]

---

36 COMPARATO, Fábio Konder. *A afirmação histórica dos direitos humanos*. São Paulo: Saraiva, 1999. p. 20.

37 SARLET, Ingo Wolfgang. *Dignidade da pessoa humana e direitos fundamentais*. Porto Alegre: Livraria do Advogado. 2001.

38 ARAUJO NETO, Raul Lopes de. *Tributação e previdência complementar: o papel do imposto de renda na geração de poupança interna*. Rio de Janeiro: Lumen Juris, 2013. p. 23.

Outro papel da dignidade humana é interpretativo. A dignidade humana é parte do núcleo essencial dos direitos fundamentais, como a igualdade, a liberdade. Sendo assim, ela vai necessariamente informar a interpretação de tais direitos constitucionais, ajudando a definir o seu sentido nos casos concretos. Além disso, nos casos envolvendo lacunas no ordenamento jurídico, ambiguidades no direito, colisões entre direitos fundamentais e tensões entre direitos e metas coletivas, a dignidade humana pode ser uma boa bússola na busca da melhor solução. Mas ainda, qualquer lei que viole a dignidade, seja em abstrato ou em concreto, será nula.[39]

De forma ilustrativa, destaco uma passagem da obra Demian de Hermann Hesse que muito se associa ao conceito de dignidade humana aqui exposto:

> Se não passássemos de indivíduos isolados, se cada um de nós pudesse realmente ser varrido por uma bala de fuzil, não haveria sentido algum em relatar histórias. Mas cada homem não é apenas ele mesmo; é também um ponto único, singularíssimo, sempre importante e peculiar, no qual os fenômenos do mundo se cruzam daquela forma uma só vez e nunca mais. Assim, a história de cada homem é essencial, eterna e divina, e cada homem, ao viver em alguma parte e cumprir os ditames da Natureza, é algo maravilhoso e digno de toda atenção. Em cada um dos seres humanos o espírito adquiriu forma, em cada um deles a criatura padece, em cada qual é crucificado um Redentor.[40]

Barroso[41] avança e alinha critérios de aplicação do princípio da Dignidade Humana: A identificação da dignidade humana como um princípio jurídico produz consequências relevantes no

---

39 BARROSO, Luis Roberto. *A dignidade da pessoa humana no direito constitucional brasileiro:* a construção de um conceito jurídico à luz da jurisprudência mundial. Belo Horizonte: Forum, 2014. p. 66.

40 HESSE, Hermann. *Demian.* Rio de janeiro: BestBolso, 2015. p. 7-8.

41 Argumentos extraídos do trabalho intitulado: *A dignidade da pessoa humana no direito constitucional contemporâneo: natureza jurídica, conteúdos mínimos e critérios de aplicação.* Disponível em: https://www.luisrobertobarroso.com.br/wp-content/uploads/2010/12/Dignidade_texto-base_11dez2010.pdf > Acesso em: 10.08.19.

que diz respeito à determinação de seu conteúdo e estrutura normativa, seu modo de aplicação e seu papel no sistema constitucional. Princípios são normas jurídicas com certa carga axiológica, que consagram valores ou indicam fins a serem realizados, sem explicitar comportamentos específicos. Sua aplicação poderá se dar por subsunção, mediante extração de uma regra concreta de seu enunciado abstrato, mas também mediante ponderação, em caso de colisão com outras normas de igual hierarquia. Além disso, seu papel no sistema jurídico difere do das regras, na medida em que eles se irradiam por outras normas, condicionando seu sentido e alcance. Para fins didáticos, é possível sistematizar as modalidades de eficácia dos princípios em geral, e da dignidade da pessoa humana em particular, em três grandes categorias: direta, interpretativa e negativa.

Pela eficácia direta, um princípio incide sobre a realidade à semelhança de uma regra. Embora tenha por traço característico a vagueza, todo princípio terá um núcleo, do qual se poderá extrair um comando concreto. Para citar dois exemplos na jurisprudência do STF dos último anos: do princípio da moralidade (e da impessoalidade), a Corte extraiu a regra da vedação do nepotismo; do princípio democrático, deduziu que o parlamentar que mude de partido após o pleito perde o cargo. Do princípio da dignidade humana, em acepção compartilhada em diferentes partes do mundo, retiram-se regras específicas e objetivas, como as que vedam a tortura, o trabalho escravo ou as penas cruéis. Em muitos sistemas, inclusive o brasileiro, há normas expressas interditando tais condutas, o que significa que o princípio da dignidade humana foi densificado pelo constituinte ou pelo legislador. Nesses casos, como intuitivo, o intérprete aplicará a regra específica, sem necessidade de recondução ao valor ou princípio mais elevado. Mas, por exemplo, à falta de uma norma específica que discipline a revista íntima em presídio, será possível extrair da dignidade humana a exigência de que mulheres não sejam revistadas por agentes penitenciários masculinos.

A eficácia interpretativa dos princípios constitucionais significa que os valores e fins neles abrigados condicionam o sentido e o alcance das normas jurídicas em geral. A dignidade, assim, será critério para valoração de situações e atribuição de pesos em casos que envolvam ponderação. Por exemplo: o mínimo existencial desfruta de precedência prima facie diante de outros interesses; algemas devem ser utilizadas apenas em situações que envolvam risco, e não abusivamente; a liberdade de expressão, como regra, não deve ser cerceada previamente. Merece registro, nesse tópico, o papel integrativo desempenhado pelos princípios constitucionais, que permite à dignidade ser fonte de direitos não-enumerados e critério de preenchimento de lacunas normativas. Como o direito de privacidade ou a liberdade de orientação sexual, onde não tenham previsão expressa. No Brasil, direta ou indiretamente, a dignidade esteve subjacente a inúmeras decisões ""criativas"", em temas como fornecimento gratuito de medicamentos fora das hipóteses previstas na normatização própria, não-compulsoriedade do exame de DNA em investigação de paternidade, bem como em hipóteses de redesignação sexual.

A eficácia negativa, por fim, implica na paralisação da aplicação de qualquer norma ou ato jurídico que seja incompatível com o princípio constitucional em questão. Dela pode resultar a declaração de inconstitucionalidade do ato, seja em ação direta ou em controle incidental. Por vezes, um princípio constitucional pode apenas paralisar a incidência da norma em uma situação específica, porque naquela hipótese concreta se produziria uma consequência inaceitável pela Constituição. Pois bem: a dignidade da pessoa humana foi um dos fundamentos para a mudança jurisprudencial do STF em tema de prisão por dívida, passando-se a considerar ilegítima sua aplicação no caso do depositário infiel. Foi ela, igualmente, um dos argumentos centrais pelos quais se negou aplicação, em inúmeros precedentes, a dispositivo da Lei de Entorpecentes que proibia, peremptoriamente, a liberdade provisória. Não apenas atos estatais, mas também condutas privadas podem ser consideradas violadoras da dignidade humana e, consequentemente, ilícitas. Em uma das raras ocasiões em que se dispôs a limitar a liberdade de expressão, o STF considerou ilegítima a manifestação de ódio racial e religioso.

Para concluir, o autor destaca três observações finais relevantes: A primeira: a dignidade da pessoa humana é parte do conteúdo dos direitos materialmente fundamentais, mas não se confunde com qualquer deles. Nem tampouco é a dignidade um direito fundamental em si, ponderável com os demais. Justamente ao contrário, ela é o parâmetro da ponderação, em caso de concorrência entre direitos fundamentais. Em segundo lugar, embora seja qualificada como um valor ou princípio fundamental, a dignidade da pessoa humana não tem caráter absoluto. É certo que ela deverá ter precedência na maior parte das situações em que entre em rota de colisão com outros princípios, mas, em determinados contextos, aspectos especialmente relevantes da dignidade poderão ser sacrificados em prol de outros valores individuais ou sociais, como na pena de prisão, na expulsão do estrangeiro ou na proibição de certas formas de expressão. Uma última anotação: a dignidade da pessoa humana, conforme assinalado acima, se aplica tanto nas relações entre indivíduo e Estado como nas relações privadas.

2.9. Segurança jurídica

Apesar de a segurança jurídica possuir uma multiplicidade de significados, campo de atuação e abrangência, tem-se a concretização da justiça como sua finalidade precípua e una. Para que se atinja tal finalidade, faz-se necessária a existência de um elemento que figurará como princípio basilar do direito e que o imbui de força cogente, qual seja, a segurança.

É esse elemento, segurança, que oferta aos integrantes da sociedade a garantia necessária ao pleno desenvolvimento das relações sociais. Dessa afirmação se pode depreender que a segurança jurídica também é um fim do direito, inserida na finalidade maior de concretização da justiça.

Há níveis de segurança jurídica, daí o seu conceito depender do grau de exigência do jurista. Para os de formação positivista, o valor consiste em um saber a que se ater. Sob o aspecto objetivo a ordem jurídica deve reunir os predicados necessários ao saber a que se ater; subjetivamente consiste na certeza de que a ordem jurídica se apresenta acessível ao conhecimento, além de proteger os direitos fundamentais.[42]

O homem necessita de segurança para conduzir, planificar e confirmar autônoma e responsavelmente sua vida. Por isso, desde cedo, se consideram os princípios da segurança jurídica e da

42 NADER, Paulo. *Filosofia do direito*. 20ª ed. Rio de Janeiro: Forense, 2011. p. 82.

proteção da confiança como elementos constitutivos do Estado de Direito.

Canotilho bem distingue esses dois princípios e apresenta as refrações da segurança jurídica:

> Esses dois princípios - segurança jurídica e proteção da confiança - andam estreitamente associados, a ponto de alguns autores considerarem o princípio da proteção da confiança com um subprincípio ou como uma dimensão específica da segurança jurídica. Em geral, considera-se que a segurança jurídica está conectada com os elementos objetivos da ordem jurídica - garantia de estabilidade jurídica, segurança de orientação e realização do direito - enquanto a procteção da confiança se prende mais com as com as compenentes subjectivas da segurança, designadamente e calculabilidade e previsibilidade dos indivíduos em relação aos efeitos jurídicos dos actos dos poderes públicos. A segurança e a proteção da confiança exigem, no fundo: (1) fiabilidade, clareza, racionalidade e transparência dos actos do poder; (2) de forma que em relação a eles o cidadão veja garantida a segurança nas suas disposições pessoais e nos efeitos jurídicos dos seus próprios actos. Deduz-se que os postulados da segurança jurídica e da protecção da confiança são exigíveis perante qualquer ato de qualquer poder - legislativo, executivo e judicial. O princípio geral da segurança jurídica em sentido amplo pode formular-se do seguinte modo: o indivíduo tem do direito poder confiar em que aos seus actos ou às decisões públicas incidentes sobre os seus direitos, posições ou relações jurídicas alicerçadas em normas jurídicas vigentes e válidas por esses atos jurídicos previstos e prescritos no ordenamento jurídico. As refrações mais importantes do princípio da segurança jurídica são: (1) relativamente a atos normativos - proibição de normas retroactivas restritivas de direitos ou interesses juridicamente protegidos; (2) relativamente a actos jurisdicionais - inalterabilidade do caso julgado; (3) em relação a actos da administração - tendencial estabilidade dos casos decididos através de actos administrativos constitutivos de direito.[43]

---

43 CANOTILHO, José Joaquim Gomes. *Direito Constitucional*. 7ª ed. Coimbra: Almedina, 2003.

Sobre o tema, Humberto Ávila analisa a segurança jurídica sob três enfoques: a segurança como um fato; a segurança como valor; e a segurança como uma norma princípio.

No primeiro enfoque a segurança pode referir-se a um estado de fato, isto é, a uma determinada realidade passível de constatação. Sob essa concepção, segurança jurídica representaria o estado de previsibilidade e certeza, de maneira concreta, dos desdobramentos jurídicos dos atos e das condutas praticados. A segurança jurídica como um valor teria a sua significação relacionada a um estado ideal de existência do ordenamento jurídico, sendo cotejada e dimensionada por um juízo axiológico de valores previamente estabelecidos. Numa terceira visão, segurança jurídica pode consubstanciar uma prescrição normativa, sendo qualificada como uma norma jurídica da espécie norma-princípio.[44]

Nessa perspectiva, é o enforque da segurança jurídica como norma princípio que pretendemos analisar em sua amplitude.

Virgílio Afonso da Silva, ao analisar a teoria de Robert Alexy, afirma que "uma norma é um princípio não por ser fundamental, mas por ter a estrutura de um mandamento de otimização".[45] Por isso, um princípio pode ser um mandamento nuclear do sistema, todavia, pode também não o ser, já que uma norma é um princípio apenas em razão de estrutura normativa, e não de sua fundamentalidade.

Com relação ao destinatário, o princípio da segurança jurídica possui como receptor o Poder Público, e como mandamento que, em suas relações administrativas ou judiciais, se respeitem e se cumpram as situações de fato e de direito já consolidadas e as preserve perante lei nova em proveito da estabilidade nas relações jurídicas.

44 ÁVILA, Humberto. *Segurança jurídica:* entre permanência, mudança e realização no direito tributário. 2ª ed. São Paulo: Malheiros, 2012. p. 114-116.

45 SILVA, Virgílio Afonso da. *A Constituição do direito:* os direitos fundamentais nas relações entre particulares. São Paulo: Malheiros, 2008.

A segurança jurídica não impede a modificabilidade do Direito[46], o que se busca impedir é a surpresa[47] e, para tanto, aponta para a previsibilidade, determinando a certeza nas relações. Contudo, não basta garantir mera certeza da aplicação da lei, mas igualdade nesta aplicação. Não basta a lei prescrever determinado comportamento para que exista garantia de segurança. A segurança jurídica acha-se mais bem definida como a certeza de aplicação igualitária da norma, tomando-se como pressuposto que a própria norma a ser aplicada já respeita a igualdade.

Na Carta constitucional, a segurança jurídica é tida como um direito fundamental, prevista no seu art. 5º, caput e lançada nos incisos XXXVI (consagração do respeito ao direito adquirido, à coisa julgada e ao ato jurídico perfeito) e XL (irretroatividade da lei penal, salvo para beneficiar o réu) do referido artigo.

---

46 Com o resultado da demanda crescente por alteração, há um duplo risco de se comprometer a vitalidade do sistema. Sob uma perspectiva, as regras que normalmente possuem textura fechada tendem a se tornar ultrapassadas mais rapidamente que os princípios. Assim, embora obsoletas, continuam em vigor e, a princípio, vinculantes e aplicáveis aos casos concretos. Sob outra perspectiva, a frequente alteração de regras ultrapassadas fragiliza a segurança do sistema, em vez que, em face de mudanças continuadas, o Direito deixa de ser confiável e se torna transitório. (NASCIMENTO, Leandro Maciel do. *A segurança jurídica na jurisprudência do STF: a proteção de expectativas não abrangidas pelos direitos adquiridos*. Rio de Janeiro: Lumen Juris, 2017. p. 63.

47 O indivíduo está protegido da surpresa em matéria de custeio previdenciário, com a previsão constitucional do princípio da anterioridade e, mais especificamente no caso das contribuições sociais, da anterioridade mitigada.

3

Segurados do sistema de Previdência Social

3.1. Notas introdutórias

Diante do que determina o princípio da universalidade da cobertura e do atendimento, o rol de beneficiários deve ser o mais amplo possível, no entanto, essa plenitude de atendimento é possível no desenho constitucional de apenas dois dos três seguimentos da Seguridade Social: a saúde e a assistência.

Por previsão constitucional (art. 198 e 203), a saúde e a assistência social são prestadas de forma gratuita e independentemente de contribuições, por esse motivo, qualquer pessoa pode usufruir dos serviços e benefícios por eles oferecidos, sendo assim, universal.

Situação bem diferente ocorre com a previdência social. Na previdência, o rol de beneficiários não é tão amplo, diferentemente da saúde e assistência social, para que uma pessoa possa usufruir dos benefícios e serviços previdenciários é necessário verter prévias contribuições e assim ser alçado a categoria de segurado.

Em função do caráter não contributivo da saúde e da assistência, não é necessário tecer maiores comentários sobre os seus beneficiários, no entanto, no caso da previdência social existem duas categorias de segurados que deverão ser estudadas para a compreensão de como se estrutura todo o plano de custeio e benefício.

Os segurados da previdência social são divididos em duas categorias, os obrigatórios e os facultativos.

Os segurados obrigatórios da previdência social são aquelas pessoas maiores de 16 anos de idade, salvo o aprendiz a partir dos 14, que exerça atividade remunerada lícita, exceto servidores públicos efetivos e militares já vinculados a Regime de Próprio de Previdência Social.

Os servidores públicos efetivos não podem se vincular aos Regime Geral de Previdência Social na forma de segurado facultativo, não havendo qualquer impedimento para sua filiação como obrigatório se assim sua relação com a administração pública permitir.

Assim, é possível que o servidor público efetivo que desenvolva uma atividade laborativa remunerada paralela ao serviço público seja abarcado simultaneamente pelo RPPS e pelo RGPS, podendo, em alguns casos, receber duas aposentadorias.

Por outro lado, em atendimento ao princípio da universalidade de cobertura e atendimento, os segurados facultativos são aqueles maiores de 16 anos que não exerçam atividade remunerada.

3.2. Segurados obrigatórios da previdência social

Os segurados obrigatórios da previdência se dividem em cinco categorias: empregado, doméstico, avulso, contribuinte individual e especial. Tomando por base o plano de benefícios da previdência social, Lei nº 8.213/91, especificamente os artigos 11 a 13, passamos a analisar cada um deles:

3.2.1. Empregado

A primeira hipótese de segurado empregado prevista no artigo 11, I, *a* da Lei nº 8.213/91, faz referência ao conceito de empregado para o direito do trabalho. Aqui é importante frisar que será considerado empregado para o RGPS, hipóteses variadas que, não obrigatoriamente, guardam relação como conceito trabalhista.

> a) No primeiro caso, tanto para o direito do trabalho como para o direito previdenciário, o empregado será *aquele que presta serviço de natureza urbana ou rural à empresa, em caráter não eventual, sob sua subordinação e mediante remuneração, inclusive como diretor empregado.*

Esse conceito guarda direta relação com o art. 3º da CLT e por força da lei 11.457/2007, o vinculo empregatício continua podendo ser considerado pela fiscalização da Secretaria da Receita Federal do Brasil, independentemente de reconhecimento da justiça do trabalho.

Lembrando que o menor aprendiz é considerado segurado empregado, desde que recebe remuneração mesmo que indireta, sendo definido o contrato de aprendizagem como o contrato de trabalho especial, ajustado por escrito e por prazo determinado, em que o empregador se compromete a assegurar ao maior de quatorze e menor de vinte e um anos, inscrito em programa de aprendizagem, formação técnico-profissional metódica, compatível com o seu desenvolvimento físico, moral e psicológico, e o aprendiz, a executar, com zelo e diligência, as tarefas necessárias a essa formação, pelo prazo máximo de dois anos, exceto quando se tratar de aprendiz portador de deficiência, o qual não se aplica o limite máximo de idade.

b) A segunda hipótese trata-se daquele que, *contratado por empresa de trabalho temporário, definida em legislação específica, presta serviço para atender a necessidade transitória de substituição de pessoal regular e permanente ou a acréscimo extraordinário de serviços de outras empresas.*

Esse caso refere-se ao trabalhador temporário regido pela Lei nº 6.019/74, sendo definido em seu artigo 2º como aquele prestado por pessoa física a uma empresa, para atender à necessidade transitória de substituição de seu pessoal regular e permanente ou à acréscimo extraordinário de serviços.

Tais situações costumam ocorrer em empresas que contratam pessoas em decorrência de um aumento sazonal de sua atividade econômica em determinada época do ano, como, por exemplo, uma fábrica de chocolates em período de páscoa, ou de fantasias em período carnavalesco.

Vale ressaltar que o contrato entre a empresa de trabalho temporário e a empresa tomadora ou cliente, com relação a um mesmo empregado, não poderá exceder de três meses, salvo autorização conferida pelo órgão local do Ministério do Trabalho e Previdência Social, segundo instruções a serem baixadas pelo Departamento Nacional de Mão-de-Obra. (art. 10 da Lei nº 6.019/74).

c) *O brasileiro ou o estrangeiro domiciliado e contratado no Brasil para trabalhar como empregado em sucursal ou agência de empresa nacional no exterior.*

Esse caso é uma exceção ao chamado Princípio da Territorialidade da Filiação, ou seja, quem exercer atividade laborativa remunerada no território do Brasil e não for servidor público efetivo ou militar vinculado ao RPPS, será segurado obrigatório do RGPS.

Mesmo não exercendo atividade no território brasileiro, a regra atingiu àquele que trabalha fora do país, pelo fato da empresa ser uma sucursal ou agência de empresa nacional no exterior o que mantém um forte vínculo do segurado com o sistema previdenciário brasileiro.

d) *Aquele que presta serviço no Brasil a missão diplomática ou a repartição consular de carreira estrangeira e a órgãos a elas subordinados, ou a membros dessas missões e repartições, excluídos o não-brasileiro sem residência permanente no Brasil e o brasileiro amparado pela legislação previdenciária do país da respectiva missão diplomática ou repartição consular.*

O caso daquele brasileiro ou estrangeiro que presta serviço no brasil. O princípio da territorialidade da filiação somente abre espaço para a não caracterização como empregado, no caso do brasileiro já possuir vinculo previdenciário com o país de origem ou no caso do estrangeiro não possuir residência fixa no país.

e) *O brasileiro civil que trabalha para a União, no exterior, em organismos oficiais brasileiros ou internacionais dos quais o Brasil seja membro efetivo, ainda que lá domiciliado e contratado, salvo se segurado na forma da legislação vigente do país do domicílio.*

Nesse caso, o que é determinante para a caracterização como empregado é o organismo internacional tenha o Brasil como membro efetivo e que o segurado que não possua vinculo com a previdência do país estrangeiro.

f) *O brasileiro ou estrangeiro domiciliado e contratado no Brasil para trabalhar como empregado em empresa domiciliada no exte-*

rior, cuja maioria do capital votante pertença a empresa brasileira de capital nacional.

Aqui usamos os mesmos argumentos do caso da letra 'c', mesmo não exercendo atividade no território brasileiro, a regra atingiu àquele que trabalha fora do país, pelo fato da empresa, mesmo domiciliada no exterior, a maioria do capital votante pertence a empresa brasileira de capital nacional, o que mantém um forte vínculo do segurado com o sistema previdenciário brasileiro.

g) *O servidor público ocupante de cargo em comissão, sem vínculo efetivo com a União, Autarquias, inclusive em regime especial, e Fundações Públicas Federais.*

Esse dispositivo, está em consonância com o artigo 40, §13, da Constituição Federal, inserido pela EC 20/1998, que enquadrou os servidores titulares de cargos em comissão, empregos públicos ou outros vínculos temporários como segurados obrigatórios do RGPS.

Note-se que este dispositivo, posto pela Lei nº 8.647/93, só se refere aos titulares de cargos em comissão federais, razão pela qual os estaduais, distritais e municipais somente restaram vinculados ao RGPS com o advento da EC 20/1998, mesmo que suas respectivas entidades políticas tenham instituído RPPS.[1]

h) O exercente de mandato eletivo federal, estadual ou municipal, desde que não vinculado a regime próprio de previdência social.

A hipótese prevista no artigo 11, I, h é a mesma prevista na alínea 'j' da Lei nº 8.213/91, esse situação se deve a uma questão curiosa.

A implementação desse dispositivo, que permite que o exercente de mandato eletivo federal, estadual ou municipal, desde que não vinculado a regime próprio de previdência social, contribua para o RGPS na forma de empregado, se deu com a publicação

1 AMADO, Frederico. *Direito Previdenciário.* 7ª ed. Salvador: Jus Podivm, 2016. p. 158.

da Lei nº 9.506/97 com a criação do Plano de Seguridade Social dos Congressistas.

Ocorre que, por ser matéria de interesse comum, a referida Lei criou tal previsão tanto no texto do plano de custeio (Lei nº 8.212/91) como no plano de benefício (Lei nº 8.213/91).

Todavia, com base na redação do artigo 195 da Constituição Federal vem 1997, não era possível o titular de mandato eletivo ter sido inserido como segurado do RGPS por lei ordinária, pois inexistia fonte de custeio prévia.

Em 08.01.2003, com base na redação do disposto no artigo 195 da CF em 1997 (época da Lei nº 9.506/97), o STF julgou inconstitucional (RE 315.717) o disposto no artigo 12, I, 'h' da Lei nº 8.212/91, veja, que a decisão se refere apenas a alínea 'h' do plano de custeio, não fazendo referência a mesma alínea 'h' do artigo 11, inciso I da Lei nº 8.213/91 (plano de benefícios) que possui a mesma redação e também foi criada pela Lei nº 9.506/97.

Repare que dessa forma o disposto no art. 12, I, h da Lei nº 8.212/91 foi julgado inconstitucional e a mesma redação, disposta no art. 11,I,h, da Lei nº 8.213/91, não foi citada pelo julgamento de STF nem pela resolução do Senado 26/2006 que deu eficácia *erga omnes* à decisão. Dessa forma, a inconstitucionalidade atingiu somente o constante na Lei nº 8.212/91.

Ocorre que durante o julgamento da Lei nº 9.506/97, foi aprovada a reforma previdenciária que originou a Emenda Constitucional 20/98 que deu nova redação ao art. 195 da Constituição Federal, regularizando constitucionalmente a questão.

Com o problema constitucional sanado, a Lei nº 10.887/04 criou a alínea 'j' com a mesma redação da antiga alínea 'h' e incluiu tanto na Lei nº 8.212/91 e 8.213/91. Resultado, a Lei 8.212/91 possui a alínea 'h' com eficácia suspensa por Resolução do Senado (26/2005) e a Lei nº 8.213/91 com a redação duplicada, tanto na alínea 'h' (não atingida pela Resolução) como a 'j' da Lei nº 10.887/04.

i) *o empregado de organismo oficial internacional ou estrangeiro em funcionamento no Brasil, salvo quando coberto por regime próprio de previdência social.*

Aplicação do princípio da Territorialidade da Filiação com a possibilidade de aplicação de norma supletiva ao RGPS.

3.2.2. Empregado Doméstico

O artigo 11, II da Lei nº 8.213/91 define como empregado doméstico aquele que presta serviço de natureza contínua a pessoa ou família, no âmbito residencial desta, em atividades sem fins lucrativos.

Essa categoria de segurado possui três características a saber:

i) Prestar serviço de natureza contínua;
i) Âmbito residencial;
iii) Desenvolver atividades sem fins lucrativos.

A prestação de serviço de forma contínua já foi objeto de muita discussão na jurisprudência trabalhista, se era necessária a prestação de serviço por dois, três ou mais dias na semana. Atualmente a o empregado domestico é regulado pela Lei Complementar nº 150/2015 e traz em seu artigo primeiro a definição dessa tipo de empregado e destaca que é aquela "*que presta serviços de forma contínua, subordinada, onerosa e pessoal e de finalidade não lucrativa à pessoa ou à família, no âmbito residencial destas, por mais de 2 (dois) dias por semana...*".

A referida Lei ainda permite ainda que haja atividades externas, desde que direcionadas à família e sem finalidades lucrativas, a exemplo do trabalho do motorista e do caseiro.

A dispensa de finalidade lucrativa é indispensável para a caracterização da atividade do empregado doméstico, esse critério é o ponto de diferenciação entre o doméstico e o empregado.

Mesmo que o conceito de segurado obrigatório indique com idade mínima os 16 (dezesseis) anos completos, no caso do empregado doméstico somente é permitida a sua contratação quando completados os 18 (dezoito) anos. Tal exigência também está disposta no parágrafo primeiro do artigo 1º da Lei Complementar nº 150/2015: " É vedada a contratação de menor de 18 (dezoito) anos para desempenho de trabalho doméstico, de acordo com a Convenção nº *182, de 1999, da Organização Internacional do Trabalho (OIT) e com o Decreto nº 6.481, de 12 de junho de 2008.*"

3.2.3. Contribuinte Individual

Em conformidade com o artigo 11, V da Lei nº 8.213/91 o contribuinte individual é:

a) *a pessoa física, proprietária ou não, que explora atividade agropecuária, a qualquer título, em caráter permanente ou temporário, em área superior a 4 (quatro) módulos fiscais; ou, quando em área igual ou inferior a 4 (quatro) módulos fiscais ou atividade pesqueira, com auxílio de empregados ou por intermédio de prepostos; ou ainda nas hipóteses dos §§ 9º e 10 deste artigo;*

Essa hipótese serve para enquadrar os segurados que escapam dos parâmetros de definição do segurado obrigatório especial. A situação foi criada tendo por base o disposto no artigo 11, VII, *a* da Lei nº 8.213/91 que define o segurado especial levando em conta situação completamente contrária a esta.

Aqui o segurado, para ser definido como segurado contribuinte individual deve explorar atividade agropecuária, a qualquer título, em caráter permanente ou temporário, em área superior a 4 (quatro) módulos fiscais[2], ou seja, área superior àquela exigida para ser considerado um segurado especial.

Mesmo que essa área seja inferior aos 4 (quatro) módulos fiscais, ainda sim existe a possibilidade do segurado ser considerado um contribuinte individual, mas para isso é necessário que o mesmo conte com auxílio de empregados, casos que cabe exceções que será demonstradas adiante.

b) *a pessoa física, proprietária ou não, que explora atividade de extração mineral – garimpo, em caráter permanente ou temporário, diretamente ou por intermédio de prepostos, com ou sem o auxílio de empregados, utilizados a qualquer título, ainda que de forma não contínua;*

---

2 Modulo fiscal é um conceito introduzida pela Lei nº 6.746/79, que altera o Estatuto da Terra (Lei nº 4.504/64), a norma que regula os direitos e obrigações relativos à imóveis rurais, para os fins de execução da reforma agrária e promoção da política agrícola nacional. Trata-se de uma unidade de medida de área (expressa em hectares) fixada diferentemente para cada município, uma vez que leva em conta as particularidades locais como (art. 50, Lei nº 4.504/64).

Essa hipótese define o garimpeiro como contribuinte individual, independentemente da forma em que exerce a sua atividade. Aqui não importa se o segurado exerce a atividade em terra própria ou de terceiros, se é em caráter permanente ou temporário, se é diretamente ou com auxílio de preposto e ainda se conta ou não com o auxílio de empregados, em todos os casos este segurado será um contribuinte individual.

Outro argumento é que o segurado não tira seu sustento da agricultura ou pesca, apesar se ser extraída da natureza a matéria prima explorada, é necessário a comercialização para que possa tirar o seu sustento.

Aqui vale destacar que apresar do segurado obrigatório ser aquele que exerce atividade remunerada maior de 16 (dezesseis) anos, é vedada a atividade para menores de 18 (dezoito) anos, art. 13 da Lei nº 11.685/08.

c) *o ministro de confissão religiosa e o membro de instituto de vida consagrada, de congregação ou de ordem religiosa;*

Nessa hipótese inclui os pastores, padres e outros lideres religiosos.

d) *o brasileiro civil que trabalha no exterior para organismo oficial internacional do qual o Brasil é membro efetivo, ainda que lá domiciliado e contratado, salvo quando coberto por regime próprio de previdência social;*

Nesse caso existe uma diferença se compararmos com a hipótese de empregado prevista no artigo 11, I, *e* da Lei nº 8.213/91. No caso do empregado o brasileiro trabalho em organismo internacional no qual o Brasil é membro efetivo, representando a União, no caso do contribuinte individual, o segurado não representa a União, portanto, possui uma relação mais próxima com o país onde presta o serviço do que com o Brasil.

e) *o titular de firma individual urbana ou rural, o diretor não empregado e o membro de conselho de administração de sociedade anônima, o sócio solidário, o sócio de indústria, o sócio gerente e o sócio cotista que recebam remuneração decorrente de seu traba-*

lho em empresa urbana ou rural, e o associado eleito para cargo de direção em cooperativa, associação ou entidade de qualquer natureza ou finalidade, bem como o síndico ou administrador eleito para exercer atividade de direção condominial, desde que recebam remuneração;

Esta subcategoria é dos empresários. Saliente-se que para o sócio gerente ou cotista serem considerados contribuinte individuais é necessário que recebem remuneração pelo trabalho, nesse caso chamado pró-labore. Não recebendo remuneração não será este segurado obrigatório do RGPS.[3]

No caso de um trabalhador indicado para função de direção de empresa pública ou sociedade de economia mista não é enquadrado com segurado contribuinte individual, mas como empregado, pois ocupa cargo de comissão de livre nomeação e exoneração.

f) *quem presta serviço de natureza urbana ou rural, em caráter eventual, a uma ou mais empresas, sem relação de emprego;*

São autônomos que prestam serviços a pessoas jurídicas. A principal característica desta prestação de serviços é a eventualidade. Como visto, caso a empresa remunere o segurado como contribuinte individual, sendo no entanto atendidos todos os pressupostos do vínculo empregatício, o Auditor-Fiscal da Receita Federal do Brasil deve enquadra-lo como segurado empregado, cobrando as diferencias de contribuições sociais porventura existentes.[4]

Não é pela profissão do segurado que se define a sua categoria. No caso dessa hipótese e do caso seguinte, não podemos taxar em dizer, por exemplo, que um engenheiro, advogado, pintor ou eletricista é um contribuinte individual, isso vai depender da forma com que ele presta o seu serviço, se de forma eventual será um contribuinte individual, do contrário, caso implemente, a ha-

3 KERTZMAN, Ivan. *Curso Prático de Direito Previdenciário.* 11ª ed. rev. ampl. e atual. Salvador: JusPODIVM, 2014. p. 102.

4 KERTZMAN, Ivan. *Curso Prático de Direito Previdenciário.* 11ª ed. rev. ampl. e atual. Salvador: JusPODIVM, 2014. p. 103.

bitualidade, remuneração, pessoalidade e subordinação será um segurado empregado.

> g) *a pessoa física que exerce, por conta própria, atividade econômica de natureza urbana, com fins lucrativos ou não;*

Essa situação abrange os autônomos que prestam serviços por conta própria a pessoas físicas e jurídicas como por exemplo os médicos, vendedores, contadores e etc.

3.2.4. Segurado Avulso

Em conformidade com o artigo 9, VI do Decreto nº 3.048/99 o segurado avulso é:

> *VI – como trabalhador avulso – aquele que, sindicalizado ou não, presta serviço de natureza urbana ou rural, a diversas empresas, sem vínculo empregatício, com a intermediação obrigatória do órgão gestor de mão-de-obra, nos termos da Lei nº 8.630, de 25 de fevereiro de 1993, ou do sindicato da categoria, assim considerados:*
> *a) o trabalhador que exerce atividade portuária de capatazia, estiva, conferência e conserto de carga, vigilância de embarcação e bloco;*
> *b) o trabalhador de estiva de mercadorias de qualquer natureza, inclusive carvão e minério;*
> *c) o trabalhador em alvarenga (embarcação para carga e descarga de navios);*
> *d) o amarrador de embarcação;*
> *e) o ensacador de café, cacau, sal e similares;*
> *f) o trabalhador na indústria de extração de sal;*
> *g) o carregador de bagagem em porto;*
> *h) o prático de barra em porto;*
> *i) o guindasteiro; e*
> *j) o classificador, o movimentador e o empacotador de mercadorias em portos;*

Apesar de possuir em comum o fato de prestar serviço de natureza urbana ou rural, a diversas empresas, sem vínculo empregatício, o contribuinte individual se diferencia do segurado avulso pelo fato deste exigir, para sua caracterização, a intermediação obrigatória do órgão gestor de mão-de-obra. Lembrando que a sindicalização não é obrigatória, em conformidade com o artigo 8, V da Constituição Federal.

3.2.5. Segurado Especial

Entende-se como segurado especial a pessoa física residente no imóvel rural ou em aglomerado urbano ou rural próximo que, individualmente ou em regime de economia familiar[5], ainda que com o auxílio eventual de terceiros, na condição de:

a) produtor, seja ele proprietário, usufrutuário, possuidor, assentado, parceiro ou meeiro outorgados, comodatário ou arrendatário rurais, que explore atividade
1. agropecuária em área contínua ou não de até quatro módulos fiscais; ou
2. de seringueiro ou extrativista vegetal na coleta e extração, de modo sustentável, de recursos naturais renováveis, e faça dessas atividades o principal meio de vida;

b) pescador artesanal[6] ou a este assemelhado, que faça da pesca profissão habitual ou principal meio de vida; e

c) cônjuge ou companheiro, bem como filho maior de dezesseis anos de idade ou a este equiparado, do segurado de que tratam as alíneas "a" e "b" deste inciso, que, comprovadamente, tenham participação ativa nas atividades rurais ou pesqueiras artesanais, respectivamente, do grupo familiar.

É importante destacar que o aposentado pelo Regime Geral de Previdência Social que voltar a exercer atividade abrangida por

---

5 O art. 9,VII do Decreto nº 3.048/99 traz a definição que regime de economia familiar: § 5º Entende-se como regime de economia familiar a atividade em que o trabalho dos membros da família é indispensável à própria subsistência e ao desenvolvimento socioeconômico do núcleo familiar e é exercido em condições de mútua dependência e colaboração, sem a utilização de empregados permanentes.

6 Considera-se pescador artesanal aquele que, individualmente ou em regime de economia familiar, faz da pesca sua profissão habitual ou meio principal de vida, desde que: (Redação dada pelo Decreto nº 3.668, de 2000). Considera-se assemelhado ao pescador artesanal aquele que realiza atividade de apoio à pesca artesanal, exercendo trabalhos de confecção e de reparos de artes e petrechos de pesca e de reparos em embarcações de pequeno porte ou atuando no processamento do produto da pesca artesanal. (Incluído dada pelo Decreto nº 8.499, de 2015).

este regime é segurado obrigatório em relação a essa atividade, ficando sujeito às contribuições de que trata este Regulamento.

O art. 9, VII do Decreto nº 3.048/99 traz a definição que regime de economia familiar: Entende-se como regime de economia familiar a atividade em que o trabalho dos membros da família é indispensável à própria subsistência e ao desenvolvimento socioeconômico do núcleo familiar e é exercido em condições de mútua dependência e colaboração, sem a utilização de empregados permanentes.

Por sua vez, o auxílio eventual de terceiros o que é exercido ocasionalmente, em condições de mútua colaboração, não existindo subordinação nem remuneração, nesses casos não há descaracterização da condição de segurado especial.

O que busca a legislação com a definição de segurado especial é caracterizar aquele que possui um vinculo com a atividade rurícola e que tenha como principal meio de sobrevivência a exploração da agropecuária e pesca artesanal, não podendo tem como fonte principal de sobrevivência a exploração contínua e permanente do comércio, mesmo quando praticado por produtos produzidos pelos segurados.

Dessa forma, não é segurado especial o membro de grupo familiar que possuir outra fonte de rendimento, exceto se decorrente de:

§ 8º Não é segurado especial o membro de grupo familiar que possuir outra fonte de rendimento, exceto se decorrente de:
I – benefício de pensão por morte, auxílio-acidente ou auxílio-reclusão, cujo valor não supere o do menor benefício de prestação continuada da previdência social;
II – benefício previdenciário pela participação em plano de previdência complementar instituído nos termos do inciso III do § 18 deste artigo;
III – exercício de atividade remunerada em período de entressafra ou do defeso, não superior a cento e vinte dias, corridos ou intercalados, no ano civil, observado o disposto no § 22 deste artigo;
IV – exercício de mandato eletivo de dirigente sindical de organização da categoria de trabalhadores rurais;
V – exercício de mandato de vereador do município onde desenvolve a atividade rural, ou de dirigente de cooperativa rural constituída exclusivamente por segurados especiais, observado o disposto no § 22 deste artigo;

> *VI – parceria ou meação outorgada na forma e condições estabelecidas no inciso I do § 18 deste artigo;*
> *VII – atividade artesanal desenvolvida com matéria-prima produzida pelo respectivo grupo familiar, podendo ser utilizada matéria-prima de outra origem, desde que, nesse caso, a renda mensal obtida na atividade não exceda ao menor benefício de prestação continuada da previdência social; e*
> *VIII – atividade artística, desde que em valor mensal inferior ao menor benefício de prestação continuada da previdência social.*

Desde a inclusão do rurícola como beneficiário da previdência com a legislação vem avançando para tornar-se adequando as novas condições da atividade no meio rural. Em 2008, com o advento do Decreto nº 6.722, algumas atividades praticadas pelo segurado especial passaram a não descaracterizar a condição de segurado especial:

> *§ 18. Não descaracteriza a condição de segurado especial:*
> *I – a outorga, por meio de contrato escrito de parceria, meação ou comodato, de até cinquenta por cento de imóvel rural cuja área total, contínua ou descontínua, não seja superior a quatro módulos fiscais, desde que outorgante e outorgado continuem a exercer a respectiva atividade, individualmente ou em regime de economia familiar;*
> *II – a exploração da atividade turística da propriedade rural, inclusive com hospedagem, por não mais de cento e vinte dias ao ano;*
> *III – a participação em plano de previdência complementar instituído por entidade classista a que seja associado, em razão da condição de trabalhador rural ou de produtor rural em regime de economia familiar;*
> *IV – a participação como beneficiário ou integrante de grupo familiar que tem algum componente que seja beneficiário de programa assistencial oficial de governo;*
> *V – a utilização pelo próprio grupo familiar de processo de beneficiamento ou industrialização artesanal, na exploração da atividade, de acordo com o disposto no § 25;*
> *VI – a associação a cooperativa agropecuária.*

Além das hipóteses mencionadas, o Decreto ainda permitiu ao grupo familiar utilizar-se de empregado, inclusive daquele referido na alínea "r" do inciso I do caput deste artigo, ou de trabalhador de que trata a alínea "j" do inciso V, em épocas de safra, à razão de no máximo cento e vinte pessoas/dia dentro do ano civil, em períodos corridos ou intercalados ou, ainda, por tempo equivalente em horas de trabalho, à razão de oito horas/dia e quarenta e quatro horas/semana.

3.3. Segurado Facultativo

Considera-se segurado facultativo o maior de dezesseis anos de idade que se filiar ao Regime Geral de Previdência Social, mediante contribuição, na forma do art. 199, desde que não esteja exercendo atividade remunerada que o enquadre como segurado obrigatório da previdência social.

Art. 11. *É segurado facultativo o maior de dezesseis anos de idade que se filiar ao Regime Geral de Previdência Social, mediante contribuição, na forma do art. 199, desde que não esteja exercendo atividade remunerada que o enquadre como segurado obrigatório da previdência social.*
I – a dona-de-casa;
II – o síndico de condomínio, quando não remunerado;
III – o estudante;
IV – o brasileiro que acompanha cônjuge que presta serviço no exterior;
V – aquele que deixou de ser segurado obrigatório da previdência social;
VI – o membro de conselho tutelar de que trata o art. 132 da Lei nº 8.069, de 13 de julho de 1990, quando não esteja vinculado a qualquer regime de previdência social;
VII – o bolsista e o estagiário que prestam serviços a empresa de acordo com a Lei nº 6.494, de 1977;
VIII – o bolsista que se dedique em tempo integral a pesquisa, curso de especialização, pós-graduação, mestrado ou doutorado, no Brasil ou no exterior, desde que não esteja vinculado a qualquer regime de previdência social;
IX – o presidiário que não exerce atividade remunerada nem esteja vinculado a qualquer regime de previdência social; e
IX – o presidiário que não exerce atividade remunerada nem esteja vinculado a qualquer regime de previdência social;
X – o brasileiro residente ou domiciliado no exterior, salvo se filiado a regime previdenciário de país com o qual o Brasil mantenha acordo internacional.
X – o brasileiro residente ou domiciliado no exterior, salvo se filiado a regime previdenciário de país com o qual o Brasil mantenha acordo internacional; e

XI – o segurado recolhido à prisão sob regime fechado ou semi-aberto, que, nesta condição, preste serviço, dentro ou fora da unidade penal, a uma ou mais empresas, com ou sem intermediação da organização carcerária ou entidade afim, ou que exerce atividade artesanal por conta própria.

É vedada a filiação ao Regime Geral de Previdência Social, na qualidade de segurado facultativo, de pessoa participante de regime próprio de previdência social, salvo na hipótese de afastamento sem vencimento e desde que não permitida, nesta condição, contribuição ao respectivo regime próprio.

A filiação na qualidade de segurado facultativo representa ato volitivo, gerando efeito somente a partir da inscrição e do primeiro recolhimento, não podendo retroagir e não permitindo o pagamento de contribuições relativas a competências anteriores à data da inscrição.

No entanto, após a inscrição, o segurado facultativo somente poderá recolher contribuições em atraso quando não tiver ocorrido perda da qualidade de segurado.

4

Financiamento da Seguridade Social

4.1. A RELAÇÃO JURÍDICA PREVIDENCIÁRIA

O presente tópico tem como finalidade determinar o momento do nascimento, os sujeitos e o objeto da relação jurídica previdenciária.

Feijó Coimbra explica que a regra jurídica previdenciária é provida de *hipótese* e *consequência*. Na primeira, um dos elementos formadores figura um fato, que se tem na condição de risco social, dando a sua descrição; outro elemento estabelece a oportunidade, o momento em que esse evento deverá ocorrer, para que se torne motivo da proteção, o estado de necessidade que dele advenha; um terceiro apontará o local, em que ocorrido esse evento, reputar-se-á objeto de proteção o cidadão por ele atingido. Desde que, no mundo fático, ocorra o acontecimento descrito na hipótese e consequência dirá que pessoa é titular do direito a prestação estabelecida e a medida em que esta prestação será de deferir. É, portanto, a prestação previdenciária o objeto material da obrigação do Estado, sempre que ocorra um risco social previsto em lei como objeto da ação protetora estatal.[1]

Nas palavras de Pontes de Miranda, o que importa para o Direito é o fato jurídico, ou seja, "aquele previsto em lei, aquele ca-

---

1 COIMBRA, J.R. Feijó. *Direito previdenciário brasileiro*. 7ª ed. Rio de Janeiro: Edições Trabalhistas, 1997. p. 118.

paz de produzir efeitos para as relações intersubjetivas humanas, os demais fatos do não interessam, pelo menos ao Direito".[2]

O mesmo raciocínio pode ser aplicado ao universo do direito social, porém, os fatos aqui são restritos ao mundo social, e a sua ocorrência é que desencadeia a relação jurídica.

Sobre o tema, Orlando Gomes ensina que a relação de previdência social é historicamente uma relação que se constitui para a prevenção de determinados riscos que ameaçam individualmente a continuação do trabalho ou o estancam, ocasionando diminuição ou perda do salário ou do ganho.[3]

Coincide com esse ponto de vista a opinião de Wagner Balera que afirma que a relação jurídica estabelecerá, então, o conteúdo e as dimensões da prestação conferida pelas normas em proveito de quem tenha sido vitimado. Resultado objetivamente dimensionados os limites da reparação que a seguridade social ofertará ao indivíduo, ocorre a supressão – *de iure* – das necessidades provocadas pela adversidade. A relação jurídica é, pois, o instrumento de ação de que se vale o Direito Previdenciário para, intervindo na vida social, proporcionar seguridade.[4]

A relação jurídica previdenciária é composta por dois elementos: o sujeito e o objeto. De um lado estão os sujeitos que vivenciam, dão vida à relação e, entre eles, está o objeto, a causa material da relação, em função da qual existe o vínculo.

Nessa esteira, a relação jurídica previdenciária atualmente é considerada um complexo de relações jurídicas de natureza diversa, unificado por causas comuns. Nesse agrupamento distinguem-se, pela maior significação, duas relações elementares: I) a de quem tem por objeto o pagamento de contribuições; II) a de quem tem por objeto a prestação dos benefícios.

---

2 MIRANDA, Francisco Cavalcante Pontes de. *Tratado de Direito Privado*. Campinas: Bookseller, Tomo I, 1999. p. 52.

3 GOMES, Orlando. Natureza jurídica da relação de previdência social. In: GOMES, Orlando. *Escritos Menores*. São Paulo: Saraiva, 1981. p. 209.

4 BALERA, Wagner. *Noções preliminares de direito previdenciário*. 2ª ed. São Paulo: Quartier Latin, 2010. p. 132.

O caráter compulsório da previdência social gera duas relações jurídicas entre o segurado e a Previdência Social: uma de custeio e outra de prestação. A relação jurídica de custeio baseia-se na capacidade contributiva, no papel da sociedade em financiar a seguridade social como um todo, respeitando a capacidade contributiva. O Estado se utiliza de seu poder de império para fazer que as pessoas, físicas e jurídicas,[5] realizem contribuições para o financiamento da Seguridade Social. Como essa relação possui natureza jurídico-tributária, o contribuinte/segurado assume a postura de devedor e o Estado, a de credor.[6]

Por sua vez, a relação jurídica de prestação baseia-se na necessidade. Aqui, o Estado é compelido, também pela lei, à obrigação de dar (pagar benefícios) ou de fazer (prestar serviço) aos segurados e dependentes que, preenchendo os requisitos legais para a obtenção do direito, o requeiram.[7]

O sujeito ativo traduz-se no credor da obrigação de prestação previdenciária - aquele que tem direito ao recebimento dos benefícios: o segurado que implementa as condições previamente definidas na legislação. O sujeito passivo é o devedor da obrigação de prestação previdenciária - aquele que tem o dever de prestar o benefício ou serviço ao segurado -, por determinação constitucional quem assumiu esse papel foi o Estado e o objeto da relação jurídica previdenciária, por sua vez, é o benefício.

Em verdade, essa figura genérica do benefício será o vetor capaz de distinguir as inúmeras relações que, no universo abran-

---

5 O Artigo 195 da Constituição Federal de 1988 determina que a Seguridade Social será financiada pelo Governo, pelas Empresas e pelos Trabalhadores. As empresas participam do custeio da Seguridade Social por meio do pagamento das contribuições sociais incidentes sobre a folha de salário, receita ou faturamento e lucro; no caso dos trabalhadores, esses contribuirão com o pagamento de contribuições sociais incidentes sobre a sua remuneração.

6 Com a mudança trazida pelo artigo 2° da Lei nº 11.457/2007, a competência para fiscalizar e cobrar as contribuições sociais devidas à Seguridade Social passou a ser da Receita Federal do Brasil, e não mais do Instituto Nacional do Seguro Social.

7 DUARTE, Marina Vasques. *Direito Previdenciário*. 5ª ed. Porto Alegre: Verbo Jurídico, 2007. p. 32.

gente da seguridade social, serão formadas a partir das concretas situações de risco social definidas pelas normas de proteção.[8]

Sob a perspectiva funcional e operacional da relação jurídica, as prestações consistem em medidas públicas, conferidas pelos órgãos gestores do sistema aos beneficiários, que visam combater situações de necessidade social.

Daniel Pulino ensina que a movimentação do aparelho protetivo de seguridade social depende da detecção legal de situações de necessidade que recaem sobre os membros componentes do corpo social, as quais são enfrentadas mediante o dever imposto aos entes gestores (qualificados, nessa medida, como sujeitos passivos da relação) de adotar, em face desses indivíduos, de um grupo deles ou até mesmo de toda a coletividade (e em qualquer desses casos, aí estará identificado quem comporá o polo ativo da relação jurídica) as providências pré-fixadas na lei para evitar ou de alguma forma debelar aquelas necessidades. Tais providências consistem, justamente, nas prestações de seguridade social.[9]

A obrigação da entidade previdenciária de conceder as prestações, ao contrário, não existirá enquanto não se verificarem as condições previstas pela lei, ou seja, não se verificarem os eventos dos quais resulta a situação de necessidade e, quando solicitados, subsistam requisitos de contribuição.

Com relação ao modo de nascimento da relação jurídica previdenciária, Orlando Gomes distingue dois estágios para sua configuração.

> Configura-se, em suma, como uma relação que se constitui automaticamente e que adquire, com a 'inscrição' do segurado, eficácia plena. Não produz efeitos específicos antes de se tornar concreta, o direito de todo empregado a ser protegido na necessidade tem, antes, a natureza de uma expectativa. Em contrapartida, não há ainda obrigação de prestar benefício, pois ainda não nasceu, antes do ato filiatório, a respectiva pretensão. [...] Sejam duas relações jurídicas

---

8 BALERA, Wagner. *Noções preliminares de direito previdenciário*. 2ª ed. São Paulo: Quartier Latin, 2010. p. 133.

9 PULINO, Daniel. *A aposentadoria por invalidez no direito positivo brasileiro*. 1ª ed. São Paulo: LTr, 2001. p. 22.

a se sucederem, primeiramente numa fase preparatória e em seguida na fase definitiva.[10]

É extremamente delicada a exigência da ocorrência de uma hipótese de incidência previamente tipificada como critério essencial para a fase definitiva da relação jurídica de prestação previdenciária em matéria de benefício por invalidez. Como já exposto, no direito positivo a invalidez não possui um conceito preciso e, por isso, deixa margem a fim de que se possa determinar que hipótese deve ocorrer para gerar a obrigação do Estado em pagar o benefício.

Sobre o assunto, Feijó Coimbra pontua que para o estabelecimento da relação jurídica é necessário que certa hipótese, na lei configurada, venha a verificar-se efetivamente, em relação a um beneficiário da previdência social, isto é, certo fato suceda em circunstâncias de tempo de lugar na lei previstas. Esses fatos são as hipóteses de risco que o legislador prever, para deles proteger o cidadão, mediante o pagamento de prestações pecuniárias ou a prestação de serviços. Constituem os denominados riscos sociais.[11]

Além da identificação do modo de nascimento da relação, devemos analisar a forma da relação jurídica previdenciária. Sobre o tema, encontramos duas correntes. Uma doutrina que acredita ser relação única e simples. Outra que defende que tais relações se compõem de modo plural e se coligam numa relação complexa.

A primeira delas consiste na doutrina unitarista[12]e sustenta que tal relação seria constituída simultaneamente à contributiva, na verificação das condições objetivas e subjetivas que determinam o surgimento da obrigação de pagar as contribuições previdenciárias.[13]

---

10 GOMES, Orlando. Natureza jurídica da relação de previdência social. In: GOMES, Orlando. *Escritos Menores.* São Paulo: Saraiva, 1981. p. 222-223.

11 COIMBRA, J.R. Feijó. *Direito previdenciário brasileiro.* 7ª ed. Rio de Janeiro: Edições Trabalhistas, 1997. p. 125.

12 GOMES, Orlando. Natureza jurídica da relação de previdência social. In: GOMES, Orlando. *Escritos Menores.* São Paulo: Saraiva, 1981. p. 226.

13 PERSIANI, Mattia. *Direito da previdência social.* São Paulo: Quartier Latin, 2009. p. 163-190.

Por outro lado, a teoria pluralista defende que a relação jurídica previdenciária de custeio precede a relação de prestação. A relação de prestação somente poderá existir caso o indivíduo contribua previamente. E é somente após a ocorrência de alguma hipótese de incidência[14] de necessidade social prevista legalmente que haverá as condições mínimas para surgimento da relação jurídica de prestação.[15]

Orlando Gomes destaca que, para os pluralistas, a relação de previdência social não é, em verdade, relação única, mas a soma de pelo menos duas relações jurídicas, coligadas, que têm como conteúdo, respectivamente, o direito do empregado aos benefícios prestados pelo instituto e a obrigação do empregador de pagar as contribuições correlatas. As duas relações são distintas. Por isso possuem sujeitos diferentes. A correlação entre as duas obrigações - a de prestar benefícios e a de contribuir -, independentemente de sua atuação, mostra-se perfeitamente compatível com a pluralidade das duas relações jurídicas respectivas.

Sobre o tema, Mattia Persiani destaca que somente através da configuração da hipótese surge, pela primeira vez, a sujeição

---

14 Geraldo Ataliba possui um detalhado estudo sobre o termo hipótese de incidência. Utilizando o método sistemático, pode-se extrair o alcance de tal conceito e utilizá-lo no direito previdenciário no que se refere à ocorrência de um risco social previsto legalmente como requisito para a existência da relação jurídica de prestar um benefício. Pela dificuldade em desenvolver um trabalho científico sobre a matéria, o autor se manifesta: Tal é a razão pela qual sempre distinguimos estas duas coisas, denominado "hipótese de incidência" ao conceito legal (descrição legal, hipotética, de um fato, estado de fato ou conjunto de circunstâncias de fato) e o "fato imponível" ao fato efetivamente acontecido, num determinado tempo e lugar, configurando rigorosamente a hipótese de incidência. A hipótese de incidência é a descrição genérica e abstrata de um fato, um mero desenho contido num ato legislativo, já o fato imponível é a incidência do mandamento que, ao determinar que alguém pague algo ao estado, cria um laço obrigacional ligando esse alguém ao estado. A hipótese de incidência é una e indivisível, pois somente pode operar com a presença de todos os seus termos, associados ao mandamento pague. (ATALIBA, Geraldo Ataliba. *Hipótese de Incidência Tributária*. 6ª ed. São Paulo: Malheiros, 2009. p. 51-71).

15 GOMES, Orlando. Natureza jurídica da relação de previdência social. In: GOMES, Orlando. *Escritos Menores*. São Paulo: Saraiva, 1981. p. 223-224.

da pessoa protegida cujo objeto são as prestações previdenciárias perante a entidade previdenciária. A obrigação desta última de efetivar a tutela previdenciária não concerne somente ao Estado e à comunidade protegida, mas também ao sujeito frente ao qual sucedeu o acontecimento danoso.[16]

Sob essa ótica, cabe ao segurado comunicar a ocorrência do fato gerador da contraprestação estatal para que consiga usufruir do benefício previdenciário. Realiza-se tal procedimento por meio de um requerimento administrativo que analisará a implementação dos requisitos do benefício pleiteado.

Portanto, para a concessão do benefício na esfera administrativa ou judicial, é necessária a precisa definição da hipótese de incidência previdenciária para que não haja dúvidas quanto ao momento da subsunção dos fatos às normas e, consequentemente, não crie uma instabilidade jurídica sobre a função social de cada benefício.

4.2. Os tributos como fonte de custeio da Seguridade Social

Tanto o CTN quanto a CF/88 preveem certas figuras tributárias. O art. 5o do CTN dispõe que "os tributos são impostos, taxas e contribuições de melhoria". Já a CF/88, estipula em seu art. 145 o seguinte:

> **Art. 145.** *A União, os Estados, o Distrito Federal e os Municípios poderão instituir os seguintes tributos:*
> *I - impostos;*
> *II - taxas, em razão do exercício do poder de polícia ou pela utilização, efetiva ou potencial, de serviços públicos específicos e divisíveis, prestados ao contribuinte ou postos a sua disposição;*
> *III - contribuição de melhoria, decorrente de obras públicas.*

Importante destacar que o CTN traz ainda uma quarta espécie tributária - o empréstimo compulsório - estabelecendo em seu art. 15 que "*somente a União, nos seguintes casos excepcionais, pode instituir empréstimos compulsórios*". Esta figura tributária

16 PERSIANI, Mattia. *Direito da previdência social.* São Paulo: Quartier Latin, 2009. p. 162-165.

igualmente foi prevista pela CF/88 que no art. 148, dispõe que "*a União, mediante lei complementar, poderá instituir empréstimos compulsórios*".

Existe ainda, uma quinta espécie tributária - as contribuições especiais - é prevista tanto pelo CTN (quando em seu art. 217 estabeleceu que as disposições daquela lei não excluem a incidência e a exigibilidade de algumas contribuições que enumera em seus incisos), quanto pela CF, em seu art. 149:

> **Art. 149.** *Compete exclusivamente à União instituir contribuições sociais, de intervenção no domínio econômico e de interesse das categorias profissionais ou econômicas, como instrumento de sua atuação nas respectivas áreas, observado o disposto nos arts. 146, III, e 150, I e III, e sem prejuízo do previsto no art. 195, § 6o, relativamente às contribuições a que alude o dispositivo.*

Pela leitura dos dispositivos legais, vemos que o sistema tributário trazido pela CF/88 prevê cinco figuras tributárias - os impostos, as taxas, a contribuição de melhoria, o empréstimo compulsório e as contribuições especiais. No entanto, conforme veremos a seguir, a doutrina não é unânime em considerar todas estas figuras como espécies autônomas de tributos. No caso das contribuições para o financiamento do sistema de seguridade social, estas estão inseridas com uma subespécie tributária das Contribuições Especiais. Vejamos.

Cumpre ressaltar que alguns autores, mesmo após a promulgação da CF/88, não consideram as contribuições como uma espécie de tributo. A razão para fundamentar tal posição é que o art. 145 da CF/88 não elenca as contribuições como uma espécie de tributo. Além do mais, a previsão do art. 149 da CF/88 imporia às contribuições o mesmo regime jurídico dos tributos (assim, se fosse uma espécie de tributo, não haveria a necessidade de prescrever o mesmo regime jurídico).[17]

---

17 LUKIC, Melina de Sousa Rocha. *Tributos em Espécie*. Disponível em: <https://direitorio.fgv.br/sites/direitorio.fgv.br/files/u1882/tributos_em_espécie _2017-1.pdf >. Acesso em: 15 ago. 2018.

A posição majoritária, no entanto, é no sentido de considerar as contribuições como uma espécie de tributo. Neste sentido, Paulo Ayres Barreto afirma que "*as contribuições têm natureza tributária por se amoldarem ao conceito de tributo. Não é sua submissão ao regime tributário que lhe confere tal natureza. (...) é a sua natureza que define o regime jurídico ao qual deva ser submetida*".[18]

Segundo o art. 149 da CF, a outorga de competência à União para instituição de contribuições subordina-se à efetiva atuação da União em determinada finalidade – recursos advindos de contribuições devem, obrigatoriamente, ser aplicados na finalidade que motivou a instituição do tributo, sempre como instrumento de atuação da União.[19]

Assim, a contribuição especial, ao lado dos empréstimos compulsórios, é um tributo marcado por sua destinação, visto que seu respectivo ingresso é obrigatoriamente direcionado para o financiamento da atuação do Estado em determinado setor (social ou econômico), como, por exemplo, a seguridade social; a educação; a intervenção do estado no domínio econômico, os interesses das categorias profissionais etc.

E é justamente a finalidade para a qual será destinada a arrecadação que determinará a espécie de contribuição especial. Assim, pela leitura do art. 149 da CF/88, as contribuições podem ser divididas em: a) contribuições sociais, b) contribuições de intervenção no domínio econômico, mais conhecidas como CIDE e c) contribuições de interesse das categorias profissionais ou econômicas. Ressalta-se que a competência para a instituição destas contribuições é exclusiva da União. [20]

---

18 BARRETO, Paulo Ayres. *Contribuições – Regime Jurídico, Destinação e Controle*. São Paulo: Noeses, 2006, p.95.

19 BARRETO, Paulo Ayres. *Contribuições – Regime Jurídico, Destinação e Controle*. São Paulo: Noeses, 2006, p. 156.

20 Além destas três espécies de contribuições especiais, a EC nº 39/02 acrescentou uma quarta ao texto constitucional. Trata-se da Contribuição para o Custeio do Serviço de Iluminação Pública (COSIP), de competência dos Municípios e do Distrito Federal:
Art. 149-A Os Municípios e o Distrito Federal poderão instituir contribuição, na forma das respectivas leis, para o custeio do serviço de iluminação pública, observado o disposto no art. 150, I e III.

Importante frisar quer o Supremo Tribunal Federal, no julgamento do Recurso Extraordinário no 138.284/CE[21], definiu alguns pontos cruciais à disciplina das contribuições, dentre os quais a natureza tributária da contribuição social, destacando-se, no voto do ministro relator, que o artigo 149 da Constituição Federal instituiu três tipos de contribuições: a) contribuições sociais, b) de intervenção, c) corporativas (contribuições de interesse das categorias profissionais ou econômicas).

Segundo este entendimento, portanto, as contribuições sociais se subdividem em (i) contribuições sociais da seguridade social e (ii) contribuições sociais gerais.[22]

As contribuições sociais são tributos de competência da União destinados a financiar a atividade estatal na área social.[23]

As primeiras - destinadas ao financiamento da seguridade social - estão previstas no art. 195, da CF e *"são destinadas a garantir a manutenção ou expansão da seguridade social"*.[24]

Parágrafo único. É facultada a cobrança da contribuição a que se refere o caput, na fatura de consumo de energia elétrica.

21 STF, Pleno, RE n° 138.284/CE, Rel. Min. Carlos Velloso, RTJ 143/313, k. 1/7/92

22 As contribuições sociais da seguridade social, com previsão constitucional no art. 195 da CRFB/88 e artigo 74 do Ato das Disposições Constitucionais Transitórias, são submetidas ao princípio da anterioridade nonagesimal (art. 195, § 6°, CF/88), podendo ser instituída mediante a edição de lei ordinária.

23 O § 1° do art. 149, com a redação dada pela EC n° 41/03, porém, trouxe uma exceção à competência exclusiva da União para a instituição das contribuições sociais. Tal dispositivo dispõe que os Estados, Distrito Federal e os Municípios poderão instituir contribuição para o custeio do regime previdenciário de seus servidores: Os Estados, o Distrito Federal e os Municípios instituirão contribuição, cobrada de seus servidores, para o custeio, em benefício destes, do regime previdenciário de que trata o art. 40, cuja alíquota não será inferior à da contribuição dos servidores titulares de cargos efetivos da União.

24 Artigo 167, XI da CF. São vedados:
XI - a utilização dos recursos provenientes das contribuições sociais de que trata o art. 195, I, a, e II, para a realização de despesas distintas do pagamento de benefícios do regime geral de previdência social de que trata o art. 201.

Já as contribuições sociais gerais destinam-se "ao financiamento das de- mais áreas de atuação da União no campo social", tal como saúde, educação, cultura, habitação, etc., e não tem seus fatos geradores previstos pela Constituição. Exemplos de contribuição social geral são: o salário educação, previsto no art. 212, § 5o, da CRFB/88, as contribuições destinadas às entidades privadas de serviço social e de formação profissional vinculadas ao sistema sindical (SESC, SENAI, SENAC), conforme dispõe o artigo 240 da Constituição da República e a extinta CPMF (Contribuição Provisória sobre Movimentações Financeiras) que teve como fundamento para sua criação o financiamento da saúde pública no país.[25]

4.3. Imunidades

No âmbito da seguridade social, existem três imunidades: a) imunidade sobre aposentadoria e pensão concedidas pelo Regime Geral de Previdência Social (art. 195, II, da CF/88); b) imunidade sobre receitas decorrentes de exportação (art. 149, § 2º, II, da CF/88); c) imunidade das entidades beneficentes de assistência social (art. 195, § 7º, da CF/88).[26]

a) Imunidade sobre aposentadoria e pensão concedidas pelo Regime Geral de Previdência Social.

Art. 195. *A seguridade social será financiada por toda a sociedade, de forma direta e indireta, nos termos da lei, mediante recursos provenientes dos orçamentos da União, dos Estados, do Distrito Federal e dos Municípios, e das seguintes contribuições sociais:*
II – do trabalhador e dos demais segurados da previdência social, podendo ser adotadas alíquotas progressivas de acordo com o valor do salário de contribuição, não incidindo contribuição sobre aposentadoria e pensão concedidas pelo Regime Geral de Previdência Social;

---

25 LUKIC, Melina de Sousa Rocha. *Tributos em Espécie.* Disponível em: <https://direitorio.fgv.br/sites/direitorio.fgv.br/files/u1882/tributos_em_espécie _2017-1.pdf >. Acesso em: 15 ago. 2018.

26 STUDART, André. *Imunidade na Seguridade Social.* Disponível em: <https://andrestudart.jusbrasil.com.br/artigos/121933571/imunidades-na-seguridade-social> Acesso em: 20 de ago. de 18.

Sobre essa imunidade, três aspectos devem ser ressaltados:

1º) A imunidade só incide sobre as aposentadorias e pensões do Regime Geral de Previdência Social, regime que é administrado pelo INSS. Assim, a contribuição do inativo e do pensionista, que tanto se comenta, só se aplica no âmbito dos regimes próprios de previdência (dedicados aos servidores públicos titulares de cargos efetivos – art. 40, §§ 18 e 21, CF).

2º) Não obstante a CF/88 limite o alcance da imunidade para as aposentadoria e pensões, é importante salientar que a imensa maioria dos benefícios previdenciários não sofre a incidência de contribuição. Na verdade, o único benefício tributado é o salário-maternidade.[27]

3º) A imunidade incide sobre o benefício, e não sobre o beneficiário. Portanto, o aposentado que volta ou que continua exercendo atividade remunerada deve contribuir. Evidentemente, essa contribuição não incidirá sobre o benefício (por força da imunidade), mas sim sobre os rendimentos do trabalho.[28]

b) Imunidade sobre as receitas decorrentes de exportação

> **Art. 149.** *(...) § 2º As contribuições sociais e de intervenção no domínio econômico de que trata o caput deste artigo:*
> *I – não incidirão sobre as receitas decorrentes de exportação; (Incluído pela Emenda Constitucional nº 33, de 2001)*

Uma das contribuições para a seguridade social incide sobre a receita ou faturamento (art. 195, I, b). Dessa maneira, em virtude da imunidade em comento, sempre que a receita decorrer de exportação, não haverá a incidência da contribuição prevista no

27 RE 576967 – Inclusão do salário-maternidade na base de cálculo da Contribuição Previdenciária incidente sobre a remuneração.

28 art. 12, §4º da Lei nº 8.212/91. O aposentado pelo Regime Geral de Previdência Social-RGPS que estiver exercendo ou que voltar a exercer atividade abrangida por este Regime é segurado obrigatório em relação a essa atividade, ficando sujeito às contribuições de que trata esta Lei, para fins de custeio da Seguridade Social.

art. 195, I, b, da CF/88. O objetivo da regra é óbvio: fomentar as exportações.

c) Imunidade das entidades beneficentes de assistência social

Art. 195. *(...)*
§ 7º – São isentas de contribuição para a seguridade social as entidades beneficentes de assistência social que atendam às exigências estabelecidas em lei.

As entidades beneficentes de assistência social são aquelas que não possuem finalidade lucrativa. Contudo, não se deve confundir ausência de fim lucrativo com proibição de obtenção de superávit financeiro. Toda entidade que se pretenda viável e pense em crescimento deve se esforçar para que suas receitas superem suas despesas. O que não pode acontecer, sob pena de configuração de finalidade lucrativa, é a distribuição de excedentes entre os sócios, diretores, gerentes ou quaisquer outras pessoas.

As entidades beneficentes, apesar de imunes, devem cumprir com as suas obrigações acessórias, o que lhe é dispensado é o pagamento do tributo em decorrência de um recorte constitucional da competência tributária em sede constitucional.

As obrigações acessórias ou deveres instrumentais, deveram ser cumpridos até porque, a Lei tributária (CTN) exige em seu artigo 14, exigem alguns requisitos para que se possa gozar de imunidade, são eles:

Art. 14. *O disposto na alínea c do inciso IV do artigo 9º é subordinado à observância dos seguintes requisitos pelas entidades nele referidas:*
I – não distribuírem qualquer parcela de seu patrimônio ou de suas rendas, a qualquer título;
II – aplicarem integralmente, no País, os seus recursos na manutenção dos seus objetivos institucionais;
III – manterem escrituração de suas receitas e despesas em livros revestidos de formalidades capazes de assegurar sua exatidão.

Caso a entidade deixe de cumprir com qualquer dos requisitos, a entidade competente pode suspender a aplicação do benefícios, conforme previsto no próprio art. 14, § 1º do CTN.

Outro ponto importante trata do enquadramento das entidades fechadas de previdência complementar dentro do conceito de entidade assistencial sem fins lucrativos.

O primeiro aspecto a ser destacado é que os planos de previdência privada aberta – aqueles que qualquer pessoa pode contratar junto a uma instituição financeira – indiscutivelmente possuem finalidade lucrativa, não estando protegidos por imunidade.

A dúvida aparece no que concerne àquelas instituições costumeiramente denominadas de "fundos de pensão". São instituições cujos beneficiários são parte de um grupo determinado de pessoas, normalmente os empregados de uma certa empresa ou de um conjunto de empresas.[29]

O objetivo da instituição é complementar os proventos da aposentadoria que o regime geral de previdência social pagará aos beneficiários do sistema, quando inativados. Tais entidades fechadas de previdência privada não têm fins lucrativos e, em sua maioria, conseguem cumprir os requisitos estipulados no já mencionado art. 14 do Código Tributário Nacional.

Além disso, a previdência social e assistência social são, no entender do legislador constituinte, coisas distintas, cujo ponto de confluência é o fato de fizerem parte de um sistema maior, o de seguridade social.

Se o legislador vê como realidades distintas assistência e previdência, deve-se entender que há relevância no fato de o art. 150, VI, c, da Magna Carta ter imunizado expressamente as entidades de assistência social, sem fazer qualquer referência às entidades de previdência social ou ao termo mais genérico "seguridade social".

Assim, seguindo à risca o dispositivo constitucional, o STF entende que a imunidade só abrange as entidades de assistência social, e não as previdenciárias. As entidades fechadas de previdência privada são mantidas com contribuições. Normalmente são vertidas ao sistema contribuições de dois grupos de pessoas:

---

29 ALEXANDRE, Ricardo. *Direito Tributário*. 11ª ed. Salvador: Jus Podivum, 2017. p. 227-229.

a) o patrocinador, que é a entidade ou grupo de entidades cujos empregados podem se filiar ao sistema (como exemplo, o Banco do Brasil é o patrocinador da Previ, o "fundo de pensão" dos empregados do Banco);
b) os beneficiários do sistema (no exemplo citado, os empregados do Banco do Brasil).

Nesses casos, se percebe nitidamente o caráter contributivo e, portanto, previdenciário (não assistencial) do sistema. Não há que se falar em imunidade.[30]

4.4. Contribuição previdenciária dos trabalhadores e demais segurados

Como já mencionado no artigo 195 da CF, a "*A seguridade social será financiada por toda a sociedade, de forma direta e indireta, nos termos da lei, mediante recursos provenientes dos orçamentos da União, dos Estados, do Distrito Federal e dos Municípios, e das seguintes contribuições sociais*". Dessa forma, inspiradas no princípio da tríplice forma de custeio, as receitas para o custeio da Seguridade Social advêm de contribuição dos trabalhadores, das empresas e do Estado.

A União é a responsável pela cobertura de eventuais insuficiências financeiras da Seguridade Social, quando decorrentes do

30 No entanto, existem alguns casos raros de entidades fechadas de previdência privada que constituem um verdadeiro presente do empregador (patrocinador) ao empregado (beneficiário), pois só aquele verte contribuições ao sistema. Como o filiado não precisa contribuir para receber os futuros benefícios, o Supremo Tribunal Federal considera que o caráter do sistema é assistencial e a entidade é imune. Um raro exemplo dessa segunda situação é a COMSHELL – Sociedade de Previdência Privada, fundo de pensão dos empregados da Shell Brasil e da ICOLUB (fábrica de lubrificantes da empresa). A entidade foi considerada imune nos autos do RE 259.756.
O entendimento histórico do STF deu ensejo à edição da Sumula 730, cujo teor é abaixo transcrito: Súmula 730 – "A imunidade tributária conferida a instituições de assistência social sem fins lucrativos pelo art. 150, VI, *e*, da Constituição, somente alcança as entidades fechadas de previdência social privada se não houver contribuição dos beneficiários".

pagamento de benefícios de prestação continuada da Previdência Social, na forma da Lei Orçamentária Anual.[31]

As contribuições dos segurados incidirão sobre o salário de contribuição, exceto o segurado especial que incide sobre a receita decorrente da comercialização dos seus produtos. No entanto existem parcelas que não serão objeto de incidência tributária, como o caso das aposentadorias e pensões dos segurados do RGPS.

4.4.1. Segurado empregado, trabalhador avulso e empregado doméstico

As alíquotas são fixadas entre 7,5% e 14%[32], no entanto, o valor do salário de contribuição (base de cálculo) vai variar entre o valor de um salário mínimo e o teto do valor de benefício da previdência.[33]

As contribuições previdenciárias referentes a essas categorias serão pagas na forma de substituição tributária. As empresas irão reter as contribuições e irão repassar aos cofres públicos (Receita Federal) na forma do artigo 30, I e V da Lei nº 8.212/91.

No caso dos segurados empregados e dos trabalhadores avulsos, terão qualquer prejuízo na concessão dos benefícios previdenciários nem poderão ser posteriormente cobrados pela União, caso a empresa não repasse ao fisco as contribuições previdenciárias dos referidos trabalhadores, mesmo que não tenham sido descontadas, bastando aos segurados comprovar o vínculo laboral e o valor da remuneração recebida.

Sobre o assunto, a Súmula 18 do CRPS indica, "*Não se indefere benefício sob fundamento de falta de recolhimento de contribuição previdenciária quando esta obrigação for devida pelo empregador*".

Dessa forma, ao segurado empregado, inclusive o doméstico, e ao trabalhador avulso que tenham cumprido todas as condições para a concessão do benefício pleiteado, mas não possam com-

31 Art. 16 da Lei nº 8.212/91

32 No caso do servidor público federal as alíquotas irão variar entre 7,5% e 22%.

33 No ano de 2020 as faixas que compõe a tabela de contribuição são as seguinte: Até R$ 1/039,00 - 7,5%; de R$ 1.039,01 até R $ 2.089,60 - 9%; de R$ 2.089,61 até R$ 3.134,40 - 12%.e de R$ 3.134,41 até R$ 6.101,06 - 14%.

provar o valor de seus salários de contribuição no período básico de cálculo, será concedido o benefício de valor mínimo, devendo esta renda ser recalculada quando da apresentação de prova dos salários de contribuição.

No caso dos empregados domésticos, que não gozavam do benefício da presunção absoluta, passaram a serem incluídos nesse benefício com o advento da Lei Complementar 150/2015 com a modificação do artigo 35 da Lei nº 8.213/91.

Para o segurado empregado e trabalhador avulso – dia 20 do mês subsequente (se não for dia útil, o imediatamente anterior) – Lei nº 11.933/2009.

Para o empregado doméstico – dia 07 do mês subsequente (se não for dia útil, o imediatamente anterior) – LC 150/2015.

Importante destacar que o cálculo da contribuição dos empregados, avulsos e domésticos, será definido pela aplicação da respectiva alíquota por faixa. Pra melhor compreender vamos a um exemplo:

CASO 1 – SALÁRIO DE R$ 1.045,00

Contribuição sobre primeira faixa: R$ 1.045,00 x 7,5%
Total da contribuição: R$ 78,38
Alíquota efetiva: 7,5%

CASO 2 – SALÁRIO DE R$ 1.500,00

Contribuição sobre a primeira faixa: R$ 1.045,00 x 7,5%
Contribuição: R$ 78,38
Contribuição sobre a segunda faixa: R$ 455,00 x 9%
Contribuição: 40,95
Total da contribuição: 119,33
Alíquota efetiva: 7,96 %

CASO 3 – SALÁRIO DE R$ 2.500,00

Contribuição sobre a primeira faixa: R$ 1.045,00 x 7,5%
Contribuição: R$ 78,38
Contribuição sobre a segunda faixa: R$ 1.044,60 x 9%
Contribuição: 94,01
Contribuição sobre a terceira faixa: R$ 410,40 x 12%
Contribuição: 49,25
Total da contribuição: R$ 221,64
Alíquota efetiva: 8,87 %

Caso 4 – Salário de R$ 3.500,00

Contribuição sobre a primeira faixa: R$ 1.045,00 x 7,5%
Contribuição: R$ 78,38
Contribuição sobre a segunda faixa: R$ 1.044,60 x 9%
Contribuição: 94,01
Contribuição sobre a terceira faixa: R$ 1.044,79 x 12%
Contribuição: 125,37
Contribuição sobre a quarta faixa: R$ 365,60 x 14%
Contribuição: 51,18
Total da contribuição: R$ 348,94
Alíquota efetiva: 9,97 %

Caso 5 – Salário de R$ 6.500,00

Contribuição sobre a primeira faixa: R$ 1.045,00 x 7,5%
Contribuição: R$ 78,38
Contribuição sobre a segunda faixa: R$ 1.044,60 x 9%
Contribuição: 94,01
Contribuição sobre a terceira faixa: R$ 1.044,79 x 12%
Contribuição: 125,37
Contribuição sobre a quarta faixa: R$ 2.966,65 x 14%
Contribuição: 415,33
Total da contribuição: R$ 713,09
Alíquota efetiva: 11,69 %

Com relação ao segurado empregado, domestico ou avulso possuir mais de um vínculo empregatício que ultrapasse o teto do salário de contribuição, o mesmo deve proceder na forma estipulada no artigo 64 na IN RFB 971.

Instrução Normativa RFB 971/2009

Art. 64. *O segurado empregado, inclusive o doméstico, que possuir mais de 1 (um) vínculo, deverá comunicar a todos os seus empregadores, mensalmente, a remuneração recebida até o limite máximo do salário-de-contribuição, envolvendo todos os vínculos, a fim de que o empregador possa apurar corretamente o salário-de-contribuição sobre o qual deverá incidir a contribuição social previdenciária do segurado, bem como a alíquota a ser aplicada.*

§ 1º Para o cumprimento do disposto neste artigo, o segurado deverá apresentar os comprovantes de pagamento das remunerações como segurado empregado, inclusive o doméstico, relativos à competência

anterior à da prestação de serviços, ou declaração, sob as penas da lei, de que é segurado empregado, inclusive o doméstico, consignando o valor sobre o qual é descontada a contribuição naquela atividade ou que a remuneração recebida atingiu o limite máximo do salário-de-contribuição, identificando o nome empresarial da empresa ou empresas, com o número do CNPJ, ou o empregador doméstico que efetuou ou efetuará o desconto sobre o valor por ele declarado.

§ 2º Quando o segurado empregado receber mensalmente remuneração igual ou superior ao limite máximo do salário-de-contribuição, a declaração prevista no § 1º poderá abranger várias competências dentro do exercício, devendo ser renovada, após o período indicado na referida declaração ou ao término do exercício em curso, ou ser cancelada, caso haja rescisão do contrato de trabalho, o que ocorrer primeiro.

Os cálculos do INSS também têm alterações para os trabalhadores múltiplos vínculos, ou seja, com mais de um contrato de trabalho. Isso mesmo, o art. 28 da Emenda Constitucional nº 103, de 12/11/2019, trouxe novas alíquotas para as contribuições previdenciárias dos segurados empregados, empregados domésticos e trabalhadores avulsos do Regime Geral da Previdência Social – RGPS.

Como o salário de contribuição do segurado é a soma de todos os valores recebidos no mês, caso o segurado trabalhe para mais de um empregador/contratante, seu salário de contribuição será a soma do que receber em cada um deles. Se o segurado empregado, inclusive o doméstico e o trabalhador avulso prestar serviços a mais de um empregador/órgão público, ele deve comunicar a todos eles os valores das remunerações recebidas e das contribuições previdenciárias descontadas.

4.4.2. Segurado Contribuinte Individual e Facultativo

Em regra, a alíquota da contribuição previdenciária foi fixada em 20% sobre o salário de contribuição, e a data de pagamento da contribuição será no dia 20 do mês subsequente, no caso de feriado, no dia útil posterior.

Caso o serviço do Contribuinte Individual seja prestado para uma Pessoa Jurídica, a alíquota será de 11% (Lei 9.876/99) pois nesse caso existirá contribuição previdenciária por parte da empresa.[34] Nesse caso, por força da Lei nº 10.666/03, as contribuições deverão ser recolhidas por parte da empresa na forma de retenção (substituição tributária). Caso em que o Contribuinte individual gozará de presunção absoluta. Art. 33, §5º da Lei nº 8.212/91.

Aqui cabe uma consideração a respeito do aumento da alíquota nos casos em que o contribuinte individual presta serviços para uma pessoa jurídica que goze de imunidade (entidades beneficentes).

No caso exposto, por não haver contribuições patronais, a alíquota passará de 11% para 20%, onerando a o valor da contribuição do segurado contribuinte individual e ferindo assim o princípio da isonomia.

4.4.2.1. Plano simplificado de Previdência Social

O Plano Simplificado é uma forma de inclusão previdenciária com percentual de contribuição reduzido de 20% para 11%, desde que o valor pago seja igual à alíquota multiplicada pelo valor do salário mínimo vigente.

A implementação deste plano se deu a partir da publicação da Lei Complementar nº 123/2006, com efeitos a partir de abril/2007 (Decreto nº 6.042/2007).

Este plano se aplica exclusivamente à categoria de Contribuinte Individual, que trabalha por conta própria e não seja prestador de serviço à empresa ou equiparada e também ao Facultativo, que é aquele que não exerce atividade.

As contribuições do Plano Simplificado são válidas para todos os benefícios previdenciários, exceto: Aposentadoria por Tempo de Contribuição e Certidão de Tempo de Contribuição – CTC (expedida somente para servidores públicos concursados, efetivos, que estejam vinculados a Regime Próprio de Previdência

---

34 Caso o serviço seja prestado para uma pessoa jurídica – Entidade de Assistência Social – por não haver contribuição patronal, a alíquota da prestação de serviço será de 20%.
Existem julgados contrários a esse aumento de 11% para 20%, sob a alegação de que não poderia o trabalhador arcar com o ônus da imunidade concedida às entidades assistenciais.

Social - RPPS da União, dos Estados, do Distrito Federal ou dos Municípios).

Se após o recolhimento no plano simplificado, houver interesse de contar esse tempo de contribuição para um dos casos acima, deverá ser feita a complementação da contribuição mensal, mediante o recolhimento de mais 9% sobre o valor do salário mínimo que serviu de base para o recolhimento, acrescido de juros moratórios. O cálculo desta diferença e a geração da guia para pagamento somente será possível em uma das Agências da Previdência Social.

O Contribuinte Individual e o Facultativo que pagam o INSS através do Plano normal de contribuição (alíquota de 20%) poderão, a qualquer momento, optar pelo pagamento neste Plano simplificado (alíquota de 11%), bastando alterar o código de pagamento no momento de preencher a Guia da Previdência Social - GPS.

A mesma situação se aplica ao que estiver recolhendo neste plano simplificado e quiser voltar para o Plano normal.

4.4.2.2. Facultativo de baixa renda (dona de casa)

Facultativo de baixa renda é uma forma de contribuição ao INSS com o valor reduzido de 5% sobre salário-mínimo. Essa modalidade é exclusiva para homem ou mulher de famílias de baixa renda e que se dedique exclusivamente ao trabalho doméstico no âmbito da sua residência (dono de casa) e não tenha renda própria.

Os requisitos são:

- Não possuir renda própria de nenhum tipo (incluindo aluguel, pensão alimentícia, pensão por morte, entre outros valores);
- Não exercer atividade remunerada e dedicar-se apenas ao trabalho doméstico, na própria residência;
- Possuir renda familiar de até dois salários mínimos. Bolsa família não entra para o cálculo;
- Estar inscrito no Cadastro Único para Programas Sociais (CadÚnico), com situação atualizada nos últimos dois anos. A inscrição é feita junto ao Centro de Referência e Assistência Social (CRAS) do município.

As contribuições válidas realizadas sobre 5% do salário mínimo podem ser utilizadas para os seguintes benefícios:

- Aposentadoria por idade
- Aposentadoria por invalidez
- Auxílio-doença
- Auxílio-acidente
- Auxílio-reclusão
- Salário-maternidade

Se mais tarde você decidir usar suas contribuições como facultativo de baixa renda para obter os benefícios de Aposentadoria por Tempo de Contribuição e Certidão de tempo de contribuição - CTC, precisará pagar a diferença corrigida entre 5% e 20% (alíquota total).

4.4.2.3. MEI – Microempreendedor Individual

O Microempreendedor Individual (MEI) é a pessoa que trabalha por conta própria e que se legaliza como pequeno empresário. Nessa condição, ele poderá pagar o INSS com base em uma alíquota reduzida a 5%. Essa possibilidade foi implementada a partir da publicação da Lei nº 12.470/2011.

Para ser um MEI, é necessário faturar no máximo até R$ 60 mil por ano, não ter participação em outra empresa como sócio ou titular e ter no máximo um empregado contratado que receba o salário mínimo ou o piso da categoria.

O MEI pertence à categoria de Contribuinte Individual do INSS, porém a forma de pagamento será através de guia DAS-MEI gerada no próprio Portal do Empreendedor.

Na guia gerada, o valor total a ser pago já incluirá a alíquota de 5% sobre o salário mínimo vigente que será destinado para o INSS e os demais valores que serão destinados ao Estado e ao município.

As contribuições como MEI, são válidas para todos os benefícios previdenciários, exceto para obter a Aposentadoria por Tempo de Contribuição.

Este trabalhador também não pode obter a Certidão de Tempo de Contribuição (CTC), documento que é expedido somente para servidores públicos concursados, efetivos, que estejam vinculados a Regime Próprio de Previdência Social (RPPS) da União, dos Estados, do Distrito Federal ou dos Municípios.

Se após o recolhimento como MEI, houver interesse de contar esse tempo de contribuição para um dos casos acima, deverá ser feita a complementação da contribuição mensal, mediante o recolhimento de mais 15% sobre o valor do salário mínimo que serviu de base para o recolhimento, acrescido de juros moratórios.

O cálculo dessa diferença e a geração da guia para pagamento somente será possível em uma das Agências da Previdência Social.

4.4.4. Segurado Especial

A contribuição do Segurado Especial é diferenciada por força do Art. 195, §8º da CF e regulamentada pelo Art. 25 da Lei nº 8.212/91. A alíquota é de 2,1% sobre a o valor da comercialização dos seus produtos e o adquirente é responsável pelo recolhimento, salvo se for para o exterior, varejo, produtor rural PF ou a outro SE.

Poderá o SE contribuir como CI, sem perder o enquadramento, caso queira receber mais de um salário mínimo. Art. 25, §1º, da Lei nº 8.212/91.

Com relação ao segurado Contribuinte Individual possuir mais de um vínculo ou exercer atividade concomitante como empregado que ultrapasse o teto do salário de contribuição, o mesmo deve proceder na forma estipulada no artigo 67 e 68 na IN RFB 971.

> **Art. 67.** *O contribuinte individual que prestar serviços a mais de uma empresa ou, concomitantemente, exercer atividade como segurado empregado, empregado doméstico ou trabalhador avulso, quando o total das remunerações recebidas no mês for superior ao limite máximo do salário-de-contribuição deverá, para efeito de controle do limite, informar o fato à empresa em que isto ocorrer, mediante a apresentação:*
> *I – do comprovante de pagamento ou declaração previstos no § 1º do art. 64, quando for o caso;*
> *II – do comprovante de pagamento previsto no inciso V do art. 47, quando for o caso.*
> *§ 1º O contribuinte individual que no mês teve contribuição descontada sobre o limite máximo do salário-de-contribuição, em uma ou mais empresas, deverá comprovar o fato às demais para as quais prestar serviços, mediante apresentação de um dos documentos previstos nos incisos I e II do caput.*
> *§ 2º Quando a prestação de serviços ocorrer de forma regular a pelo menos uma empresa, da qual o segurado como contribuinte individual,*

empregado ou trabalhador avulso receba, mês a mês, remuneração igual ou superior ao limite máximo do salário-de-contribuição, a declaração prevista no inciso I do caput, poderá abranger um período dentro do exercício, desde que identificadas todas as competências a que se referir, e, quando for o caso, daquela ou daquelas empresas que efetuarão o desconto até o limite máximo do salário-de-contribuição, devendo a referida declaração ser renovada ao término do período nela indicado ou ao término do exercício em curso, o que ocorrer primeiro.

§ 3º O segurado contribuinte individual é responsável pela declaração prestada na forma do inciso I do caput e, na hipótese de, por qualquer razão, deixar de receber a remuneração declarada ou receber remuneração inferior à informada na declaração, deverá recolher a contribuição incidente sobre a soma das remunerações recebidas das outras empresas sobre as quais não houve o desconto em face da declaração por ele prestada, observados os limites mínimo e máximo do salário-de-contribuição e as alíquotas definidas no art. 65.

§ 4º A contribuição complementar prevista no § 3º, observadas as disposições do art. 65, será de:

I – 11% (onze por cento) sobre a diferença entre o salário-de-contribuição efetivamente declarado em GFIP, somadas todas as fontes pagadoras no mês, e o salário-de-contribuição sobre o qual o segurado sofreu desconto; ou

II – 20% (vinte por cento) quando a diferença de remuneração provém de serviços prestados a outras fontes pagadoras que não contribuem com a cota patronal, por dispensa legal ou por isenção.

§ 5º O contribuinte individual deverá manter sob sua guarda cópia das declarações que emitir na forma prevista neste artigo juntamente com os comprovantes de pagamento, para fins de apresentação ao INSS ou à RFB, quando solicitado.

§ 6º A empresa deverá manter arquivadas, à disposição da RFB, pelo prazo decadencial previsto na legislação tributária, cópias dos comprovantes de pagamento ou a declaração apresentada pelo contribuinte individual, para fins de apresentação ao INSS ou à RFB, quando solicitado.

Art. 68. *O contribuinte individual que, no mesmo mês, prestar serviços a empresa ou a equiparado e, concomitantemente, exercer atividade por conta própria, deverá recolher a contribuição social previdenciária incidente sobre a remuneração auferida pelo exercício de atividade por conta própria, respeitando o limite máximo do salário-de-contribuição.*

4.5. Contribuição previdenciária das empresas e equiparados a empresa

O artigo 15, da Lei nº 8.212/91, define que Art. 15. Considera-se:

> **Art. 15.** *Considera-se:*
> *I – empresa – a firma individual ou sociedade que assume o risco de atividade econômica urbana ou rural, com fins lucrativos ou não, bem como os órgãos e entidades da administração pública direta, indireta e fundacional;*
> *II – empregador doméstico – a pessoa ou família que admite a seu serviço, sem finalidade lucrativa, empregado doméstico.*
> *Parágrafo único. Equiparam-se a empresa, para os efeitos desta Lei, o contribuinte individual e a pessoa física na condição de proprietário ou dono de obra de construção civil, em relação a segurado que lhe presta serviço, bem como a cooperativa, a associação ou a entidade de qualquer natureza ou finalidade, a missão diplomática e a repartição consular de carreira estrangeiras.*

4.5.1. Incidentes sobre a remuneração de empregados e avulsos

A composição da alíquota das contribuições sore a remuneração dos empregados e avulsos é composta da seguinte forma – Lei nº 8.212/91:

> *Alíquota Base*
>
> **Art. 22.** *A contribuição a cargo da empresa, destinada à Seguridade Social, além do disposto no art. 23, é de:*
> *I – vinte por cento sobre o total das remunerações pagas, devidas ou creditadas a qualquer título, durante o mês, aos segurados empregados e trabalhadores avulsos que lhe prestem serviços, destinadas a retribuir o trabalho, qualquer que seja a sua forma, inclusive as gorjetas, os ganhos habituais sob a forma de utilidades e os adiantamentos decorrentes de reajuste salarial, quer pelos serviços efetivamente prestados, quer pelo tempo à disposição do empregador ou tomador de serviços, nos termos da lei ou do contrato ou, ainda, de convenção ou acordo coletivo de trabalho ou sentença normativa.*

\+

§ 1º No caso de bancos comerciais, bancos de investimentos, bancos de desenvolvimento, caixas econômicas, sociedades de crédito, financiamento e investimento, sociedades de crédito imobiliário, sociedades corretoras, distribuidoras de títulos e valores mobiliários, empresas de arrendamento mercantil, cooperativas de crédito, empresas de seguros privados e de capitalização, agentes autônomos de seguros privados e de crédito e entidades de previdência privada abertas e fechadas, além das contribuições referidas neste artigo e no art. 23, é devida a contribuição adicional de dois vírgula cinco por cento sobre a base de cálculo definida nos incisos I e III deste artigo.

+

Contribuição SAT

Inciso II – para o financiamento do benefício previsto nos arts. 57 e 58 da Lei nº 8.213, de 24 de julho de 1991, e daqueles concedidos em razão do grau de incidência de incapacidade laborativa decorrente dos riscos ambientais do trabalho, sobre o total das remunerações pagas ou creditadas, no decorrer do mês, aos segurados empregados e trabalhadores avulsos:
a) 1% (um por cento) para as empresas em cuja atividade preponderante o risco de acidentes do trabalho seja considerado leve;
b) 2% (dois por cento) para as empresas em cuja atividade preponderante esse risco seja considerado médio;
c) 3% (três por cento) para as empresas em cuja atividade preponderante esse risco seja considerado grave.

+

FAP – Fator Acidentário de Prevenção
Art. 202-A. *As alíquotas constantes nos incisos I a III do art. 202 serão reduzidas em até cinquenta por cento ou aumentadas em até cem por cento, em razão do desempenho da empresa em relação à sua respectiva atividade, aferido pelo Fator Acidentário de Prevenção – FAP*

+

Adicional do SAT
Art. 202-A. *As alíquotas constantes nos incisos I a III do art. 202 serão reduzidas em até cinqüenta por cento ou aumentadas em até cem por cento, em razão do desempenho da empresa em relação à sua respectiva atividade, aferido pelo Fator Acidentário de Prevenção – FAP*

§ 6º O benefício previsto neste artigo será financiado com os recursos provenientes da contribuição de que trata o inciso II do art. 22 da Lei nº 8.212, de 24 de julho de 1991, cujas alíquotas serão acrescidas de doze, nove ou seis pontos percentuais, conforme a atividade exercida pelo segurado a serviço da empresa permita a concessão de aposentadoria especial após quinze, vinte ou vinte e cinco anos de contribuição, respectivamente.

Diferentemente das contribuições dos trabalhadores, as contribuições das empresas não possuem limite, ou seja, não têm teto para a base de calculo.

4.5.2. Incidentes sobre a remuneração de contribuinte individual

Alíquota Base
Art. 22. *A contribuição a cargo da empresa, destinada à Seguridade Social, além do disposto no art. 23, é de:*
III – vinte por cento sobre o total das remunerações pagas ou creditadas a qualquer título, no decorrer do mês, aos segurados contribuintes individuais que lhe prestem serviços;

+

O §1º do mesmo artigo exige um adicional de 2,5% no caso de se tratar de instituições financeiras.
§ 1º No caso de bancos comerciais, bancos de investimentos, bancos de desenvolvimento, caixas econômicas, sociedades de crédito, financiamento e investimento, sociedades de crédito imobiliário, sociedades corretoras, distribuidoras de títulos e valores mobiliários, empresas de arrendamento mercantil, cooperativas de crédito, empresas de seguros privados e de capitalização, agentes autônomos de seguros privados e de crédito e entidades de previdência privada abertas e fechadas, além das contribuições referidas neste artigo e no art. 23, é devida a contribuição adicional de dois vírgula cinco por cento sobre a base de cálculo definida nos incisos I e III deste artigo.

+

Adicional SAT – Cooperativa de Produção
Art. 202-A. *As alíquotas constantes nos incisos I a III do art. 202 serão reduzidas em até cinqüenta por cento ou aumentadas em até cem por*

cento, em razão do desempenho da empresa em relação à sua respectiva atividade, aferido pelo Fator Acidentário de Prevenção – FAP
§ 6º O benefício previsto neste artigo será financiado com os recursos provenientes da contribuição de que trata o inciso II do art. 22 da Lei nº 8.212, de 24 de julho de 1991, cujas alíquotas serão acrescidas de doze, nove ou seis pontos percentuais, conforme a atividade exercida pelo segurado a serviço da empresa permita a concessão de aposentadoria especial após quinze, vinte ou vinte e cinco anos de contribuição, respectivamente.

4.5.3. Empregador doméstico

Alíquota Base
Art. 34. *O Simples Doméstico assegurará o recolhimento mensal, mediante documento único de arrecadação, dos seguintes valores:*
II – 8% (oito por cento) de contribuição patronal previdenciária para a seguridade social, a cargo do empregador doméstico, nos termos do art. 24 da Lei nº 8.212, de 24 de julho de 1991;

+

SAT
III – 0,8% (oito décimos por cento) de contribuição social para financiamento do seguro contra acidentes do trabalho;

4.6. Contribuição sobre concurso de prognósticos

A previsão de custeio para seguridade social oriunda de concursos de prognósticos está fundamentada no inciso III do art. 195 da CF.

O termo "concursos de prognósticos" ser refere a todo tipo de jogo ou de aposta que se realize no território nacional, de cuja receita, certa parcela será destinada ao financiamento da seguridade social, como define o art. 26 da Lei nº 8.212/91:

Art. 26. *Constitui receita da Seguridade Social a contribuição social sobre a receita de concursos de prognósticos a que se refere o inciso III do* ***caput*** *do art. 195 da Constituição.*
§ 1º O produto da arrecadação da contribuição será destinado ao financiamento da Seguridade Social.

§ 2º A base de cálculo da contribuição equivale à receita auferida nos concursos de prognósticos, sorteios e loterias.
§ 3º A alíquota da contribuição corresponde ao percentual vinculado à Seguridade Social em cada modalidade lotérica, conforme previsto em lei.

Essencialmente o financiamento da seguridade social é decorrente da arrecadação de tributos, com é o caso das contribuições pagas pelas empresas e trabalhadores. No entanto, a contribuição decorrente de concurso de prognóstico não possui natureza tributária.

Segundo Wagner Balera[35], quando institui o concurso de prognóstico, a entidade pública está explorando uma certa atividade lúdica. O que vier a ser arrecadado em razão de tal atuação pode ser considerado tributo. O ente publico não poderia tributar a si mesmo, dono que seria da receita apurada com o jogo ou aposta.

O resultado financeiro líquido do concurso de prognósticos é, nessa hipótese, bem integrante do patrimônio do ente público, que o explora. Parcela desse bem, a ser definida em lei, será transferida para ente público para o sistema de seguridade social.

4.7. Contribuição do importador de bens ou serviços do exterior

Essa fonte de custeio da seguridade social foi fruto da Emenda Constitucional nº 42/2003, tendo sido publicada logo em seguida a Medida Provisória nº 164/2004, convertida em Lei nº 10.865/2004, que instituiu a COFINS importação, cuja hipótese de incidência é a entrada no Brasil de bens e serviços do exterior.

35 BALERA, Wagner. *Noções preliminares de direito previdenciário*. 2ª ed. São Paulo: Quartier Latin, 2010. p. 221.

5

Plano de benefícios

5.1. Carência

De acordo com o artigo 24 da Lei nº 8.213/91, período de carência é o número mínimo de contribuições mensais indispensáveis para que o beneficiário faça jus ao benefício, consideradas a partir do transcurso do primeiro dia dos meses de suas competências.

Marina Vasques[1] destaca que o período de cadência se refere ao número de contribuições devidas, não necessariamente recolhidas, nos casos do segurado empregado, avulso, doméstico e contribuinte individual que presta serviços para pessoa jurídica. Afinal, tais trabalhadores não são responsáveis pelo recolhimento de suas contribuições, sendo ônus do empregador, estando a administração obrigada à fiscalização. Os aportes destes segurados são presumidos, conforme art. § 5º do art. 33 da Lei nº 8.212/91:

> *Art. 33. À Secretaria da Receita Federal do Brasil compete planejar, executar, acompanhar e avaliar as atividades relativas à tributação, à fiscalização, à arrecadação, à cobrança e ao recolhimento das contribuições sociais previstas no parágrafo único do art. 11 desta Lei, das contribuições incidentes a título de substituição e das devidas a outras entidades e fundos.*
>
> *§ 5. O desconto de contribuição e de consignação legalmente autorizadas sempre se presume feito oportuna e regularmente pela empresa a isso obrigada, não lhe sendo lícito alegar omissão para se eximir do*

1 DUARTE, Marina Vasques. *Direito Previdenciário*. 5ª ed. Porto Alegre: Verbo Jurídico, 2007.

recolhimento, ficando diretamente responsável pela importância que deixou de receber ou arrecadou em desacordo com o disposto nesta Lei.

Por outro lado, os segurados especiais (art. 25, § 1º da Lei nº 8.212/91), facultativos e contribuintes individuais que prestam serviços para pessoa física devem comprovar o seu recolhimento, pois diferentemente do primeiro grupo, não sofrem retenção.

Os períodos de carência de cada benefício previdenciário estão definidos no artigo 25 da Lei nº 8.213/91:

Art. 25. *A concessão das prestações pecuniárias do Regime Geral de Previdência Social depende dos seguintes períodos de carência, ressalvado o disposto no art. 26:*
I – auxílio-doença e aposentadoria por invalidez: 12 (doze) contribuições mensais;
II – aposentadoria por idade, aposentadoria por tempo de serviço e aposentadoria especial: 180 contribuições mensais.
III – salário-maternidade para as seguradas de que tratam os incisos V e VII do ***caput*** *do art. 11 e o art. 13 desta Lei: 10 (dez) contribuições mensais, respeitado o disposto no parágrafo único do art. 39 desta Lei; e*
IV – auxílio-reclusão: 24 (vinte e quatro) contribuições mensais.

Em caso de parto antecipado, o período de carência a que se refere o inciso III será reduzido em número de contribuições equivalente ao número de meses em que o parto foi antecipado.

O art. 26 do mesmo ato normativo trás hipóteses em que a carência é dispensada para a concessão do beneficio, exigindo apenas a qualidade de segurado:

Art. 26. *Independe de carência a concessão das seguintes prestações:*
I – pensão por morte, salário-família e auxílio-acidente;
II – auxílio-doença e aposentadoria por invalidez nos casos de acidente de qualquer natureza ou causa e de doença profissional ou do trabalho, bem como nos casos de segurado que, após filiar-se ao RGPS, for acometido de alguma das doenças e afecções especificadas em lista elaborada pelos Ministérios da Saúde e da Previdência Social, atualizada a cada 3 (três) anos, de acordo com os critérios de estigma, deformação, mutilação, deficiência ou outro fator que lhe confira especificidade e gravidade que mereçam tratamento particularizado;

III – os benefícios concedidos na forma do inciso I do art. 39, aos segurados especiais referidos no inciso VII do art. 11 desta Lei;
IV – serviço social;
V – reabilitação profissional.
VI – salário-maternidade para as seguradas empregada, trabalhadora avulsa e empregada doméstica.

O art. 24, parágrafo único, da Lei nº 8.213/91 exigia a comprovação a partir da nova filiação de 1/3 do número de contribuições exigidas para o cumprimento da carência definida para o benefício salário-maternidade, auxílio-doença e aposentadoria por invalidez, desde que somadas às contribuições anteriores à perda da qualidade de segurado atingisse o total das contribuições necessárias para a concessão do benefício.

Agora, com a Lei nº 13.846/19, o cenário mudou, o segurado que ficou muito tempo sem contribuir com a previdência e por essa razão venha a perder a qualidade de segurado (art. 15 da Lei nº 8213) torna-se, para alguns benefícios, necessária a comprovação, após o reingresso ao RGPS, do pagamento de metade da carência exigida para a concessão do benefício de auxílio-Doença, aposentadoria por invalidez e salario maternidade.

Art. 27-A. *Na hipótese de perda da qualidade de segurado, para fins da concessão dos benefícios de auxílio-doença, de aposentadoria por invalidez, de salário-maternidade e de auxílio-reclusão, o segurado deverá contar, a partir da data da nova filiação à Previdência Social, com metade dos períodos previstos nos incisos I, III e IV do* **caput** *do art. 25 desta Lei.*

5.2. Manutenção da qualidade de segurado

Diferentemente da saúde e da assistência social, a previdência social é contributiva, ou seja, são exigidas contribuições para que se mantenha a condição de segurado. Essa condição é determinante para que se posso pleitear benefícios previdenciários, portanto, aquele que não contribui para o regime de previdência não terá direito a concessão de qualquer contraprestação previdenciária do Estado.

Por outro lado, com base no princípio da solidariedade, não poderia o Estado retirar de forma imediata a condição de segurada de uma pessoa que por qualquer motivo interrompeu suas contribuições.

As consequências da perda da qualidade de segurado é a exclusão da possibilidade de perceber qualquer benefício previdenciário. A pessoa estaria descoberta do manto securitário.

Por tal motivo, a legislação previdenciária prevê lapsos temporais em que a pessoa, mesmo não recolhendo contribuições, mantém a sua qualidade de segurada, esse período é chamado *período de graça*.

O artigo 15 da Lei nº 8.213/91 traz as hipóteses de manutenção da qualidade de segurado mesmo sem contribuir. Lembrando que durante esse período o segurado estará coberto pela proteção do Estado, mas não conta como período de carência por não haver efetiva contribuição. Em caso da necessidade de pleitear algum benefício terá que contar apenas com as contribuições efetivamente realizadas.

No caso dos segurados obrigatórios esse período é de 12 (doze) meses após a cessação da ultima contribuição. Esse caso poderá ser prorrogado por ais 12 (doze) meses, caso o segurado possua mais de 120 (cento e vinte) contribuições mensais sem a perda da qualidade de segurada.

No entanto, poderá ocorre mais uma prorrogação, por aquele que estiver desempregado, desde que comprovada essa situação por registro no órgão próprio do Ministério do Trabalho e Emprego, a exemplo do seguro desemprego, terá direito a mais 12 (doze) meses, independentemente da prorrogação deferida anteriormente.

Sobre a possibilidade de comprovação da situação de desemprego por outros meios, a Turma Nacional de Uniformização editou a súmula 27 "a ausência de registro em órgão do Ministério do Trabalho não impede a comprovação do desemprego por outros meios admitidos em Direito".

Importante destacar que a ausência de anotação na CTPS não é prova para comprovar a situação de desemprego uma vez que não afasta a possiblidade do segurado exercer uma atividade informal remunerada.

No caso dos segurados facultativos, o período de de graça é de 6 (seis) meses a contar do pagamento da última contribuição, sem direito a qualquer prorrogação.

O art. 15 da Lei nº 8.213/91 prevê ainda outras hipóteses especiais para manutenção da qualidade de segurado, independentemente de contribuições:

> **Art. 15.** *Mantém a qualidade de segurado, independentemente de contribuições:*
> *I - sem limite de prazo, quem está em gozo de benefício, exceto do auxílio-acidente;*
> *II - até 12 (doze) meses após a cessação das contribuições, o segurado que deixar de exercer atividade remunerada abrangida pela Previdência Social ou estiver suspenso ou licenciado sem remuneração;*
> *III - até 12 (doze) meses após cessar a segregação, o segurado acometido de doença de segregação compulsória;*
> *IV - até 12 (doze) meses após o livramento, o segurado retido ou recluso;*
> *V - até 3 (três) meses após o licenciamento, o segurado incorporado às Forças Armadas para prestar serviço militar;*
> *VI - até 6 (seis) meses após a cessação das contribuições, o segurado facultativo.*

Com relação a hipótese do item iii, o artigo 12 da Instrução Normativa 45/INSS, determina que no caso de fuga do recolhido à prisão, será descontado do prazo de manutenção da qualidade de segurado a partir da data da fuga, o período de graça já usufruído anteriormente ao recolhimento.

Isso se aplica no caso em que o segurado é preso no último dia do quinto quarto mês do seu período de graça, ocorrendo a fuga, manterá a qualidade por mais oito meses.

O artigo 10, § 9º da IN 45/INSS dispõe que o segurado obrigatório que, durante o prazo de manutenção da sua qualidade de segurado (doze, vinte e quatro ou trinta e seis meses, conforme o caso), se filiar ao RGPS como facultativo, ao deixar de contribuir nesta última, terá o direito de usufruir o período de graça de sua condição anterior.

Imagine o caso que um segurado tenha um vinculo de emprego por mais de 12 (doze) anos, somando, portanto, mais de 120 (cento e vinte) contribuições sem a perda da qualidade de segurado, venha iniciar seu período de graça de 24 meses e que no segundo mês inicie o pagamento de contribuições na forma de segurado facultativo, no caso de interrupção na nova modalidade, não fará que usufrua dos 6 (seis) meses do segurado facultativo e sim pelo período anterior (24 meses).

Um outro ponto que causa certa confusão é sobre a contagem do prazo do período de graça.

O reconhecimento da perda da qualidade de segurado ocorrerá no dia seguinte ao vencimento da contribuição individual relativa ao mês imediatamente posterior ao termino dos prazos fixados.

Vejamos o exemplo, Carlos contribuía na categoria de contribuinte individual e após 5 anos deixou de contribuir para a previdência. O seu último dia de atividade foi 31/01/2017. Questiona-se: quando se inicia e qual o último dia do seu período de graça?

Como Carlos trabalhou no mês de janeiro de 2017, a data estipulada para pagamento de sua última contribuição foi dia 15/02/2017 (contribuição paga, pois o segurado laborou no mês de janeiro/2017).

Na data do pagamento da próxima contribuição (15/03/2017) não haverá qualquer recolhimento (por não haver laborado em fevereiro), nesta data o INSS tomou conhecimento que Carlos não mais contribui para o INSS e inicia a contagem o seu período de graça no dia seguinte ao previsto para o pagamento, ou seja, 16/03/2017.

Como o Calos poderá gozar de 12 (doze) meses de período de graça o período incluído será de 16/03/17 à 15/03/18. Neste caso o último dia do seu período de graça será 15/03/18, com isso, o dia 16/03/18 Carlos não será mais considerado segurado.

Mesmo que o segurado fosse empregado, a perda da qualidade de segurado dar-se-ia neste mesmo dia, pois a legislação utiliza, como parâmetro, a data do recolhimento do contribuinte individual, independentemente da categoria do segurado.

Ainda sobre a perda da qualidade de segurado é importante lembrar que o artigo 3º da Lei nº 10.666/03 determina que: "A perda da qualidade de segurado não será considerada para a concessão das aposentadorias por tempo de contribuição e especial. Na hipótese de aposentadoria por idade, a perda da qualidade de segurado não será considerada para a concessão desse benefício, desde que o segurado conte com, no mínimo, o tempo de contribuição correspondente ao exigido para efeito de carência na data do requerimento do benefício".

Ivan Kertzman destaca interessante situação quando o trabalhador que perdeu a qualidade de segurado comprovar que ficou incapacitado para o trabalho durante o período o período de graça. Neste caso, pode pleitear o benefício por incapacidade, tendo em vista que, como já estava incapacitado desde o período de graça, tinha direito adquirido à sua concessão.

O mesmo autor exemplifica: João perdeu seu emprego em 31/12/2006, tendo a qualidade de segurado garantida por 12 meses. Em 04/2008, João faleceu devido à metástase de um tumor maligno. Sua esposa, Teresa, pleiteou o benefício de pensão por morte, tendo juntado atestados exames que demonstram que a incapacidade de João teve início no ano de 2007. Teresa, desta forma, faz jus ao benefício de pensão por morte, pois João tinha direito adquirido ao benefício por incapacidade laborativa.

5.3. QUALIDADE DE DEPENDENTE

Os dependentes do Regime Geral de Previdência Social também podem ser beneficiários, podendo usufruir de dois benefícios: pensão por morte e auxílio-reclusão.

No RGPS os dependentes não são escolhidos pelo segurado instituidor (aquele que possuía vinculo com o regime e pela morte gerou o benefício), o rol de dependentes está previamente definido na legislação.

Diferentemente dos segurados, os dependentes não necessitam de prévia inscrição ou filiação, os mesmos devem comparecer às agencias da previdência social no momento do requerimento dos seus benefícios.

O art. 16 da Lei nº 8.213/91 elenca os rol de dependentes do RGPS:

> **Art. 16.** *São beneficiários do Regime Geral de Previdência Social, na condição de dependentes do segurado:*
> *I – o cônjuge, a companheira, o companheiro e o filho não emancipado, de qualquer condição, menor de 21 (vinte e um) anos ou inválido ou que tenha deficiência intelectual ou mental ou deficiência grave;*
> *II – os pais;*
> *III – o irmão não emancipado, de qualquer condição, menor de 21 (vinte e um) anos ou inválido ou que tenha deficiência intelectual ou mental ou deficiência grave;*

Em regra a dependência econômica das pessoas indicadas no inciso I é presumida e a das demais deve ser comprovada, isso implica dizer que, independentemente, daqueles de primeira classe possuírem meios de manter a sua subsistência, poderão receber benefícios, no caso das demais classes será necessário comprovar que dependia economicamente do instituidor.

Em regra, a lei traz uma ressalva com relação à dispensa de dependência econômica da primeira classe. O parágrafo segundo do artigo 15, afirma que o enteado e o menor tutelado equiparam-se a filho mediante declaração do segurado e desde que comprovada a dependência econômica na forma estabelecida no Regulamento.

Ainda sobre os dependentes de primeira classe, a lei ainda define que se considera companheira ou companheiro a pessoa que, sem ser casada, mantém união estável com o segurado ou com a segurada, de acordo com o § 3º do art. 226 da Constituição Federal.

Quando do rateio da beneficio, a existência de dependente de qualquer das classes deste artigo exclui do direito às prestações os das classes seguintes, ou seja, caso exista um dependente de primeira classe, os de segunda e terceira estarão excluídos do recebimento da pensão, não havendo posterior transferência de direito para classes inferiores. O rateio existirá no caso de haver mais de um dependente da mesma classe.

Dessa forma, para um dependente de segunda classe possa perceber um benefício de pensão por morte ou auxílio-reclusão são necessários dois requisitos: ausência de dependente de classe preferencial e prova de dependência econômica.

Da mesma forma, para um dependente de terceira classe possa perceber um benefício de pensão por morte ou auxílio-reclusão são necessários dois requisitos: ausência de dependente de primeira e segunda classe e prova de dependência econômica.

Além do cônjuge ou companheiro(a) do segurado, o ex-conjugue ou ex-companheiro(a) também serão considerados dependentes, desde que haja a percepção de alimentos por ocasião da separação judicial ou do divorcio. No caso da separação de fato, resta afastada a presunção de dependência econômica, devendo o dependente comprova-la, na forma do art. 76, §1º da Lei nº 8.213/91.

No entanto a súmula 336 do STJ amplia esta situação quando se determina, "a mulher que renunciou aos alimentos na separação judicial tem o direito à pensão previdenciária por morte do ex-marido, comprovada a necessidade econômica superveniente". Haja vista o argumento que os alimentos são prestações indisponíveis, não sendo tecnicamente adequado se falar em renúncia, com base no art. 1.707 do Código Civil.

Acredito que mesmo que teor da súmula indique apenas a "mulher" como possível beneficiária da pensão, o caso também se aplica também ao "homem", sendo extensiva à parceria homoafetiva.

Com relação ao concubinato, assim considerada a relação que se desenvolve paralelamente ao casamento sem a separação dos cônjuges, quer de fato, quer judicialmente, tanto o STF quanto o STJ vem afastando sumariamente a condição de dependente do(a) concubina(a).

Por outro lado, um pondo já sedimentado é a qualidade de dependente do parceiro homoafetivo, inclusive com presunção de dependência econômica, tendo em conta que essa relação afetiva também é apta a constituir família.

Uma grande questão surge no caso da qualidade de dependente do maior inválido. Sobe o caso, Frederico Amado[2] explica com base no artigo 114, II, do RPS, a emancipação de dependente inválido é causa de cessação da pensão por morte, o que evidentemente não se coaduna com o artigo 16, I da Lei nº 8.213/91, pois a capacidade civil não retira necessariamente a invalidez para o trabalho do dependente do segurado.

Isso porque é do segurado o filho não emancipado, de qualquer condição, menor de 21 (vinte e um) anos ou inválido, a teor do artigo 16, I da Lei nº 8.213/91.

Portanto, ao contrário do que reza o RPS, que não pode inovar para restringir a proteção previdenciária do dependente, entende-se que deve ser mantida a pensão por morte ao emancipado inválido para o trabalho, pois a capacidade civil difere da capacidade laboral.

---

2 AMADO, Frederico. *Direito Previdenciário.* 7ª ed. Salvador: Jus Podivm, 2016. p. 316.

Por sua vez, o filho inválido persiste como dependente mesmo quando realiza a maioridade previdenciária anos 21 anos de idade, desde que que a invalidez tenha ocorrido antes.

A condição do dependente invalido independe de qualquer ato judicial de interdição, bastando a manifestação positiva da pericia do INSS. Por outro lado, a interdição judicial não dispensa o exame médico a cargo da previdência social, pois o INSS sequer foi parte no processo que tramitou na Justiça Estadual, sendo-lhe ineficaz a coisa julgada.

Amado aponta ainda que há forte jurisprudência majoritária que sustenta que a sentença de interdição prolatada pela Justiça Estadual vincula o INSS a reconhecer a invalidez do dependente.

É comum ainda o pensamento de que os filhos maiores de 21 (vinte e um) anos de idade que ainda cursem universidade possam manter o recebimento da pensão por morte até os 24 anos.

O tema é pacifico na jurisprudência no sentido de cessar a pensão aos 21 (vinte e um) anos de idade, salvo na condição de invalidez.

Sumula 37 da TNU – A pensão por morte, devida ao filho até os 21 (vinte e um) anos de idade, não se prorroga pela pendência do curso universitário.

5.4. Benefícios do Regime Geral de Previdência Social

5.4.1. Auxílio-doença

5.4.1.1. Contingência Legal – o grau da incapacidade

Com a reforma da previdência de 2019 houve uma mudança no texto constitucional, mais precisamente no artigo 201 da Constituição Federal. É que a cobertura a eventos de doença e invalidez, foram substituídos por pela cobertura dos eventos de incapacidade temporária ou permanente para o trabalho.

Essa alteração influencia nas próprias nomenclaturas dos benefícios, que antes eram chamados de auxílio-doença e aposentadoria por invalidez e, agora, tecnicamente, deverão ser chamados de auxílio por incapacidade temporária e aposentadoria por incapacidade permanente.

Críticas à parte sobre a nova nomenclatura e por saber que num primeiro momento coexistiram os termos (antigo e novo), nesta obra ainda será usando o termo de auxílio-doença.

O acidente de trabalho é um evento relacionado, diretamente ou não, ao trabalho executado pelo obreiro. Já não mais se trata de um infortúnio no trabalho, mas do trabalho. No que envolve o trabalho, nos limites das legislações, é interpretada a regra pela sua finalidade social, caracterizando-se o acidente para efeito de reparação.[3]

Sobre a proteção acidentária no Brasil, Augusto Venturi destaca a forma pela qual o Estado protege o trabalhador:

> Um segundo sistema é seguido até agora apenas pelo Brasil e alguns estados da Confederação Americana, nos termos do qual qualquer doença provado que é causada pelo trabalho será indenizável do mesmo modo que os acidentes. Este sistema oferece maiores vantagens, na medida em que qualquer lista rapidamente se torna insuficiente baseada na mudança contínua nos processos industriais e os avanços na ciência médica no campo da etiologia e, como a experiência mostra, não pode ser atualizado continuamente mesmo quando se tem designado a autoridade executiva em vez de exigir uma nova intervenção do legislador.[4]

O benefício do auxílio-doença está previsto na Lei nº 8.213/91, nos artigos 59 a 64, e é devido para o segurado que se encontre incapacitado para o trabalho ou para a sua atividade ha-

3 FERNADES, Anníbal; FREUDENTHAL, Sérgio Pardal. Acidentes do Trabalho: evolução e perspectivas. In: BALERA, Wagner (coord.). *Curso de Direito Previdenciário em homenagem a Moacyr Velloso Cardoso de Oliveira*. 5ª ed. São Paulo: LTr, 2003. p. 118-135.

4 Tradução nossa. VENTURI, Augusto. *Los fundamentos científicos de la seguridad social*. Madrid: Ministerio do Trabajo e Seguridad social, 1994. p. 153. No original: "Un segundo sistema es el seguido hasta ahora tan solo por Brasil y por algunos Estados de la Confederacion Norteamericana, conforme al cual cualquier enfermedad que se demuestre que es originada por el trabajo resulta indemnizable del mismo modo que los accidentes. Este sistema ofrece mayores ventajas, en la medida en que cualquier lista deviene rápidamente insuficiente en base al continuo cambio de los procesos industrials y a los avances de la ciencia médica en el campo de la etiologia y, como demuestra la experiencia, no puede actualizarse continuarnente aun cuando se haya atribuido tal facultad al poder ejecutivo en vez de requerir una nueva intervención del legislador".

bitual por mais de 15 (quinze) dias consecutivos. Para sua concessão, é necessária a implementação de dois requisitos: carência e incapacidade.

O critério material da norma jurídica do auxílio-doença manifesta a incapacidade para o trabalho ou para a sua atividade habitual, ou seja, ficar doente. Não se protege propriamente o segurado contra a doença, mas protege-se a capacidade laboral que é afetada em virtude da instalação de uma doença. A doença pode ser entendida sob várias concepções, a saber: biológica (causas mórbidas); de ordem clínica (toda disfunção da qual permanece a causa inicial); anatômica (alteração estrutural acompanhada ou não de disfunção); e, sob a ótica da Previdência Social, representa o fato que faz cessar a capacidade laboral e provoca a necessidade de assistência médica ou farmacêutica.[5]

A concessão das prestações de auxílio-doença do Regime Geral de Previdência Social depende da comprovação do período de carência de 12 (doze) contribuições mensais, à exceção dos casos de acidente de qualquer natureza ou causa (de trabalho ou não) e de doença profissional ou do trabalho, como nos casos de segurado que, após filiar-se ao Regime Geral de Previdência Social, for acometido de alguma das doenças e afecções prevista em legislação específica.

O segundo requisito consiste na incapacidade. O prazo de duração da incapacidade exigida não é permanente, mas temporário, podendo ser total ou parcial, no que se refere ao grau da incapacidade.

Para Marina Vasques a incapacidade para o trabalho ou atividade habitual por mais de quinze dias consecutivos: a incapacidade exigida neste caso é, de regra, temporária (seja parcial ou total) e não permanente e total, como se exige para a concessão de aposentadoria por invalidez. O prognóstico é de que haja recuperação para a atividade habitual ou reabilitação para outra. Distingue-se,

---

5 HORVATH JR. Miguel. *Direito Previdenciário*. 9ª ed. São Paulo: Quartier Latin, 2012. p. 310-311.

ainda, do auxílio-acidente pois para este a incapacidade deve ser parcial (redução da capacidade laborativa) e permanente.[6]

Por referir-se a uma situação de necessidade social de amplo alcance, daquelas que podem acometer qualquer segurado, independentemente da existência de vínculo trabalhista ou até mesmo da prática de atividade laboral, qualquer segurado do RGPS pode requerer o auxílio-doença. Não há distinção entre os segurados pré-habilitados, tantos os obrigatórios quanto os facultativos. Uma vez acometidos de incapacidade temporal, podem requerer o benefício.

O INSS poderá estabelecer, mediante avaliação médico-pericial, o prazo que entender suficiente para a recuperação da capacidade para o trabalho do segurado, dispensada, nessa hipótese, a realização de nova perícia. Caso o prazo concedido para a recuperação se revele insuficiente, o segurado poderá solicitar a realização de nova perícia médica.[7]

Por meio do sistema Cobertura Previdenciária Estimada ou Alta Programada (COPES), o INSS buscou otimizar a forma como vinham sendo realizadas as perícias médicas, evitando que os segurados tivessem de comparecer inúmeras vezes ao INSS para manter ou cessar seu benefício.[8] Anteriormente a sua instituição,

---

6 DUARTE, Marina Vasques. *Direito Previdenciário*. 5ª ed. Porto Alegre: Verbo Jurídico, 2007. p. 242.

7 Art. 78, §§ 1º. E 2º, do Dec. 3.048/99: Art. 78. "O auxílio-doença cessa pela recuperação da capacidade para o trabalho, pela transformação em aposentadoria por invalidez ou auxílio-acidente de qualquer natureza, neste caso se resultar sequela que implique redução da capacidade para o trabalho que habitualmente exercia. § 1º O INSS poderá estabelecer, mediante avaliação médico-pericial, o prazo que entender suficiente para a recuperação da capacidade para o trabalho do segurado, dispensada nessa hipótese a realização de nova perícia; § 2º Caso o prazo concedido para a recuperação se revele insuficiente, o segurado poderá solicitar a realização de nova perícia médica, na forma estabelecida pelo Ministério da Previdência Social; § 3º O documento de concessão do auxílio-doença conterá as informações necessárias para o requerimento da nova avaliação médico-pericial".

8 Referido procedimento foi implementado pelo Decreto nº 5.844/2006, de 13 de julho de 2006, entretanto, o INSS já vinha adotando essa prática desde agosto de 2005, com base em orientação interna do órgão (Orientação

o número de perícias necessárias para a manutenção do benefício por incapacidade era muito superior, o que impactava na agenda médica e dificultava o acesso dos demais segurados.

Mediante a utilização de estudos médicos científicos, os peritos médicos do INSS estabelecem a concessão, o prazo de manutenção e a cessação do benefício por incapacidade, avaliando a relação entre a doença e a atividade laboral desempenhada pelo segurado, observando as características individuais de cada segurado. Na perícia, fixam uma data estimada para a cessação dos benefícios, que poderá ser de até 180 dias.

Numa escala de grau de incapacidade o auxílio-doença exige uma inaptidão menor do que a exigida para a aposentadoria por invalidez. Por esse motivo, o Judiciário vem entendendo que, no caso de o segurado não implementar os requisitos para a concessão da aposentadoria por invalidez (incapacidade total e por longo prazo), mas constar nos autos elementos que permitam o deferimento do auxílio-doença, este deverá ser concedido. Vejamos:

> PREVIDENCIÁRIO. AGRAVO LEGAL. DECISÃO MONOCRÁTICA. APOSENTADORIA POR INVALIDEZ OU AUXÍLIO-DOENÇA. PREENCHIMENTO DOS REQUISITOS PARA CONCESSÃO DO AUXÍLIO-DOENÇA. INCAPACIDADE PARCIAL. TERMO INICIAL NA DATA DA CESSAÇÃO INDEVIDA. VERBA HONORÁRIA. AGRAVO LEGAL PARCIALMENTE PROVIDO. I – Agravo legal interposto da decisão monocrática que deu provimento ao apelo Autárquico para julgar improcedente o pedido. II – Sustenta a agravante fazer jus à aposentadoria por invalidez. III – **O laudo pericial conclui pela incapacidade parcial e definitiva que impede o desenvolvimento da atividade habitual, devendo ser tentada a reabilitação para atividade mais leve**. IV – **Embora não preenchidos os requisitos para a concessão da aposentadoria por invalidez, há nos autos elementos que permitem o deferimento do auxílio-doença**. V – **Não há como deixar de se reconhecer o seu direito ao benefício previdenciário para que possa se submeter a tratamento, no período de reabilitação profissional**. VI – O termo inicial do benefício deve ser mantido na data seguinte à cessação administra-

---

Interna – OI INSS/Dirben nº 130, de 13.10.2005, atualmente revogada pela OI INSS/Dirben nº 138/2006).

tiva, uma vez que o conjunto probatório revela a presença das enfermidades incapacitantes desde aquela época. VII – Os honorários advocatícios devem ser fixados em 10% sobre o valor da condenação, até a sentença (Súmula nº 111, do STJ), de acordo com o entendimento desta Colenda Turma. VIII – Agravo legal parcialmente provido.[9] (grifo do autor).

Com relação ao termo final do auxílio-doença, o artigo 62, da Lei nº 8.213/91 marca as hipóteses:

Art. 62. *O segurado em gozo de auxílio-doença, insusceptível de recuperação para sua atividade habitual, deverá submeter-se a processo de reabilitação profissional para o exercício de outra atividade.*
§ 1º. O benefício a que se refere o caput deste artigo será mantido até que o segurado seja considerado reabilitado para o desempenho de atividade que lhe garanta a subsistência ou, quando considerado não recuperável, seja aposentado por invalidez.

Segundo Marina Vasques Duarte, pela leitura do texto legal podemos encontrar quatro formas de extinção:

a) restabelecimento do segurado;

b) conversão em aposentadoria por invalidez, quando constatada a irrecuperabilidade do estado incapacitante, ou auxílio-acidente; se a sequela implicar redução da capacidade funcional;

c) habilitação do obreiro para o desempenho de outra atividade que lhe garanta a subsistência, após a realização de processo de reabilitação profissional;

d) conversão em aposentadoria por idade, desde que requerida pelo segurado e observada a carência exigida.[10]

Por outro lado, é importante destacar que, caso o segurado exerça mais de uma atividade e se incapacitar definitivamente para uma delas, deverá o auxílio-doença ser mantido indefinidamente, não cabendo sua transformação em aposentadoria por

---

9 TRF3. AC – Apelação Cível 1494380.

10 DUARTE, Marina Vasques. *Direito Previdenciário*. 5ª ed. Porto Alegre: Verbo Jurídico, 2007. p. 239.

invalidez, enquanto essa incapacidade não se estender às demais atividades.

5.4.1.2. Tipos de Auxílio-Doença

O auxílio-doença acidentário decorre de acidentes do trabalho[11] e seus equiparados, doença profissional e doença do trabalho.[12] Já o auxílio-doença originário se refere aos demais casos de origem não ocupacional.[13] Essa distinção se faz necessária, pois no auxílio-doença acidentário não é exigida carência e, se for ocasionado por acidente de trabalho ou doença ocupacional, exige a emissão da Comunicação de Acidente de Trabalho (CAT). No segundo caso, somente será dispensada a carência se for oriundo de doença não ocupacional ou das doenças constantes em lista específica. Excetuada as hipóteses citadas, a carência será de 12 (doze) meses.

O segurado em gozo do auxílio está obrigado, independentemente de sua idade e sob pena de suspensão do benefício, a submeter-se a exame médico a cargo da previdência social e a

---

11 Conforme artigo 19 da Lei nº 8.213/91, acidente de trabalho é o que ocorre pelo exercício do trabalho a serviço da empresa ou pelo exercício do trabalho dos segurados especiais, provocando lesão corporal ou perturbação funcional que cause a morte ou a perda ou redução, permanente ou temporária, da capacidade para o trabalho. As doenças ocupacionais equiparam-se ao acidente de trabalho.

12 Doença ocupacional são as doenças ocorridas em virtude da atividade do trabalhador. São equiparadas ao acidente de trabalho, dividindo-se em doença profissional e do trabalho. Doença profissional é a produzida pelo exercício do trabalho peculiar a determinada atividade e constante na respectiva relação abordada pelo MPS, a doença do trabalho é adquirida ou desencadeada em função de condições especiais em que o trabalho é realizado, e com ele se relacionar diretamente. (KERTZMAN, Ivan. *Curso Prático de Direito Previdenciário*. 11ª ed. rev. ampl. e atual. Salvador: *Jus*PODIVM, 2014. p. 404).

13 Art. 30, parágrafo único do Decreto nº 3.048/99, de 6 de maio de 1999. "A doença de origem não ocupacional é aquela traumática e por exposição a agentes físicos, químicos ou biológicos, que acarrete lesão corporal ou perturbação funcional que cause a perda ou a redução permanente ou temporária da capacidade laborativa".

processo de reabilitação profissional por ela prescrito e custeado, exceto cirúrgico e transfusão de sangue, que são facultativos.[14]

Caso o segurado em gozo de auxílio-doença esteja insuscetível de recuperação para sua atividade habitual, deverá submeter-se a processo de reabilitação profissional para exercício de outra atividade, não cessando o benefício que lhe garanta a subsistência ou, quando considerado não recuperável, seja aposentado por invalidez.[15]

5.4.2. Auxílio-Acidente

5.4.2.1. Objeto de Proteção

O auxílio acidente é o benefício concedido como forma de indenização ao segurado empregado, ao trabalhador avulso, ao segurado especial e ao doméstico quando, após a consolidação das lesões decorrentes de acidente de qualquer natureza, resultar sequela de grau de incapacidade parcial e definitiva (por período indefinido), conforme as situações discriminadas no anexo III do Decreto nº 3.048/99, que implique:

a) redução da capacidade para o trabalho que habitualmente exercia;

b) redução da capacidade para o trabalho que habitualmente exercia e exigência maior de esforço para o desempenho da mesma atividade que exercia na época do acidente;

c) impossibilidade de desempenho da atividade que exercia na época do acidente, mas que permita o desempenho de outra, após processo de reabilitação profissional, nos casos indicados pela perícia médica do INSS.

O auxílio-acidente, diferentemente do auxílio-doença, possui função indenizatória[16] e não substitui a remuneração decorrente

---

14 KERTZMAN, Ivan. *Curso Prático de Direito Previdenciário*. 11ª ed. rev. ampl. e atual. Salvador: *Jus*PODIVM, 2014. p. 404.

15 A conversão em aposentadoria por invalidez bem como a cessação da incapacidade e a transformação em auxílio-acidente configuram-se hipóteses de cessão do benefício de auxílio-doença.

16 Como o auxílio-acidente não é substitutivo da remuneração do trabalho, possuindo apenas aspecto indenizatório, poderá ser concedido em valor

do trabalho, a incapacidade é por tempo indeterminado, no entanto, é parcial. Não é necessário a invalidez do segurado (incapacidade total e definitiva), e sim uma diminuição da capacidade de trabalho que habitualmente exercia à época do acidente.

5.4.2.2. Duração da Incapacidade

No que se refere a definição da hipótese de incidência do auxílio-acidente, existe um conflito entre o disposto na Lei nº 8.213/91 e o Decreto nº 3.048/99. Na descrição da contingência social para concessão do benefício, o artigo 86[17] da Lei não exige que a sequela decorrente do acidente seja definitiva, por outro lado, o art. 104[18] do Decreto nº 3.048/99 inclui tal requisito.

Coube ao Judiciário resolver o conflito e pacificar o entendimento. Em recurso repetitivo, RESP 1.112.886, decidiu-se que este benefício deve ser concedido mesmo no caso em que a sequela seja reversível:

> RECURSO ESPECIAL REPETITIVO. ART. 105, III, ALÍNEA A DA CF. DIREITO PREVIDENCIÁRIO. AUXÍLIO-ACIDENTE. REQUISITOS: COMPROVAÇÃO DO NEXO DE CAUSALIDADE E DA REDUÇÃO PARCIAL DA CAPACIDADE DO SEGURADO PARA O TRABALHO. DESNECESSIDADE DE QUE A MOLÉSTIA INCAPACITANTE SEJA IRREVERSÍVEL. NÃO INCIDÊNCIA DA SÚMULA 7/STJ. PARECER MINISTERIAL PELO PROVIMENTO DO RECURSO ESPECIAL. RECURSO ESPECIAL PROVIDO. 1. Nos termos do art. 86 da Lei nº 8.213/91, para que seja concedido o auxílio-acidente, necessário

---

inferior ao salário mínimo. O valor de benefício é de 50% (cinquenta por cento) do salário de benefício que deu origem ao auxílio-doença.

17 **Art. 86.** O auxílio-acidente será concedido, como indenização, ao segurado quando, após consolidação das lesões decorrentes de acidente de qualquer natureza, resultarem sequelas que impliquem redução na capacidade para o trabalho que habitualmente exercia.

18 Art. 104. "O auxílio-acidente será concedido, como indenização, ao segurado empregado, exceto o doméstico, ao trabalhador avulso e ao segurado especial quando, após a consolidação das lesões decorrentes de acidente de qualquer natureza, resultar sequela definitiva, conforme as situações discriminadas no anexo III".

que o segurado empregado, exceto o doméstico, o trabalhador avulso e o segurado especial (art. 18, § 1o. da Lei nº 8.213/91), tenha redução permanente da sua capacidade laborativa em decorrência de acidente de qualquer natureza. 2. Por sua vez, o art. 20, I da Lei nº 8.213/91 considera como acidente do trabalho a doença profissional, proveniente do exercício do trabalho peculiar à determinada atividade, enquadrando-se, nesse caso, as lesões decorrentes de esforços repetitivos. 3. Da leitura dos citados dispositivos legais que regem o benefício acidentário, constata-se que não há nenhuma ressalva quanto à necessidade de que a moléstia incapacitante seja irreversível para que o segurado faça jus ao auxílio-acidente. 4. **Dessa forma, será devido o auxílio-acidente quando demostrado o nexo de causalidade entre a redução de natureza permanente da capacidade laborativa e a atividade profissional desenvolvida, sendo irrelevante a possibilidade de reversibilidade da doença**. Precedentes do STJ. 5. Estando devidamente comprovado na presente hipótese o nexo de causalidade entre a redução parcial da capacidade para o trabalho e o exercício de suas funções laborais habituais, não é cabível afastar a concessão do auxílio-acidente somente pela possibilidade de desaparecimento dos sintomas da patologia que acomete o segurado, em virtude de tratamento ambulatorial ou cirúrgico. 6. Essa constatação não traduz, de forma alguma, reexame do material fático, mas sim valoração do conjunto probatório produzido nos autos, o que afasta a incidência do enunciado da Súmula 7 desta Corte. 7. Recurso Especial provido[19] (grifo nosso).

Compulsando o inteiro teor do decisório, aduz o segurado que, em decorrência das condições agressivas a que ficou submetido em seu local de trabalho, tornou-se portador de tendinite no ombro direito, com irradiação no membro superior direito, reduzindo sua capacidade funcional de forma parcial e permanente, fazendo jus à concessão de auxílio-acidente.

O Magistrado de 1ª instância considerou a conclusão do laudo pericial de que *o obreiro* padece também de ombro doloroso à direita decorrente de tendinite do supra e infra espinhal, associa-

---

19 STJ - REsp: 1112886 SP 2009/0055367-6, Relator: Ministro NAPOLEÃO NUNES MAIA FILHO, Data de Julgamento: 25/11/2009, S3 - TERCEIRA SEÇÃO, Data de Publicação: DJe 12/02/2010.

do à bursite subacromial/subdelatóidea, reconhecendo o experto a concausalidade ocupacional. Entretanto, julgou improcedente o pedido por entender ausente a incapacidade parcial e permanente do segurado, por ser a lesão leve e com possibilidade de tratamento.

Dessa forma, estando devidamente comprovado, na presente hipótese, o nexo de causalidade entre a redução parcial da capacidade para o trabalho e o exercício de suas funções laborais habituais, não é cabível afastar a concessão do auxílio-acidente somente pela possibilidade de desaparecimento dos sintomas da patologia que acomete o segurado, em virtude de tratamento ambulatorial ou cirúrgico.

Uma coisa é existir a redução da capacidade para o trabalho que habitualmente exercia; outra, saber se essa incapacidade irá persistir por um prazo indefinido. Acreditamos que para a concessão do benefício é necessária apenas a ocorrência da primeira situação, a segunda não se refere a um critério de concessão, mas a um critério de duração do benefício e, para isso, quem dirá o prazo são as hipóteses de cessação e ou suspensão do benefício.

5.4.2.3. Segurados Pré-Habilitados

Com relação aos segurados pré-habilitados a receberem o auxílio-acidente, constam aqueles que geram contribuição para o SAT/GILRAT. Isso significa que aqueles que possuem direito ao recebimento do auxílio-acidente devem previamente contribuir para os sistemas de acidente de trabalho, como forma de custear essa prestação estatal, um exemplo claro da regra da contrapartida.[20]

---

20 A regra da contrapartida é o termo utilizado pelo Prof. Wagner Balera para definir o que outros doutrinadores denominam de Princípio da Preexistência do Custeio em Relação a Benefícios e Serviços. No tema dos princípios da Seguridade Social, Wagner Balera pauta seu estudo na divisão entre valor, princípio e regra. Segundo o autor, os princípios são aqueles definidos no parágrafo único do artigo 194 da CF, no caso da contrapartida esta é definida como regra (art. 195, §5º da CF), daquelas que muito se aproximam dos princípios: "Há princípios que se aproximam das regras e, igualmente, regras que se equiparam a princípios" (BALERA, Wagner. *Sistema de Seguridade Social.* 7ª ed. São Paulo: LTr, 2014. p. 80-85).

No caso do empregado doméstico, a EC 72/2013 o incluiu no rol dos segurados que podem pleiteiam o benefício. Para tanto, trouxe também a previsão da contribuição 0,8%, por parte do empregador, para tal custeio.

Com relação aos requisitos específicos é necessário o laudo médico da perícia do INSS confirmando a redução da capacidade laborativa do segurado em decorrência de acidente de qualquer natureza. No caso do segundo requisito a carência não é exigida.

Antes da Lei nº 9.528/97, de 10 de dezembro de 1997, o benefício do auxílio-acidente era vitalício, podendo também ser acumulado com as aposentadorias do RGPS. Essa Lei, no entanto, alterou a fórmula de cálculo da aposentadoria precedida de auxílio-acidente, incorporando o valor desse benefício no salário de contribuição para cálculo do valor da aposentadoria.[21] Em contrapartida, vedou a acumulação desses dois benefícios, salvo direito adquirido.[22]

Entende a AGU que, para a acumulação do auxílio-acidente com proventos de aposentadoria, a lesão incapacitante e a concessão da aposentadoria devem ser anteriores às alterações inseridas pelo artigo 86 da Lei nº 8.213/91 e pela Lei nº 9.528/97 (Súmula 65 da AGU - 05/05/12). Para que seja caracterizado o direito adquirido à cumulação dos dois benefícios é necessário, de acordo com o entendimento sumulado pela AGU, que tanto a incapacidade geradora do auxílio-acidente quanto a concessão da aposentadoria sejam anteriores à mudança legislativa.

5.4.3. Aposentadoria Por Invalidez

5.4.3.1. Noções Gerais

Abordaremos esse tópico nos mesmos moldes dos benefícios anteriores, valorizando as características de cada benefício no que se refere ao grau da incapacidade exigido para o deferimento. Nesse primeiro momento, faremos apenas uma explanação sobre

21 A aposentadoria aqui se apresenta como uma das formas de cessação do auxílio-acidente; a outra é o evento morte.

22 KERTZMAN, Ivan. *Curso Prático de Direito Previdenciário*. 11ª ed. rev. ampl. e atual. Salvador: *Jus*PODIVM, 2014. p. 414.

os critérios de concessão para, em seguida, analisarmos as mudanças semânticas da invalidez.

Como dito no tópico sobre o benefício de auxílio-doença, com a reforma da previdência de 2019 houve uma mudança no texto constitucional, mais precisamente no artigo 201 da Constituição Federal. É que a cobertura a eventos de doença e invalidez, foram substituídos por pela cobertura dos eventos de incapacidade temporária ou permanente para o trabalho.

Essa alteração influencia nas próprias nomenclaturas dos benefícios, que antes eram chamados de auxílio-doença e aposentadoria por invalidez e, agora, tecnicamente, deverão ser chamados de auxílio por incapacidade temporária e aposentadoria por incapacidade permanente.[23]

Críticas à parte sobre a nova nomenclatura e por saber que num primeiro momento coexistiram os termos (antigo e novo), nesta obra ainda será usando o termo de aposentadoria por invalidez.

Aposentadoria por invalidez exige maior grau de incapacidade em relação aos auxílios. Aqui consideramos o termo "invalidez" como um grau elevado de incapacidade. Não há de se falar uma invalidez parcial, pois o conceito de invalidez já indica uma pessoa *enferma, que não pode trabalhar; nula, insubsistente. Ou seja, uma pessoa que, por velhice ou enfermidade, é incapaz de trabalhar. Pela concepção tradicional, na invalidez não existe capacidade de trabalho residual.*

Sob o ponto de vista estritamente médico-pericial, a invalidez é conceituada como uma incapacidade total, permanente, multi-

23 Não me parece que o termo "aposentadoria por incapacidade permanente para o trabalho" seja o mais adequado para designar o alcance do benefício anteriormente designado de aposentadoria por invalidez, aponto três motivos. Um, porque o a incapacidade permanente é também requisito para outro benefício, a auxílio acidente, sendo que para este trata-se de incapacidade parcial e para aquele é necessário a incapacidade total. Dois, é que a incapacidade não é permanente, pois existe a previsão de suspensão ou cancelamento do benefícios em caso de recuperação, devendo, portanto, ser usando o termo incapacidade por prazo indeterminado. Três, o complemento do termo "para o trabalho" poderia afastar a concessão destes benefícios para os segurados facultativos, uma vez que estes não trabalham.

profissional e insuscetível de reabilitação que garanta a subsistência do segurado.[24]

Nesse caso, de acordo com o entendimento tradicional, se o trabalhador possuir alguma sequela, por prazo indeterminado, que o impeça de bem desenvolver as suas atividades laborais e de grau abaixo de 100%, deve perceber o benefício de auxílio acidente;[25] *em caso de ser total sequela definitiva, eis a hipótese de concessão do benefício máximo.*[26]

Por esse motivo, pelo conceito ordinário a expressão invalidez é utilizada para uma incapacidade total; e a palavra incapacidade, para relativizar o grau de comprometimento das funções do indivíduo. Portanto, esta última pode assumir o adjetivo "parcial". No entanto, veremos mais adiante que esse conceito, para fins previdenciários, atinge outra conotação. Dessa forma, acreditamos que o risco social envolvido na aposentadoria por invalidez é a incapacidade para o trabalho.

5.4.3.2. Requisitos Legais

Partindo do disposto no artigo 42, da Lei nº 8.213/91, a aposentadoria por invalidez, uma vez cumprida, quando for o caso, a carência exigida, será devida ao segurado que, estando ou não em gozo de auxílio-doença, for considerado incapaz e insusceptível de reabilitação para o exercício de atividade que lhe garanta a subsistência, e ser-lhe-á paga enquanto permanecer nesta condição.

Assim como em qualquer benefício por incapacidade, é requisito obrigatório para concessão a existência do laudo médico

---

24 *Manual de Perícia Médica da Previdência Social*, aprovado pela Orientação Interna INSS/DIRBEN nº 73, 31 de outubro de 2002. p. 42.

25 Com opinião diversa sobre o tema, para Aragonés Viana a incapacidade para a profissão desenvolvida garante a concessão do benefício, não importando se, posteriormente, o segurado venha a exercer atividade informal ou subemprego. Mesmo diante dessa situação as condições do benefício ainda perduram, devendo o mesmo ser mantido. (VIANA, João Ernesto Aragonés. *Curso de Direito Previdenciário*. São Paulo: LTr. 2007).

26 RUBIN, Fernando. *Benefícios por incapacidade no Regime Geral de Previdência Social:* questões centrais de direito matéria e de direito processual. Porto Alegre: Livraria do Advogado, 2014.

do INSS atestando o fato descrito na norma como desencadeador do benefício. O que é exigido pelo artigo 42 da Lei do Plano de Benefícios é ser considerado "incapaz e insusceptível de reabilitação para o exercício de atividade que lhe garanta a subsistência".

Desta forma, qualquer atividade laboral desenvolvida pelo segurado após o deferimento do benefício retira-lhe o direito de continuar recebendo. No entanto, existem julgados que não comungam desse entendimento. Vejamos:

> PREVIDENCIÁRIO. VEREADOR. APOSENTADORIA POR INVALIDEZ. CUMULAÇÃO. POSSIBILIDADE. 1. É possível a percepção conjunta dos subsídios da atividade de vereança com os proventos de aposentadoria por invalidez, por se tratar de vínculos de natureza diversa, uma vez que, a incapacidade para o trabalho não significa, necessariamente, invalidez para os atos da vida política. 2. Agravo interno ao qual se nega provimento.[27]
> PROCESSUAL CIVIL. PREVIDENCIÁRIO. AGRAVO DO ART. 557, § 1º, DO CPC. APOSENTADORIA POR INVALIDEZ. VEREADOR. CUMULAÇÃO. POSSIBILIDADE. I - O exercício de mandato eletivo não configura o retorno à atividade laborativa, sendo possível a cumulação de proventos e benefício previdenciário. II - Agravo interposto pelo réu, na forma do art. 557, § 1º do CPC, improvido.[28]

Em ambos os casos, o julgador defende que o agente político, no caso dos autos, o vereador, não mantém vínculo profissional para com a Administração Pública, sendo o exercício das atividades de vereança um *munus público*, ainda que considerada, para fins previdenciários, de contribuição obrigatória. Como se sabe, para as atividades de vereador não há necessidade de capacitação técnica ou profissional, o que afastaria, por si só, a condição de invalidez e, como consequência, o direito ao benefício.

---

27 STJ - AgRg no Ag: 1027802 RS 2008/0059094-4, Relator: Ministro CELSO LIMONGI (DESEMBARGADOR CONVOCADO DO TJ/SP), Data de Julgamento: 15/09/2009, T6 - SEXTA TURMA, Data de Publicação: DJe 28/09/2009.

28 TRF-3 - AC: 2187 SP 0002187-21.2012.4.03.6117, Relator: DESEMBARGADOR FEDERAL SERGIO NASCIMENTO, Data de Julgamento: 11/02/2014, DÉCIMA TURMA.

Defende ainda que o vínculo que tais agentes entretêm com o Estado não é de natureza profissional mas de natureza política. Exercem um *munus* público. Vale dizer que o que os qualifica para o exercício das correspondentes funções não é a habilitação profissional, a aptidão técnica, mas a qualidade de cidadãos, membros da *civitas* e, por isso, candidatos possíveis à condução dos destinos da sociedade.

Por outro lado, a leitura do artigo 46 da Lei de Benefícios determina que "o aposentado por invalidez que retornar voluntariamente à atividade terá sua aposentadoria por invalidez automaticamente cancelada, a partir da data do retorno", isto é, se o segurado volta a exercer atividade laborativa, o benefício é cancelado imediatamente, já que não persiste mais uma das condições para a manutenção da aposentadoria, qual seja, a incapacidade para o trabalho.

Tomado em sua totalidade o risco de invalidez – considerado doença prolongada – ou – envelhecimento prematuro – e sempre dominado pela ideia de que a sua característica definidora é a redução ou eliminação da possibilidade para obter rendimentos do trabalho.[29]

O benefício possui como pressuposto justamente a incapacidade laboral do segurado[30]. Se ele retorna à atividade, mesmo que vinculada a outro regime de previdência, sem solicitar a rea-

---

29 Tradução nossa. OLEA, Manuel Alonso; PLAZA, José Luiz Tortuero. *Instituciones de seguridade social.* 14ª ed. Madrid: Editorial Civitas, 1995. p. 260. No original: "Tomado en su totalidad el riesgo de invalidez – considerado como enfermedad prolongada – o como – vejez premature -, y siempre dominado por la idea de que su rasgo definitorio es la reducción o eliminación de laposibilidad de obtener rentas de trabajo".

30 Justamente por isso é que temos insistido que o regime jurídico, assim como quaisquer definições jurídicas, só pode ser desvendado a partir dos dados do direito positivo, não podendo ser tomadas como premissas válidas ideias pré-concebidas, ainda que amplamente divulgadas, mas que não encontrem correspondência com aquilo que estabeleceram a Constituição e as leis (PULINO, Daniel. *A aposentadoria por invalidez no direito positivo brasileiro.* 1ª ed. São Paulo: LTr, 2001. p. 173).

lização de nova atividade médico-pericial, deve ter seu benefício cancelado.[31]

No presente caso, existe forte distorção do conceito de invalidez ao permitir que aquele considerado inválido receba rendimentos decorrentes de uma atividade laboral cumulados ao benefício de natureza incapacitante. Aqui, o que foi atingido não foi um critério periférico como carência ou duração da enfermidade, o que se torceu foi o ponto central do benefício, a própria invalidez e sua relação com a capacidade laboral.

Além da incapacidade médica laboral, para concessão da aposentadoria por invalidez, são necessárias 12 contribuições mensais, sendo, contudo, dispensada nos casos de acidente de qualquer natureza ou causa, doença profissional ou do trabalho e de doenças e afecções especificadas em lista elaborada pelo governo federal.[32]

A referida lista exime o segurado de comprovar a carência, e não o laudo médico. A lista de doenças não enumera enfermidades que dispensam o laudo do médico perito do INSS; o que se escusa, é o período mínimo de contribuições para a habilitação ao benefício.

O artigo 59 da Lei nº 8.213/91 prevê que a doença ou a lesão de que o segurado já era portador ao filiar-se ao RGPS não lhe dará direito à aposentadoria por invalidez, salvo quando a incapacidade sobrevier por motivo de progressão ou agravamento dessa doença ou lesão.

No entanto, a súmula 53 da TNU dispõe que: "Não há direito a auxílio-doença ou a aposentadoria por invalidez quando a incapacidade para o trabalho é preexistente ao reingresso do segurado no Regime Geral de Previdência Social". Desta forma, o segurado que perde sua qualidade e durante esse período fica incapaz para o trabalho, mesmo que retorne as contribuições ao RGPS, não terá direito ao benefício de aposentadoria por invalidez.

---

31 DUARTE, Marina Vasques. *Direito Previdenciário*. 5ª ed. Porto Alegre: Verbo Jurídico, 2007. p. 173.

32 KERTZMAN, Ivan. *Curso Prático de Direito Previdenciário*. 11ª ed. rev. ampl. e atual. Salvador: *Jus*PODIVM, 2014. p. 355-362.

5.4.3.3. Mutação semântica do conceito de invalidez

Nos últimos anos, as concessões de aposentadoria por invalidez e demais benefícios por incapacidade de natureza previdenciária e assistencial vêm crescendo. A concessão do benefício tem aumentado no âmbito administrativo e judicial, nas lides entre segurados e o INSS – notadamente após o advento dos Juizados Especiais Federais pela entrada em vigor da Lei nº 10.259/2001, de 12 de julho de 2001.[33]

O aumento na concessão dessa espécie de benefício de caráter contributivo traz à tona reflexões sobre a saúde do trabalhador em seus múltiplos aspectos. Tal fenômeno deve ser abordado de forma multidisciplinar, pois envolve temas como proteção à saúde do trabalhador, políticas públicas de saúde, reformas no sistema previdenciário, precarização das relações de trabalho, mudança na expectativa de vida e evolução da medicina, dentre outros.

Como já mencionado no capítulo sobre benefícios por incapacidade, o conceito de invalidez parte do pressuposto de que exista uma incapacidade gravíssima, ou seja, aquela que impossibilita o segurado de exercer qualquer atividade laboral, por isso, classificada como omniprofissional e por prazo indefinido.

Por esse motivo, caso exista capacidade residual o segurado deve procurar um outro benefício: o auxílio-acidente; e, caso a incapacidade perdure por prazo determinado, o benefício adequado é o auxílio-doença. Vamos chamar esse entendimento de entendimento tradicional, aquele aplicado sem a observação de fatores externos ao laudo médico e próximo ao que pensa o âmbito interno da autarquia previdenciária.

Apesar de não ser unanimidade, essa ideia é necessária para que delimitemos o alcance da aposentadoria por invalidez, evitando a interseção do fato gerador dos benefícios, o que criaria situações idênticas para benefícios diferentes, aumentando, assim, a instabilidade e a insegurança sobre o tema.

---

33 OLIVEIRA, Rafael Machado de. *Incapacidade biopsicossocial no Direito Previdenciário.* Disponível em: <www.agu.gov.br/page/download/index/id/16091847>. Acesso em: 4 abr. 2016.

Pela vagueza do conceito de invalidez, iniciaremos esse tópico com a análise da teoria dos conceitos jurídicos indeterminados no pensamento de Karl Engisch e sua distinção das cláusulas gerais.

Na sequência, traremos a opinião doutrinária sobre o conceito de invalidez e a opinião jurisprudencial sobre o assunto. No que se refere ao entendimento jurisprudencial, pela significativa quantidade de julgados sobre a matéria em âmbito federal, faremos uma análise qualitativa de julgados proferidos pela Turma Nacional de Uniformização dos Juizados Especiais (TNU).

No que se refere à TNU, na qual se concentra a maior parte das discussões sobre a matéria, optamos por realizar uma análise das súmulas sobre incapacidade e invalidez.

As concepções doutrinárias de invalidez

Para a análise doutrinária apresentaremos estudos que pontuam tanto a natureza jurídica do benefício de aposentadoria por invalidez quanto os elementos formadores do conceito disposto no artigo 42 da Lei nº 8.213/91.

Iniciando pelos apontamentos de Horvath Jr. sobre a natureza jurídica do benefício de aposentadoria por invalidez, temos um benefício de direito público subjetivo pelo segurado, de trato sucessivo, decorrente de risco biológico imprevisível, embora possa ser cessado a qualquer tempo caso se constate a recuperação da incapacidade para o trabalho. Logo, refere-se a um benefício com condição resolutiva.[34]

O risco biológico imprevisível é a invalidez – aqui entendida como aquela suficiente para retirar do segurado a capacidade laboral. Antes de adentrar a intensidade da incapacidade, se total ou parcial, cumpre analisar se a incapacidade deve ser relacionada ao trabalho antes desenvolvido pelo segurado ou a todo e qualquer ofício.

Para essa definição temos dois critérios adotados pela legislação de vários países: o critério profissional e o critério da incapacidade geral para o trabalho. No critério profissional, a incapacidade laborativa é avaliada em relação à diminuição que o

---

34 HORVATH JR. Miguel. *Direito Previdenciário.* 9ª ed. São Paulo: Quartier Latin, 2012. p. 260.

segurado sofreu levando-se em conta única e exclusivamente a atividade que anteriormente exercia.

No critério da impossibilidade geral para o trabalho, a capacidade residual deve ser avaliada não em relação à atividade anteriormente exercida, mas em relação às possibilidades de desenvolvimento de outra atividade que lhe garanta a subsistência.[35]

Sobe o assunto, Paul Durand ensina que se decidir definir a invalidez por sua relação com o exercício de uma atividade profissional, essa noção pode ser concebida, por sua vez, de forma mais ou menos ampla: pode tratar-se de uma incapacidade para exercer uma profissão, ou uma incapacidade geral para obter qualquer tipo de renda. Quando se prevê um benefício para uma profissão específica (o que acontece muitas vezes nas origens do seguro social), o indivíduo é considerado como inválido no momento em que é incapaz de exercer a profissão em questão.[36]

No caso do artigo 42 da Lei nº 8.213/91, o critério utilizado é o da impossibilidade geral para o trabalho, pois afirma "for considerado incapaz e insusceptível de reabilitação para o exercício de atividade". O uso da partícula "de" e não "da"' indica que a incapacidade deverá ser para toda e qualquer atividade que lhe garanta subsistência, e não apenas para aquela que desenvolvia anteriormente à incapacidade.

Sobre o assunto, Marina Vasques opina que "a aposentadoria por invalidez pressupõe que o segurado afaste-se de toda e qual-

35 HORVATH JR. Miguel. *Direito Previdenciário*. 9ª ed. São Paulo: Quartier Latin, 2012. p. 260.

36 Tradução nossa. DURAND, Paul. *La política contemporánea de seguridad social*. Madrid: Ministerio de Trabajo e Seguridad Social. 1991. p. 252-253. No original: "Si se decide definir la invalidez por su relación con el ejercicio de una actividad profesional, esta noción puede concebirse, a su vez, más o menos ampliamente: puede tratar-se de una incapacidad para ejercer una profesión *determinada*, o de una incapacidad *general* para obtener cualquier tipo de ingresos. Cuando se organiza un sistema de pensiones para una profesión determinada (cosa que ocurre muy a menudo en los orígenes de los seguros sociales), se considera al individuo como inválido en el momento en que es incapaz de ejercer la profesión en cuestión".

quer atividade profissional, mesmo que vinculada a regime previdenciário diverso do geral."[37]

Ainda sobre a natureza jurídica, a condição resolutiva do benefício permite a possibilidade de sua cessação em casos de recuperação da capacidade laborativa. Por esse motivo, preferimos utilizar a expressão "indefinida" para nos referirmos à duração da incapacidade, e não a expressão "permanente", utilizada para se distinguir do auxílio-doença.

Um pondo delicado do conceito de incapacidade se refere à intensidade da incapacidade, se necessariamente essa deve ser total ou se é possível a existência de uma capacidade residual do segurado.

Considerando que o entendimento tradicional sobre o nível da incapacidade da invalidez mostra-se aquele da impossibilidade total para qualquer atividade, afastando qualquer resíduo de capacidade, o entendimento atual é no sentido de flexibilizar o critério absoluto do nível de incapacidade.

Sobre o assunto, a doutrina guia para um entendimento mais aberto e aliado ao atual posicionamento jurisprudencial. Marina Vasques opina que considerado apto a exercer outra atividade, o segurado não faz jus a qualquer benefício, exceto auxílio-acidente se ficar com sua capacidade laborativa reduzida e se tratar de segurado empregado, trabalhador avulso ou segurado especial que contribua facultativamente. Todavia, as condições pessoais do segurado devem ser avaliadas dentro de seu contexto social, se considerada sua idade, aptidões, grau de instrução, limitações físicas que irão acompanha-lo dali para frente, bem como a diminuição do nível de renda que a nova profissão irá render.

Observe que, mesmo diante de impossibilidade de exercer qualquer atividade, surge uma ponderação do nível da incapacidade considerando as condições pessoais do segurado. Tal ponderação consiste na incapacidade laboral social, elemento formador do conceito de invalidez. Cumpre aqui ressaltar que a ponderação de tais elementos representa uma adequação da doutrina aos riscos sociais na pós-modernidade – conceituado e debatido em tópico anterior. Nesse caso representado pelo desemprego e pela

---

37 DUARTE, Marina Vasques. *Direito Previdenciário*. 5ª ed. Porto Alegre: Verbo Jurídico, 2007. p. 168.

dificuldade de reinserção ao mercado de trabalho que podem variar em decorrência da idade, grau de instrução e gravidade da enfermidade.

Sobre o tema, Miguel Horvath Jr. se alinha a esse pensamento e afirma a expressão digna de nota é que a incapacidade geradora da aposentadoria por invalidez há de impedir o exercício de atividade que lhe garanta a subsistência. Não se deve entender o evento gerador da aposentadoria por invalidez a incapacidade absoluta, total e completa do segurado. O sistema não exige o estado vegetativo laboral para a concessão deste benefício.[38]

Realmente o texto normativo não exige um grau máximo da incapacidade; apesar de se referir à invalidez o texto utiliza o termo incapacidade para conceituá-la. Somente o grau máximo de incapacidade é que poderia induzir a concepção ordinária do termo invalidez como sinônimo de inutilidade, e tal sinônimo não vincula seu conteúdo para fins previdenciários.

Na mesma linha de raciocínio, Ionas Gonçalves adverte que há um mínimo de invalidez, contido no *caput* do art. 42 do PBPS, que é aquele estado físico ou mental em que o segurado encontra-se incapacitado de prover seu sustento, à custa de seu trabalho. Entretanto, é conceito em grande medida indeterminado, que exige muitas vezes análises casuísticas.[39]

Daniel Pulino se dedica de forma mais detalhada ao seu estudo a respeito do conceito de invalidez. Ao analisar o nível de comprometimento da incapacidade na condição de trabalho do segurado, o autor é pontual ao afirmar que "o que interessa para configuração da invalidez em nosso direito é a perda da capacidade de ganho do segurado".[40]

A respeito do tema, Paul Durand pontua que a noção de invalidez que adota as legislações modernas é mais restritiva. A in-

---

38 HORVATH JR. Miguel. *Direito Previdenciário.* 9ª ed. São Paulo: Quartier Latin, 2012. p. 262.

39 GONÇALVES, Ionas Deda. *Direito previdenciário.* 3ª ed. São Paulo: Saraiva, 2008. p. 156.

40 PULINO, Daniel. *A aposentadoria por invalidez no direito positivo brasileiro.* São Paulo: LTr, 2001. p. 125.

validez é a incapacidade do indivíduo em obter uma remuneração adequada, de acordo com sua idade e habilidades, e dada a situação do mercado de trabalho: se trata de uma incapacidade geral de obter renda. Esta definição de invalidez responde apenas ao espírito dos sistemas de seguridade social modernos, que têm um caráter interprofissional, que garante a segurança dos rendimentos do trabalho.[41]

A perda da capacidade como elemento indispensável para configuração da invalidez, configura o que Pulino chama de "substancial incapacidade". O termo relaciona-se com a perda ou a diminuição de rendas que abatem, substancialmente, o orçamento familiar do segurado; que pode - e deve - ser considerada apta, pois, a permitir a outorga de aposentadoria por invalidez.[42]

Súmulas da TNU

A maior parte das demandas previdenciárias no Brasil tramitam nos Juizados Especiais Federais. Pela grande quantidade de julgados, a ideia de fazer um apanhado das decisões, mesmo apenas aquelas julgadas pela Turma Nacional de Uniformização, seria necessária a transcrição de muitos decisórios para termos uma noção do entendimento dessa corte sobre o assunto.

Para tanto, no caso da análise do entendimento dos juizados especiais federais realizaremos uma análise das súmulas que tratam de incapacidade: 47, 77 e 78 da TNU indicando o conteúdo, a

41 DURAND, Paul. *La política contemporánea de seguridad social.* Madrid: Ministerio de Trabajo e Seguridad Social. 1991. p. 253. No original: "La noción de invalidez que adoptan las legislaciones modernas es más restrictiva. La invalidez consiste en la incapacidad del individuo para obtener una remuneración suficiente, de acuerdo con su edad y sus aptitudes, y habida cuenta de la situación del mercado de trabajo: se trata de una incapacidad general para obtener ingresos. Esta definición de la invalidez responde sólo al espíritu de los sistemas modernos de Seguridad Social, que presentan un carácter interprofesional, y que garantizan la seguridad de ingresos provenientes del trabajo".

42 PULINO, Daniel. *A aposentadoria por invalidez no direito positivo brasileiro.* São Paulo: LTr, 2001. p. 129/131.

data de publicação e os precedentes. Com isso, pretendemos analisar o atual posicionamento dos juizados e delimitar o conceito de invalidez.

A importância das súmulas no âmbito da TNU se mostra muito mais patente quando analisamos o termo do artigo 38 do seu regimento interno, publicado na forma da Resolução nº CJF-RES-2015/00345 de 2 de junho de 2015: "Art. 38. Os enunciados das súmulas prevalecem sobre a jurisprudência anterior, aplicando-se a casos não definitivamente julgados, e serão revistos na forma estabelecida neste Regimento Interno".

O desenvolvimento será feito pelo critério cronológico. Portanto, iniciaremos pelo que diz e representa a súmula 47:

> Súmula 47 TNU
> Uma vez reconhecida a incapacidade parcial para o trabalho, o juiz deve analisar as condições pessoais e sociais do segurado para a concessão de aposentadoria por invalidez.
> DOU DATA 15/03/2012

O entendimento da súmula 47 representa uma construção jurisprudencial que pontua duas situações delicadas com relação ao risco social da aposentadoria por invalidez. A primeira se relaciona com a possibilidade da concessão da invalidez em caso de incapacidade parcial confirmando, com isso, que o art. 42 do PBPS não exige a incapacidade total. A segunda se refere à condição na qual, uma vez não comprovada a incapacidade total, o julgador deve analisar as condições pessoais e sociais do segurado para a concessão de aposentadoria por invalidez.

Essas "condições pessoais e sociais do segurado" por um lado trouxeram um parâmetro para flexibilizar o critério absoluto do laudo médico, mas, por outro, ainda deixaram uma significativa margem de indefinição dos critérios a serem utilizados para a concessão do benefício.

Idade, grau de escolaridade, condição econômica e grau de vulnerabilidade, são, por exemplo, critérios pessoais a serem considerados na concessão do benefício. No entanto, na concessão existe o risco de uma supervalorização desses critérios em relação à enfermidade que, caso ocorra, surge sério risco de desvirtuar a finalidade do benefício.

Em 2013, foi editada e publicada a súmula 77 com a seguinte redação:

> Súmula 77 TNU
> O julgador não é obrigado a analisar as condições pessoais e sociais quando não reconhecer a incapacidade do requerente para a sua atividade habitual.
> DOU 06/09/2013

Essa súmula foi editada em decorrência do risco criado pela súmula 47 de supervalorizar os critérios sociais e pessoais e consequentemente menosprezar os critérios médicos da incapacidade laboral. Pela simples leitura podemos extrair do texto que, caso não exista incapacidade, o juiz não está obrigado a analisar os fatores pessoais e sociais. Com isso, caso o segurado não possua o mínimo de incapacidade o juiz não deve (obrigatoriamente) analisar os critérios pessoais e sociais para a concessão do benefício.

Podemos diz que a súmula 77 é reguladora, cujo objetivo reside em manter a função social do benefício de aposentadoria por invalidez, mantendo protegido o risco social do benefício, que é a incapacidade laboral.

Notemos que a edição dessas duas súmulas ocasionou um "abre e fecha" na forma de concessão da aposentadoria por invalidez. Percebemos que falta um equilíbrio de valoração entre critério médico e fatores sociais. Na primeira súmula (47), a TNU pesou a mão na valoração dos fatores sociais; e a segunda (77) veio para corrigir. Nada mais natural, até porque a dosimetria perfeita necessita de tempo para que se observe o comportamento da sociedade diante da mudança de dimensões de risco, da modernidade para a pós-modernidade.

No segundo semestre de 2014, a TNU editou a súmula 78, publicada em 17/09 do mesmo ano com a seguinte redação:

> Súmula 78 TNU
> Comprovado que o requerente de benefício é portador do vírus HIV, cabe ao julgador verificar as condições pessoais, sociais, econômicas e culturais, de forma a analisar a incapacidade em sentido amplo, em face da elevada estigmatização social da doença.
> DOU 17/09/2014

A terceira súmula é marcada pela possibilidade de deferimento do benefício com base na incapacidade em "sentido amplo", não definindo se obrigatoriamente deve haver um grau existente de incapacidade médica. Pode ocorrer, nessa amplitude da incapacidade, o mesmo risco da súmula 47.

Neste caso, estamos diante da possibilidade de supervalorização dos fatores sociais e pessoais em detrimento da incapacidade médica e ainda da não possível, mas clara valorização, de um fator pessoal sobre os outros: o estigma social.

Elementos formadores do conceito jurídico de invalidez

A fim de que sejamos capazes de construir o conceito jurídico de invalidez, necessitamos analisar dois elementos: a) o laudo médico; b) a incapacidade laboral social.

Laudo Médico

Na perícia Médica o laudo pericial é a prova decisiva da condição de incapacidade laborativa, com vistas a assessorar/subsidiar a concessão de um benefício por incapacidade. É ato médico e prova técnica cabal e indispensável.

Perícia é prova, e como prova só pode ser constituída sobre elementos concretos, é imprescindível que se labore, para cada caso o competente laudo médico pericial. A caracterização da incapacidade laborativa depende, em primeiro lugar, de um exame médico acurado. É através de exame médico pericial, com todos os seus comemorativos, que o médico perito colhe os elementos e elabora um laudo pericial.[43]

A invalidez previdenciária é precedida por uma incapacidade laboral médica. No conceito proposto, o primeiro elemento (laudo médico) torna-se obrigatório, não apenas a sua existência, mas a comprovação de uma incapacidade, mesmo que de forma relativa, para que se chegue a uma invalidez.

---

43 PATSIS, Keti Stylianos; TRAZUB, Cláudio José. *Perícia médica previdenciária: benefícios por incapacidade*. Salvador: Editora Jus Podivm, 2020. p. 94.

A comprovação da incapacidade total, ou seja, da invalidez na concepção tradicional (nulo, inutilizado), é por si a comprovação necessária ao cumprimento da exigência do artigo 42 do PBPS, inexistindo, portanto, qualquer dúvida sobre a incapacidade para o exercício de atividade que lhe garanta a subsistência.

No caso da existência de incapacidade total do segurado, em que suas habilidades para a vida laboral são reduzidas a zero, estamos diante do que Daniel Pulino chama de "zona de certeza positiva", aquela de luminosidade intensa do conceito jurídico de invalidez.

No entanto, existe uma outra zona intermediária em que o interprete sentirá maior dificuldade, que segundo Pulino é evidente que tais casos não esgotam as possibilidades de aplicação do conceito (e precisamente por isso, temos insistido na impropriedade de dizer que a invalidez pressupõe incapacidade total, absoluta de trabalho); aliás, é justamente em seu campo intermediário ou de relativa incerteza que o intérprete sentirá maior dificuldade de resolução.[44]

A aferição da invalidez não se resume, portanto, numa comprovação de ordem exclusivamente médica – embora seja uma condição necessária para a edição do ato de concessão do benefício – compreendido um juízo complexo, em que se deve avaliar a concreta possibilidade do segurado conseguir retirar do próprio trabalho rena suficiente para manter sua subsistência em patamares, senão iguais, ao menos compatíveis com aqueles que apresentavam antes de sua incapacitação.[45]

Não podemos ignorar o laudo médico para a definição da invalidez. A incapacidade deve ser, no mínimo, parcial. A inexistência de incapacidade pode ocasionar um perigoso desvirtuamento do benefício numa tutela genérica de desemprego ou de qualquer outra consequência de desequilíbrio socioeconômico.

---

44 PULINO, Daniel. *A aposentadoria por invalidez no direito positivo brasileiro.* São Paulo: LTr, 2001. p. 123.

45 PULINO, Daniel. *A aposentadoria por invalidez no direito positivo brasileiro.* São Paulo: LTr, 2001. p. 125-126.

Com relação ao grau da incapacidade parcial apresentado por laudo médico, propomos a exigência de um percentual significativo de redução de sua capacidade laboral.

Mesmo não fixando um percentual de redução da capacidade laboral, exige-se uma redução substancial que, tomando como exemplo a legislação espanhola, para que o segurado seja considerado parcialmente incapaz é necessário que a redução da capacidade laboral seja superior a 33%. Vejamos o artigo 194 da lei geral da seguridade social espanhola:

> **Artigo 194. *Graus de incapacidade permanente.***
> *1. A incapacidade permanente, qualquer que seja sua causa, se classificará de acordo com os seguintes graus:*
> *a) incapacidade permanente parcial para profissão habitual.*
> *[...]*
> *3. Se entenderá por incapacidade permanente parcial para a profissão habitual a que, sem alcançar o grau total, ocasione ao trabalhador uma diminuição não inferior a 33 por cento em seu rendimento normal para dita profissão, sem impedir da realização das tarefas fundamentais da mesma.*[46]

A utilização de percentual para redução da incapacidade não nos parece a saída mais adequada, pois, dessa forma, se corre o sério risco de decisões arbitrárias. Por isso, exige-se uma significativa redução para que não ocorra o desvirtuamento do benefício da aposentadoria por invalidez pela valoração de critérios extramédicos.

---

46 Tradução e grifos do autor. *Real Decreto Legislativo nº 8/2015: "Artículo 194. Grados de incapacidad permanente.*
1. La incapacidad permanente, cualquiera que sea su causa determinante, se clasificará con arreglo a los siguientes grados:
a) Incapacidad permanente parcial para la profesión habitual.
[...]
3. Se entenderá por incapacidad permanente parcial para la profesión habitual la que, sin alcanzar el grado de total, ocasione al trabajador una disminución no inferior al 33 por ciento en su rendimiento normal para dicha profesión, sin impedirle la realización de las tareas fundamentales de la misma".

Sobre o problema apontado, Mattia Persiani traz um exemplo ocorrido na Itália em período pós-1980, no qual a supervalorização dos critérios socioeconômicos na definição da invalidez trouxe uma expansão anômala do número de aposentados por invalidez especialmente no sul da Itália, já eram, há muito, os mais numerosos por velhice. De tal modo, devia-se considerar que, além das avaliações acolhidas pelo legislador, a função original da pensão por invalidez terminara, na prática, por ser deformada e desnaturada até tornar-se uma genérica tutela de desocupação, e isto em razão da prevalência dada, em termos de verificação da invalidez, aos critérios de avaliação referidos às assim chamadas condições socioeconômicas.[47]

A dispensa da incapacidade médica para o trabalho na configuração da aposentadoria por invalidez significa a retirada do elemento caracterizador da função social do benefício, como expressa Russomano ao formular o seu conceito: "aposentadoria por invalidez é o benefício decorrente da incapacidade do segurado para o trabalho, sem perspectiva de reabilitação para o exercício de atividade capaz de lhe assegurar a subsistência".[48]

Portanto, com relação ao primeiro elemento, concluímos que o laudo médico, além de indispensável, deve atestar, no mínimo, a incapacidade parcial laboral do segurado e, somente a partir dessa comprovação, é que podemos analisar a incapacidade laboral social.

Incapacidade laboral social

Cumpre destacar que o segundo elemento do conceito jurídico de invalidez (incapacidade laboral social) somente será analisado nos casos em que ocorra a incapacidade parcial do segurado sendo, portanto, um elemento complementar. Caso o segurado possua incapacidade total, automaticamente resta comprovada a

---

47 PERSIANI, Mattia. *Direito da previdência social*. São Paulo: Quartier Latin, 2009. p. 306.

48 RUSSOMANO, Mozart Victor. *Comentários à consolidação das leis da previdência social*. 2ª ed. São Paulo: Revista dos Tribunais, 1981.

inexistência de meios que garantam a subsistência do segurado, portanto, considerado inválido.

O elemento da incapacidade laboral social consiste na comprovação da redução da capacidade de trabalho compatível com as habilidades do segurado. No entanto, vários elementos são considerados para tal redução laboral.

A incapacidade laboral social se caracteriza por um perfil individualizado do segurando no qual são avaliados os fatores sociais, culturais e econômicos (aspecto amplo) e ainda critérios individuais (aspeto estrito) que são ponderados na análise da redução da capacidade específica laboral e que completem a parcial incapacidade médica:

a) idade;
b) sua origem;
c) nível de instrução do segurado;
d) condições habitacionais;
e) característica do trabalho que exercia;
f) possibilidade de reinserção no mercado de trabalho;
g) natureza da doença;
h) agravamento que a atividade pode causar a doença para si ou terceiro;
i) tempo de percepção de auxílio doença;
j) fatores estigmatizantes da doença.

Dentre os itens apresentados no rol acima – diga-se, não é uma lista exaustiva –, existem pontos relacionados diretamente ao indivíduo ("a", "b", "c" e "d"), itens relacionados ao trabalho, que também possuem relação individual ("e" e "f") e itens relacionados à doença ("g", "h", "i" e "j"). Essa diversidade se deve à necessidade de ponderar aspectos gerais e pessoais para a definição da invalidez.

A incapacidade laboral social possui como finalidade comprovação da redução da capacidade específica para o trabalho,[49]

49 Comprovada a redução da capacidade específica para o trabalho, restando ao segurado a possibilidade de exercer outra atividade profissional distinta daquela que anteriormente exercia, este não poderá ser considerado inválido. Ninguém pode ser considerado inválido se ainda pode obter uma remuneração normal com seu trabalho, mesmo em outra atividade profissional.

ou seja, aquela relacionada com as habilidades pessoais do segurado. Tal relação possui como objetivo evitar a supervalorização de elementos gerais em detrimento dos individuais. Essa supervalorização pode deformar e desvirtuar a função social do benefício.[50]

No entanto, a verificação genérica pode revelar-se fácil quando se trata de trabalhador idoso com tempo de contribuição para o qual, consequentemente, foi verificada uma estabilização da experiência profissional. Mas incerto será, em contrapartida, o êxito daquela verificação quando se trata de trabalhadores jovens, para os quais seria de se presumir maior adaptabilidade.[51]

Por esse motivo, não se pode apenas observar o nível de desemprego do país ou se a doença possui fator estigmatizante, para se conceder um benefício. Para a configuração da incapacidade laboral social é necessário que estejam presentes os elementos individuais relacionados à redução da capacidade específica de trabalho. Os elementos genéricos, por sua vez, também serão importantes na comprovação dessa redução, como é o caso dos fatores relacionados com desemprego, estigma da doença, possibilidade de reinserção ao mercado de trabalho e outros.

Desta forma, concordamos com Paul Durand quando afirma que "a determinação da invalidez não pode ser objeto de regras gerais. Cada caso exige uma decisão individual".[52]

---

50 Devem ser sopesadas as condições pessoais do próprio segurado para aferir se a existência, ou não, da possibilidade concreta de ele poder vir a ser reaproveitado em trabalho que, conquanto distinto daquele que anteriormente exercitava, possa, ainda assim, proporcionar a manutenção das suas condições de subsistência. Com o designativo "pessoais" não se quer referir, de forma alguma, aos sujeitos a quem compete a avaliação da capacidade de ganho, mas, isso sim, ao contexto formado a partir do impacto da lesão ou enfermidade sofrida pelo trabalhador sobre a sua capacidade de engajar-se em atividade que lhe mantenha o nível de subsistência. (PULINO, Daniel. *A aposentadoria por invalidez no direito positivo brasileiro*. São Paulo: LTr, 2001. p. 126).

51 PERSIANI, Mattia. *Direito da previdência social*. São Paulo: Quartier Latin, 2009. p. 310.

52 Tradução nossa. DURAND, Paul. *La política contemporánea de seguridad social*. Madrid: Ministerio de Trabajo e Seguridad Social. 1991. p. 253. No original: "La determinación de la invalidez no puede ser objeto de reglas generales. Cada caso exige una decisión individual".

Pelo exposto, podemos delimitar o conceito jurídico de invalidez pela ponderação de dois elementos: um de natureza médica e outro de natureza social. A caracterização da invalidez inicia obrigatoriamente no laudo médico. Da análise médica podemos extrair três resultados: a) capacidade laboral total; b) incapacidade laboral total; c) incapacidade laboral parcial."

Uma vez ocorrendo a hipótese "a" podemos indeferir de plano a invalidez, pois não há de ser falar em invalidez nos casos de capacidade laboral plena, pelo modelo proposto, torna-se necessário pelo menos a parcialidade de incapacidade, sob pena de degenerar a natureza do benefício.

Ocorrida a hipótese "b" estamos diante dos casos da zona de certeza, ou seja, com o laudo médico atestando a incapacidade total do segurado não restam dúvidas que o mesmo, uma vez implementado o requisito da carência, está apto ao recebimento do benefício, pois comprova, sem qualquer dúvida, que existe a incapacidade para o exercício que lhe garanta a subsistência. Nesse caso, resta prejudicada a análise do segundo requisito de que, uma vez comprovada a incapacidade total, pouco importa se o segurado sofre de incapacidade laboral social.

Caso exista a incapacidade médica laboral parcial, analisar-se-á um elemento que possa completar a incapacidade médica: a incapacidade laboral social. Se, diante da análise individualizada dos critérios acima expostos, restar comprovada a redução da capacidade específica laboral do segurado, consubstanciadas pela análise dos fatores gerais e individuais apresentados, o segurado está apto para receber o benefício de aposentadoria por invalidez.

Portanto, a incapacidade laboral social se apresenta como um elemento que auxilia no conceito de invalidez nos casos de aposentadoria no âmbito do regime geral de previdência social. A estrutura do atual conceito de invalidez passa por critérios médicos e critérios extramédicos. Contudo, para evitar uma supervalorização genéricos e critérios extramédicos tal incapacidade guarda relação com a redução da capacidade específica para o trabalho que, somada aos aspectos amplos (sociais, econômicos e culturais) aos quais o segurado está submetido, venha a caracterizar a invalidez.

5.4.3.4. Grande Invalidez

Em alguns casos (listados no Anexo I do Decreto nº 3.048/99) o valor da aposentadoria por invalidez será acrescido em 25% (vinte e cinco por cento) nos casos em que necessitar de assistência permanente de outra pessoa,[53] esse valor é devido mesmo que ultrapasse o teto do salário de contribuição do RGPS. Lembrando que essa vantagem não é transmitida para pensão e cessa com a morte do segurado.

A título ilustrativo, segue a lista das doenças constantes no Anexo I do Decreto nº 3.048/99:

1. Cegueira total.
2. Perda de nove dedos das mãos ou superior a esta.
3. Paralisia dos dois membros superiores ou inferiores.
4. Perda dos membros inferiores, acima dos pés, quando a prótese for impossível.
5. Perda de uma das mãos e de dois pés, ainda que a prótese seja possível.
6. Perda de um membro superior e outro inferior, quando a prótese for impossível.
7. Alteração das faculdades mentais com grave perturbação da vida orgânica e social.
8. Doença que exija permanência contínua no leito.
9. Incapacidade permanente para as atividades da vida diária.

Pulino define que a necessidade sentida pelo segurado nos casos de grande invalidez consiste em não ser ele capaz de realizar, por si, as atividades exigidas no dia a dia de sua vida. Vê-se, portanto, que o parâmetro a ser levado em conta pela perícia, aqui, implica um grande acréscimo na perspectiva médico-pericial

53 Artigo 45 da Lei nº 8.213/91: Art. 45. O valor da aposentadoria por invalidez do segurado que necessitar da assistência permanente de outra pessoa será acrescido de 25% (vinte e cinco por cento). Parágrafo único. O acréscimo de que trata este artigo: a) será devido ainda que o valor da aposentadoria atinja o limite máximo legal; b) será recalculado quando o benefício que lhe deu origem for reajustado; c) cessará com a morte do aposentado, não sendo incorporável ao valor da pensão.

que se opera apara aferir a aposentadoria por invalidez, na qual se tem em mira, apenas, a capacidade de ganho do trabalhador.[54]

É relevante ainda esclarecer que o fato gerador do benefício é o de "necessitar da assistência permanente de outra pessoa". Portanto, não importa quem é a pessoa que irá prestar a ajuda, podendo ser parente ou qualquer outra que tenha obrigação de prestar a assistência, a necessidade de assistência é suficiente para receber o adicional.

Um conflito se apresenta quando se questiona se o adicional de 25% (vinte e cinco por cento) está vinculado apenas ao benefício de aposentadoria por invalidez ou se poderia ser concedido como complementar a qualquer outra aposentadoria do RGPS.

Existe uma corrente que defende que, caso o segurado necessite da ajuda de um terceiro durante o período de recebimento de qualquer outra aposentadoria, ele não fará *jus* ao adicional. Esse entendimento era predominante na doutrina e na jurisprudência, no entanto, a Turma Nacional de Uniformização na sessão de 11 de março de 2015, entendeu que deve ser aplicado o princípio da isonomia, ou seja, da igualdade entre as pessoas.

A Turma Nacional nos autos do processo 0501066-93.2014.4.05.8502 concluiu que o percentual, na verdade, é um adicional previsto para assistir àqueles que necessitam de auxílio de outra pessoa, não importando se a invalidez decorre de fato anterior ou posterior à aposentadoria.

No julgado citado, o Desembargador Vitor Roberto Corrêa de Souza pontua:

> Contudo, o atual modelo de proteção social não se mantém a partir de posturas mecanicistas de aplicação meramente literal dos conceitos legais, mas, isto sim, demanda uma atuação cada vez mais participativa do Judiciário no processo de desenvolvimento e de aperfeiçoamento do sistema previdenciário.
> Nesse passo, a interpretação meramente literal do dispositivo acima invocado pode causar distorções na garantia que se pretendeu

54 PULINO, Daniel. *A aposentadoria por invalidez no direito positivo brasileiro.* 1ª ed. São Paulo: LTr, 2001. p. 173.

> conferir aos portadores de enfermidades com alta potencialidade incapacitante, igualmente dependentes de ajuda alheia.
> Com isto, quer-se dizer que, no entendimento deste relator, a especial proteção destinada àqueles que dependem de assistência permanente de terceiros deve ser assegurada a todas as categorias de aposentados do RGPS, e não só aos aposentados por motivo de invalidez. [...]
> Por tudo quanto fora exposto nestas razões, em nome dos postulados da igualdade e da dignidade da pessoa humana e defronte de uma evidente situação de necessidade, curvo-me à inafastável conclusão de que o acréscimo previsto no art. 45 da Lei nº 8.213/91 deve ser garantido a todo segurado – que necessitar da assistência permanente de outra pessoa||, independentemente da espécie de aposentadoria de que é beneficiário.
> Por fim, reitero a aplicação do princípio da proibição da vedação da proteção deficiente a exigir que o legislador trate de maneira adequada a proteção aos direitos humanos. Assim, efetivamente, há uma omissão legal que pode ser deduzida diretamente da Constituição e que, portanto, pode ser sanada pelo Poder Judiciário, de modo que aquele aposentado que precise de ajuda de uma terceira pessoa, pela sua peculiar condição atual de invalidez, faça jus a um acréscimo no seu benefício previdenciário.
> [...]
> Destarte, não pode haver diferença para concessão do acréscimo de 25%, tanto para aposentadoria por invalidez, quanto para qualquer outra modalidade de aposentadoria, desde que comprovada a necessidade pelo segurado da assistência permanente de terceira pessoa, pois qualquer interpretação diferente afrontaria a igualdade entre os aposentados e a dignidade da pessoa humana, por colocar em risco a garantia das condições existenciais mínimas.

Em recente julgado, o TRF da 4ª Região se alinha ao pensamento da TNU. Transcreve-se:

> PREVIDENCIÁRIO. ART. 45 DA LEI DE BENEFÍCIOS. ACRÉSCIMO DE 25% INDEPENDENTEMENTE DA ESPÉCIE DE APOSENTADORIA. NECESSIDADE DE ASSISTÊNCIA PERMANENTE DE OUTRA PESSOA. NATUREZA ASSISTENCIAL DO ADICIONAL. CARÁTER PROTETIVO DA NORMA. PRINCÍPIO DA ISONOMIA. PRESERVAÇÃO DA DIGNIDADE DA PESSOA HUMANA. DESCOMPASSO DA LEI COM

A REALIDADE SOCIAL. 1. A possibilidade de acréscimo de 25% ao valor percebido pelo segurado, em caso de este necessitar de assistência permanente de outra pessoa, é prevista regularmente para beneficiários da aposentadoria por invalidez, podendo ser estendida aos demais casos de aposentadoria em face do princípio da isonomia. 2. A doença, quando exige apoio permanente de cuidador ao aposentado, merece igual tratamento da lei a fim de conferir o mínimo de dignidade humana e sobrevivência, segundo preceitua o art. 201, inciso I, da Constituição Federal. 3. A aplicação restrita do art. 45 da Lei nº 8.213/1991 acarreta violação ao princípio da isonomia e, por conseguinte, à dignidade da pessoa humana, por tratar iguais de maneira desigual, de modo a não garantir a determinados cidadãos as mesmas condições de prover suas necessidades básicas, em especial quando relacionadas à sobrevivência pelo auxílio de terceiros diante da situação de incapacidade física ou mental. 4. O fim jurídico-político do preceito protetivo da norma, por versar de direito social (previdenciário), deve contemplar a analogia teleológica para indicar sua finalidade objetiva e conferir a interpretação mais favorável à pessoa humana. A proteção final é a vida do idoso, independentemente da espécie de aposentadoria. 5. O acréscimo previsto na Lei de Benefícios possui natureza assistencial em razão da ausência de previsão específica de fonte de custeio e na medida em que a Previdência deve cobrir todos os eventos da doença. 6. O descompasso da lei com o contexto social exige especial apreciação do julgador como forma de aproximá-la da realidade e conferir efetividade aos direitos fundamentais. A jurisprudência funciona como antecipação à evolução legislativa. 7. A aplicação dos preceitos da Convenção Internacional sobre Direitos da Pessoa com Deficiência assegura acesso à plena saúde e assistência social, em nome da proteção à integridade física e mental da pessoa deficiente, em igualdade de condições com os demais e sem sofrer qualquer discriminação.[55]

Observamos aqui a aplicabilidade do princípio da Dignidade da Pessoa Humana, ao permitir a concessão do adicional de 25% aos demais segurados do RGPS que não guardam relação com a aposentadoria por invalidez. O princípio é aplicado visando prote-

---

55 TRF/4, AC 0017373-51.2012.404.9999/RS, 5ª Turma, Des. Federal Rogério Favreto, de 16.09.2013.

ger minimamente os segurados de uma situação de extrema gravidade e necessidade de ajuda de terceiros.

5.4.4. Habilitação e Reabilitação Profissional

5.4.4.1. Funções Básicas

As prestações previdenciárias são predominantemente associadas aos benefícios, ao pagamento de um determinado valor para suprir a situação de contingência social na qual se encontre o segurado ou seus dependentes. Mas a reabilitação profissional é diferente, pois significa uma prestação previdenciária na modalidade serviço. Prevista no artigo 89, da Lei nº 8.213/91, a reabilitação profissional deve ser prestada por meio das seguintes funções básicas:

> **Art. 89.** *A habilitação e a reabilitação profissional e social deverão proporcionar ao beneficiário incapacitado parcial ou totalmente para o trabalho, e às pessoas portadoras de deficiência, os meios para a (re) educação e de (re)adaptação profissional e social indicados para participar do mercado de trabalho e do contexto em que vive.*
> *Parágrafo único. A reabilitação profissional compreende:*
> *a) o fornecimento de aparelho de prótese, órtese e instrumentos de auxílio para locomoção quando a perda ou redução da capacidade funcional puder ser atenuada por seu uso e dos equipamentos necessários à habilitação e reabilitação social e profissional;*
> *b) a reparação ou a substituição dos aparelhos mencionados no inciso anterior, desgastados pelo uso normal ou por ocorrência estranha à vontade do beneficiário;*
> *c) o transporte do acidentado do trabalho, quando necessário.*

Cumpre inicialmente distinguirmos a habilitação profissional da reabilitação profissional. O primeiro caso se refere à preparação de uma pessoa inapta para exercer atividades que nunca desempenhou, por incapacidade física ou deficiência hereditária. No segundo caso, a pessoa já teve aptidão para desempenhar alguma atividade, todavia, por enfermidade ou acidente, a perdeu.

5.4.4.2. Requisitos Básicos

Diante do conceito, os deficientes serão habilitados a exercer uma atividade e aqueles acidentados ou enfermos, que antes desempenhavam alguma função, serão reabilitados.

O *caput* do artigo 89 da Lei dos Benefícios indica a quem se destinam esses serviços "proporcionar ao beneficiário incapacitado parcial ou totalmente para o trabalho". Notamos que aqui o termo utilizado foi "beneficiário", por esse motivo, estão incluídos como destinatários dos serviços tanto os segurados quanto seus dependentes.

Dentre os sujeitos que irão fruir de tal benefício, a legislação impõe aos aposentados por invalidez,[56] os em gozo de auxílio-doença,[57] e os dependentes inválidos que recebem benefícios[58] a obrigação de submeter-se ao processo de reabilitação.

Os requisitos para concessão desta prestação previdenciária são os mesmos de qualquer benefício: a carência e a contingência social. A carência é dispensada,[59] necessitando apenas ser segu-

---

56 Decreto nº 3.048/99, Art. 46: "O segurado aposentado por invalidez está obrigado, a qualquer tempo, sem prejuízo do disposto no parágrafo único e independentemente de sua idade e sob pena de suspensão do benefício, a submeter-se a exame médico a cargo da previdência social, processo de reabilitação profissional por ela prescrito e custeado e tratamento dispensado gratuitamente, exceto o cirúrgico e a transfusão de sangue, que são facultativos".

57 Decreto nº 3.048/99, Art. 77. "O segurado em gozo de auxílio-doença está obrigado, independentemente de sua idade e sob pena de suspensão do benefício, a submeter-se a exame médico a cargo da previdência social, processo de reabilitação profissional por ela prescrito e custeado e tratamento dispensado gratuitamente, exceto o cirúrgico e a transfusão de sangue, que são facultativos".

58 Decreto nº 3.48/99, Art. 109. "O pensionista inválido está obrigado, independentemente de sua idade e sob pena de suspensão do benefício, a submeter-se a exame médico a cargo da previdência social, processo de reabilitação profissional por ela prescrito e custeado e tratamento dispensado gratuitamente, exceto o cirúrgico e a transfusão de sangue, que são facultativos.

59 Decreto nº 3.048/99, Art. 30. Independe de carência a concessão das seguintes prestações: [...] V – reabilitação profissional".

rado ou dependente. Quanto ao segundo requisito, o beneficiário deverá estar incapacitado parcial ou totalmente para o trabalho, aqui se incluem os que estão em gozo de auxílio-doença e aposentadoria por invalidez.

Com relação ao momento do esgotamento da prestação da habilitação e reabilitação profissional, Miguel Horvath Júnior ensina que a obrigação da previdência social extingue-se com a conclusão do processo de habilitação ou reabilitação social/profissional desenvolvida mediante cursos e/ou tratamento na comunidade, culminando na expedição do certificado individual de habilitação ou reabilitação, indicando a função para a qual o reabilitado foi capacitado profissionalmente, sem prejuízo do exercício de outra para qual se julgue capacitado.[60]

Após a emissão do certificado está encerrada a relação entre o beneficiário e a Previdência Social, não constituindo obrigação desta a manutenção do segurado no mesmo emprego ou a sua colocação em outro para o qual foi reabilitado.[61] O que a previdência deve fazer é a articulação com a comunidade com vistas ao levantamento da oferta de mercado de trabalho, ao direcionamento da programação profissional e à possibilidade de reingresso do reabilitado no mercado formal.

Um exemplo da alocação de habilitados no marcado de trabalho encontra-se na exigência do artigo 93 da Lei nº 8.213/91, que obriga a empresa com mais de 100 (cem) empregados a possuir um percentual que varia de 2% a 5% de pessoas beneficiárias reabilitadas ou pessoas portadoras de deficiência:

---

60 HORVATH JR. Miguel. *Direito Previdenciário*. 9ª ed. São Paulo: Quartier Latin, 2012. p. 111- 115

61 Decreto nº 3.048/99, Art. 140. "Concluído o processo de reabilitação profissional, o Instituto Nacional do Seguro Social emitirá certificado individual indicando a função para a qual o reabilitando foi capacitado profissionalmente, sem prejuízo do exercício de outra para a qual se julgue capacitado. § 1º Não constitui obrigação da previdência social a manutenção do segurado no mesmo emprego ou a sua colocação em outro para o qual foi reabilitado, cessando o processo de reabilitação profissional com a emissão do certificado a que se refere o *caput*."

> **Art. 93.** *A empresa com cem ou mais empregados está obrigada a preencher de dois por cento a cinco por cento de seus cargos com beneficiários reabilitados ou pessoas portadoras de deficiência, habilitadas, na seguinte proporção:*
> *I – até duzentos empregados, dois por cento;*
> *II – de duzentos e um a quinhentos empregados, três por cento;*
> *III – de quinhentos e um a mil empregados, quatro por cento; ou*
> *IV – mais de mil empregados, cinco por cento.*
> *§ 1º A dispensa de empregado na condição estabelecida neste artigo, quando se tratar de contrato por tempo superior a noventa dias e a imotivada, no contrato por prazo indeterminado, somente poderá ocorrer após a contratação de substituto em condições semelhantes.*

O mesmo dispositivo, em seu parágrafo primeiro, garante ainda que a dispensa de trabalhador reabilitado ou de deficiente habilitado ao final de contrato por prazo determinado de mais de 90 (noventa) dias, e a imotivada, no contrato por prazo indeterminado, só poderá ocorrer após a contratação de substituto de condição semelhante.

5.4.4.3 A. influência na Aposentadoria por Invalidez

A influência do serviço de habilitação e reabilitação profissional no conceito de invalidez é determinante. O artigo 62 da Leis dos Benefícios define o seguinte:

> **Art. 62.** *O segurado em gozo de auxílio-doença, insusceptível de recuperação para sua atividade habitual, deverá submeter-se a processo de reabilitação profissional para o exercício de outra atividade.*
> *§ 1º. O benefício a que se refere o caput deste artigo será mantido até que o segurado seja considerado reabilitado para o desempenho de atividade que lhe garanta a subsistência ou, quando considerado não recuperável, seja aposentado por invalidez.*

No caso do auxílio doença a reabilitação é que determinará aquele que se recuperou e aquele que não teve condições de recuperação e, portanto, será considerado inválido e apto ao recebimento da aposentadoria. Por esse motivo, a aposentadoria por invalidez consiste num benefício devido ao segurado que for considerado incapaz para o trabalho e insuscetível de reabilitação para o exercício de atividade que lhe garanta a subsistência. Assim, a impossibilidade de reabilitação profissional aparece como verdadeiro pressuposto da aposentadoria por invalidez.[62]

O nó górdio se encontra exatamente nos critérios em que a reabilitação profissional se utiliza para definir o inválido. É sabido que a questão médica se configura determinante, porque analisa se a incapacidade é grave a ponto de o segurado encontrar-se impossibilitado para desempenhar suas atividades da vida independente e laboral.

O programa de reabilitação é oferecido ao beneficiário de auxílio-doença (entre outros) pelo INSS, mediante prévia avaliação médica que conclua se referir a segurado com indicação para a realização desse programa. De acordo com o Manual de Perícia Médica da Previdência Social a seleção da clientela para o encaminhamento à Reabilitação Profissional deverá pautar-se na análise do conjunto de variáveis que caracterizam cada caso, tais como: faixa etária, escolaridade, tipo de limitação (sequela definitiva), acomodação ao benefício, perspectivas definidas de capacitação para o trabalho a curto e médio prazos e possibilidade de absorção pelo mercado de trabalho.[63]

Por outro lado, o critério da escolaridade também serve de fator para definir se o segurado pode ou não ser reabilitado. Em muitos casos, o segurado trabalhador enfermo ou acidentado que busca recuperar a capacidade de exercer a sua atividade habitual não pode ser reabilitado – não por causa uma questão de não recuperação da doença incapacitante –, mas por não possuir um nível de escolaridade necessário para cumprir com o programa de reabilitação profissional oferecido pelo Estado.

Corroborando tais argumentos, segue uma pequena colagem de julgados sobre o assunto:

---

62 Precedentes jurisprudenciais: STJ, 6ª Turma, RESp 621.331/PI, Rel. Paulo Gallotti, D.J. 07/11/2015; STJ, 5ª Turma, RESp 226.094/SP, Rel. Min. Jorge Scartezzini, D.J. 15.05.2000.

63 *Manual de Perícia Médica da Previdência Social*, aprovado pela Orientação Interna INSS/DIRBEN nº 73, 31 de outubro de 2002.

> PREVIDENCIÁRIO. APOSENTADORIA POR INVALIDEZ. INCAPACIDADE LABORAL DEMONSTRADA. CONDIÇÕES PESSOAIS. AGRICULTOR. VITILIGO. PROIBIÇÃO DE EXPOSIÇÃO AO SOL. TERMO INICIAL. Constatada a incapacidade para as atividades habituais do autor, agricultor, considerando-se a proibição de exposição ao sol, e levando-se em conta que as condições pessoais do segurado (idade avançada, sem qualificação profissional e baixa escolaridade) inviabilizam sua reabilitação profissional, é devida a concessão do benefício de aposentadoria por invalidez, desde a data da cessação do benefício de auxílio-doença (13/07/2013).[64]
> PREVIDENCIÁRIO. AUXÍLIO-DOENÇA/APOSENTADORIA POR INVALIDEZ. INCAPACIDADE LABORAL. TERMO INICIAL. 1. Tratando-se de auxílio-doença ou aposentadoria por invalidez, o Julgador firma sua convicção, via de regra, por meio da prova pericial. 2. Considerando as conclusões do perito judicial no sentido de que a parte autora está definitivamente incapacitada para o exercício de suas atividades laborativas habituais e ponderando, também, acerca de suas condições pessoais – especialmente tendo em vista conta 59 anos de idade, possui baixa escolaridade e qualificação profissional restrita -, mostra-se inviável a sua reabilitação, razão pela qual é devido o benefício de aposentadoria por invalidez. 3. Tendo o conjunto probatório apontado a existência da incapacidade laboral desde a época do requerimento administrativo, o benefício é devido desde então.[65]

Passando a análise sobre o teor das decisões, com relação ao primeiro caso não se discute a condição de segurado da parte autora, restringindo-se a controvérsia à existência, ou não, de incapacidade para o exercício de atividades laborais. A sentença recorrida concedeu à parte autora o benefício de auxílio-doença, reconhecendo a incapacidade temporária para exercer a atividade rural.

O perito confirmou que o autor apresenta fraturas múltiplas no tórax (CID 10 S22.4) com dor residual e cervicobraquialgia (CID

---

64 TRF-4 – AC: 193443720134049999 RS 0019344-37.2013.404.9999, Relator: VÂNIA HACK DE ALMEIDA, Data de Julgamento: 07/05/2014, SEXTA TURMA, Data de Publicação: D.E. 21/05/2014.

65 TRF-4 – APELREEX: 233071920144049999 PR 0023307-19.2014.404.9999, Relator: CELSO KIPPER, Data de Julgamento: 25/03/2015, SEXTA TURMA, Data de Publicação: D.E. 31/03/2015.

10 M53.1), dor lombar (CID 10 M79.1), além de doença de pele chamada vitiligo generalizado (CID 10 L 80.0). O Sr. Perito afirmou ainda que o autor apresenta incapacidade para desenvolver suas atividades profissionais. No entanto, enfatizou que a incapacidade é temporária, tendo como tempo estimado para recuperação o prazo de aproximadamente 10 a 12 meses.

No entanto, no exame dos autos verifica-se que o autor, agricultor, atualmente com 53 anos de idade, é portador de vitiligo (CID L80), sendo que, conforme constatado pela perícia, apresenta sequelas de fraturas múltiplas no tórax (CID 10 S 22.4), dor residual e cervicobraquialgia (CID 10 M 53.1), dor lombar (CID 10 M 79.1). O *expert* esclareceu ainda que "a proibição da exposição solar é permanente".

Considerando-se as condições pessoais do autor – idade avançada, agricultor, sem qualificação profissional e baixa escolaridade – vê-se como inviável sua reabilitação profissional. Neste contexto, conclui o relator, é perfeitamente possível concluir que a doença apresentada pelo segurado o incapacita, efetivamente, para o exercício de suas atividades na agricultura, na medida em que não pode se expor ao sol e nem exercer a atividade física plena que a profissão exige. Devida, portanto, a concessão da aposentadoria por invalidez.

Com relação ao segundo caso, vale destacar o fundamento jurídico da incapacidade laboral. Afirma o julgador que se referindo ao auxílio-doença ou aposentadoria por invalidez firma sua convicção, via de regra, por meio da prova pericial.

No caso concreto, realizou-se a perícia médico-judicial e o perito manifestou-se no sentido de que o autor é portador de "espondilose (CID M47.8), transtorno não específico de disco intervertebral (CID M51.9) e dor lombar baixa (CID M54.4)", razão pela qual está definitivamente incapacitado para o exercício de sua atividade habitual como trabalhador rural. Nessa linha, o perito do juízo salientou que o segurado apresenta "dor importante na coluna com irradiação para membros inferiores e déficit de mobilidade e deambulação".

Considerando, pois, as conclusões do perito judicial, no sentido de que o autor está definitivamente incapacitado para o exercício de suas atividades laborativas habituais como trabalhador rural, e ponderando, também, acerca de suas condições pessoais

– especialmente considerando que possui 59 anos de idade, baixa escolaridade e qualificação profissional restrita –, entendendo inviável a sua reabilitação, devendo, em consequência, ser-lhe concedido o benefício de aposentadoria por invalidez.

O Entendimento parece não ser isolado, pelo menos é o que demonstra a Turma Nacional de Uniformização:

> PREVIDENCIÁRIO. APOSENTADORIA POR INVALIDEZ. INCAPACIDADE TOTAL E DEFINITIVA PARA O TRABALHO E INSUSCETIBILIDADE DE REABILITAÇÃO PARA O EXERCÍCIO DE ATIVIDADE QUE GARANTA A SUBSISTÊNCIA. CONDIÇÕES PESSOAIS. RESTABELECIMENTO DO BENEFÍCIO DE AUXÍLIO-DOENÇA. SÚMULA 47 TNU. PROVIMENTO. 1.A sentença julgou procedente a pretensão do autor, determinando a concessão do benefício de aposentadoria por invalidez, entendendo que, apesar de a perícia haver concluído pela incapacidade da autora apenas para as atividades habituais e possibilidade de reabilitação para o exercício de outras atividades laborativas, do ponto de vista médico, as condições pessoais e sociais da parte, tais como idade e grau de instrução, na prática, torna inviável sua reabilitação. O acórdão recorrido deu provimento ao recurso interposto pelo INSS, sob o fundamento de que "malgrado" as considerações da sentença a respeito da inviabilidade da reabilitação do autor em virtude das suas condições pessoais e sociais, o laudo da perícia judicial teria sido" categórico ao afirmar que o recorrido está incapaz parcial e permanentemente, podendo ser habilitado para outras funções que não demandem esforço físico. Diante disso, o benefício de aposentadoria por invalidez deve ser substituído pelo auxílio-doença". 2.Comprovada a similitude e a divergência entre o acórdão recorrido e os paradigmas desta Turma Nacional de Uniformização (PEDILEF 200381100055548, Relator JOSÉ EDUARDO DO NASCIMENTO, DJ 19/03/2010; PEDILEF 200636009037918, relator JUIZ FEDERAL DERIVALDO DE FIGUEIREDO BEZERRA FILHO, DJ 17/12/2009; PEDILEF 200636009072110, Relator JUIZ FEDERAL DERIVALDO DE FIGUEIREDO BEZERRA FILHO, DJ 05/05/2010), tem cabimento o incidente de uniformização. 3.Há entendimento pacificado por esta Turma Nacional de Uniformização, a exemplo da Súmula nº 47 TNU, reconhecendo a possibilidade de extensão da incapacidade parcial quando, da análise das condições pessoais, se extrair a inviabilidade de reinserção ao mercado de trabalho: Uma vez reconhecida a incapacidade parcial para o trabalho, o juiz deve analisar

> as condições pessoais e sociais do segurado para a concessão de aposentadoria por invalidez. 4.Para a concessão de aposentadoria por invalidez devem ser considerados outros aspectos relevantes, além dos elencados no art. 42 da Lei nº 8.213/91, tais como, a condição socioeconômica, profissional e cultural do segurado. 5.Embora tenha o laudo pericial concluído pela incapacidade parcial do segurado, o Magistrado não fica vinculado à prova pericial, podendo decidir contrário a ela quando houver nos autos outros elementos que assim o convençam, como no presente caso. 6.No caso em tela, diante do princípio do livre convencimento, o juízo a quo entendeu pela impossibilidade de reinserção da parte autora ao mercado de trabalho em face das limitações impostas pelo baixo grau de escolaridade, pela falta de experiência profissional além de atividades que demandem esforço físico como agricultora, doméstica e auxiliar de cozinha. Concluiu que seria utopia defender a inserção do segurado no concorrido mercado de trabalho, para iniciar uma nova atividade profissional, motivo pelo qual entendeu fazer jus à concessão de aposentadoria por invalidez. 7. Incidente de Uniformização conhecido e provido.[66]

Conforme demonstrado, mesmo sendo obrigatória a submissão do segurado que está em gozo do auxílio-doença em passar pela reabilitação profissional,[67] o magistrado ignorou essa possibilidade em ambos os casos analisados, alegando ser inviável.

Diante desse fato, Wagner Balera chama atenção para um significativo crescimento no número de concessões de aposentadoria por invalidez nos últimos 15 anos e aponta critérios relacionados aos programas de reabilitação profissional como responsáveis por esse crescimento:

> A ignorância sobre a razão desse incremento do risco pode melhor ser traduzida pela incapacidade do Estado em tomar medidas efetivas de combate a causas que são muitas e, há bastante tempo, conhecidas.

66 TNU – PEDILEF: 50032658120124047104, Relator: JUIZ FEDERAL ANDRÉ CARVALHO MONTEIRO, Data de Julgamento: 07/08/2013, Data de Publicação: 16/08/2013.

67 Decreto nº 3.048/99, Art. 77.

> A primeira das causas notórias desse estado de coisas é quase uma componente histórica da situação: a subnotificação dos acidentes de trabalho.
>
> Pode-se dizer, que esse fato histórico começou a ser combatido, ainda que indiretamente, por intermédio da introdução de instrumentos de controle dos riscos do trabalho. [...]
>
> A segunda causa é mais torpe. O Brasil optou pelo quase total abandono dos programas de reabilitação profissional. Desde a extinção do INAMPS, em 1993, deixou de existir a antiga estrutura estatal de instâncias de reabilitação dos segurados.[68]

Completando o raciocínio, Wagner Balera afirma que há total desinteresse da parte do Estado brasileiro em proporcionar as condições objetivas de retorno ao trabalho do segurado.[69] Em 30 anos, deixaram de existir os 23 centros de reabilitação mantidos em todo território nacional pelas antigas instituições de previdência social, depois substituídas pelo INAMPS que, afinal, também foi extinto.

Diante dos múltiplos aspectos a serem considerados, faz-se necessário analisar com cautela a afirmação de que a nova tendência é "não reabilitar pessoas com a finalidade de fazê-las retornar ao trabalho, mas fazê-las voltar ao trabalho para reabilitá-las".[70]

A bem da verdade, os Centos de Reabilitação Profissional (CRPs), com honrosas exceções, estão há muito falidos. Funcionam devido ao concurso de abnegados servidores do INSS, que se dedicam integralmente à recuperação e à reinserção dos trabalhadores acidentados no mercado de trabalho. As dificuldades são muitas, considerando-se que uma das finalidades precípuas da reabilitação profissional reside na reinserção do segurado acidentado no mercado de trabalho, de preferência na mesma empresa.

---

68 BALERA, Wagner. *Noções preliminares de direito previdenciário*. 2ª ed. São Paulo: Quartier Latin, 2010. p. 180-181.

69 Segundo o último *Anuário Estatístico da Previdência Social*, disponível no sitio da previdência do Governo Federal, o número de inscritos no serviço de reabilitação profissional em 18,7% entre 2008 e 2013.

70 SCHUBERT, B. *Reabilitação profissional no mundo*. Revista da Associação Nacional dos Médicos Peritos da Previdência Social, Brasília, 2009. p. 29-31.

Corroborando esse pensamento, podemos concluir que um dispositivo legal descumprido por quase todas as empresas neste país se traduz no art. 93, da Lei nº 8.213/91, o qual obriga as empresas a manter em seus quadros pessoas reabilitadas ou portadoras de deficiência nos percentuais ali previstos. Se falta emprego até para os hígidos, imagine-se para os "doentes" ou meio hígidos. No conceito de reabilitação profissional está a concessão de órteses e próteses sempre que indicadas tecnicamente – outro tormentoso problema, pois nunca há verba para tal despesa.[71]

A crônica falta de verbas tem levado o segurado a procurar o poder Judiciário, antes mesmo de findar a reabilitação ou até mesmo a ignorando que, como visto nos exemplos apresentados no início do tópico, o Judiciário vem acatando por desacreditar no programa de reabilitação profissional.

5.4.5. Aposentadoria por Idade

5.4.5.1. A velha e a nova previdência

Nesse tópico será realizado um paralelo entre as regras de aposentaria antes e depois da Reforma da Previdência de 2019.

No período anterior à Emenda Constitucional 103/2019 existam duas modalidades de aposentadoria voluntária, uma chamada Aposentadoria por Idade e outra Aposentadoria por Tempo de Contribuição.

A aposentadoria por tempo de contribuição, que substituiu a aposentadoria por tempo de serviço a partir da EC 20/1998, era devida ao segurado que, cumprida a carência de 180 contribuições, comprovasse 35 anos de tempo de contribuição, se homem, ou 30 anos, se mulher. Portanto, sem a necessidade de idade mínima, salvo nas regras de transição para a aposentadoria proporcional que exigiu 48 anos das mulheres e 53 anos dos homens, além do cumprimento de um pedágio de 40% do tempo faltante em 16.12.1998. Com a Reforma da Previdência efetivada pela EC 20/1998, o tempo de serviço deixou de ser considerado para a

---

71 TSUTITYA, Augusto Massayuki. *Curso de direito da seguridade social*. São Paulo: Saraiva, 2007. p. 354.

concessão da aposentadoria, passando a valer o tempo de contribuição efetivo para o regime previdenciário, e foi abolida a possibilidade de aposentadoria proporcional para quem se filiou ao RGPS depois de 16.12.1998.[72]

Posteriormente, as perdas com o fator previdenciário foram amenizadas com a criação da fórmula 85/95 (progressiva) pela Lei nº 13.183/2015, ou seja, a soma de pontos que levava em conta a soma da idade e do tempo de contribuição do segurado ao se aposentar, permitindo afastar o fator previdenciário, caso atingisse 85 pontos, se mulher, e 95 pontos, se homem.

As regras para a aposentadoria por idade no Regime Geral do Previdência Social eram basicamente as seguintes: a idade mínima de 65 (sessenta e cinco) anos para os homens e 60 (sessenta) para as mulheres e, em ambos os casos, a carência de 15 anos de contribuição. O valor do benefício da aposentadoria começa em 70% da média dos salários de contribuição (80% dos maiores salários de contribuição) somado 1% a cada ano a mais trabalhado, até o limite de 100%. Assim, com 30 (trinta) anos de INSS, o segurado recebia 100%[73] de sua média salarial.

No caso dos **servidores públicos federais** é exigida uma idade mínima de 55 anos para mulheres e 60 anos para homens, com no mínimo 30 e 35 anos de contribuição respectivamente. Servidores que ingressaram até dezembro de 1998 podem se aposentar a partir de 48 anos, no caso das mulheres e 53, no caso dos homens.

A **aposentadoria por idade do trabalhador rural** é implementada no momento em que o segurado implementa 60 (sessenta) anos no caso do homem e 55 (cinquenta e cinco) anos no caso da mulher somando a 15 (quinze) anos de contribuição para ambos os casos.

---

72 LAZZARI, João Batista Et Al.. *Comentários à Reforma da Previdência*. Rio de Janeiro: Forense, 2019. p. 108.

73 Com 15 (quinze) anos o segurado tinha direito aos 70% mais 15% por ter 15 anos de contribuição (quinze grupos de 12), totalizando 85% da média. Caso ele contribuía por mais 15 (quinze) anos - chegando a 30 (trinta) - ele adicioana mais 15 pontos percentiasis aos 85 totalizando os 100% da média salarial.

Para **professores e policiais federais**, não havia idade mínima, somente tempo de contribuição de 30/25 e os **Congressistas** se aposentavam com 60 anos e 35 de contribuição.

Após a reforma a regra ficou da seguinte forma:

Homens	Regime	Mulheres
	INSS	
65 anos	Idade mínima para aposentadoria	62 anos
20 anos	Tempo mínimo de contribuição	15 anos
	SERVIDORES	
65 anos	Idade mínima para aposentadoria	62 anos
25 anos	Tempo mínimo de contribuição	25 anos
	PROFESSORES	
60 anos	Idade mínima para aposentadoria	57 anos
25 anos	Tempo mínimo de contribuição	25 anos
	POLÍCIA FEDERAL	
55 anos	Idade mínima para aposentadoria	55 anos
30 anos	Tempo mínimo de contribuição	30 anos
	CONGRESSISTAS	
65 anos	Idade mínima para aposentadoria	62 anos
20 anos	Tempo mínimo de contribuição	15 anos
	TRABALHADOR RURAL	
60 anos	Idade Mínima	55 anos
15 anos	Tempo de contribuição	15 anos

5.4.5.2. Calculo do valor dos benefícios

Os benefícios do INSS passarão a ser calculados a partir da publicação da emenda constitucional que atualiza as regras da

Previdência. Pela nova fórmula, a regra geral diz que o beneficiário que cumprir a carência de 15 anos de contribuição terá direito a uma aposentadoria com renda mensal equivalente a 60% da sua média salarial. O benefício terá o acréscimo de dois pontos percentuais da média salarial para cada ano de recolhimentos a mais, contados a partir do 16º ano, para a mulher, e do 21º, para o homem. Dessa forma, esse sistema exigirá que as mulheres contribuam por 35 anos para ter a aposentadoria integral. Para os homens, serão necessários 40 anos.

A regra também passará a considerar todas as contribuições realizadas a partir de julho de 1994 na composição da média salarial. Hoje, o INSS descarta 20% dos recolhimentos mais baixos. Na regra atual, só os pagamentos altos (80% maiores) entram na aposentadoria. Com a reforma, todas as contribuições feitas sobre o piso vão a conta, reduzindo a média o que representa uma diminuição do valor do benefício.

As regras referentes ao valor do benefício variam de acordo com a data em que o servidor ingressou no setor público federal:

Quem entrou antes de 2003: poderá receber a aposentadoria integral (o valor do benefício será igual ao do último salário recebido) e ter paridade (a aposentadoria será reajustada junto com os reajustes nos salários dos servidores na ativa) se cumprir o pedágio de trabalhar o dobro do tempo que faltaria para o servidor se aposentar segundo as regras atuais.

Quem entrou entre 2003 e 2013: o valor do benefício será de, no mínimo, 60% da média das contribuições feitas a partir de julho de 1994. Serão acrescidos 2% ao valor da aposentadoria até o máximo de 100% para cada ano de contribuição que superar 20 anos de recolhimento, limitado ao teto do salário do funcionalismo público.

Quem ingressou após 2013: também vale a regra acima. Mas a média das contribuições não vai poder superar o teto do INSS.

5.4.5.3. Regras de transição

Para quem já contribuía antes da publicação da reforma da previdência o governo criou 6 (seis) regras de transição para se possa obter o direito à aposentadoria sem se submeter às novas regras. São elas:

a.1) Regra de transição de pontos (soma do tempo de contribuição com a idade) – RGPS (setor privado)

Art. 15 da Emenda Constitucional 103/2019.

Ao segurado filiado ao Regime Geral de Previdência Social até a data de entrada em vigor desta Emenda Constitucional, fica assegurado o direito à aposentadoria quando forem preenchidos, cumulativamente, os seguintes requisitos:

> I – 30 (trinta) anos de contribuição, se mulher, e 35 (trinta e cinco) anos de contribuição, se homem; e
> II – somatório da idade e do tempo de contribuição, incluídas as frações, equivalente a 86 (oitenta e seis) pontos, se mulher, e 96 (noventa e seis) pontos, se homem, observado o disposto nos §§ 1º e 2º.

A partir de 1º de janeiro de 2020, a pontuação a que se refere o inciso II do caput será acrescida a cada ano de 1 (um) ponto, até atingir o limite de 100 (cem) pontos, se mulher, e de 105 (cento e cinco) pontos, se homem.

Para o professor que comprovar exclusivamente 25 (vinte e cinco) anos de contribuição, se mulher, e 30 (trinta) anos de contribuição, se homem, em efetivo exercício das funções de magistério na educação infantil e no ensino fundamental e médio, o somatório da idade e do tempo de contribuição, incluídas as frações, será equivalente a 81 (oitenta e um) pontos, se mulher, e 91 (noventa e um) pontos, se homem, aos quais serão acrescidos, a partir de 1º de janeiro de 2020, 1 (um) ponto a cada ano para o homem e para a mulher, até atingir o limite de 92 (noventa e dois) pontos, se mulher, e 100 (cem) pontos, se homem.

O valor da aposentadoria concedida nos termos do disposto neste artigo será apurado na forma da nova regra de cálculo do benefício: 60% do salário de benefício (média integral) + dois pontos percentuais para cada ano que exceder a 20 anos, se homem, e 15 anos, se mulher.

a.2) Regra pontos para os servidores federais

Art. 4º da Emenda Constitucional 103/2019

O servidor público federal que tenha ingressado no serviço público em cargo efetivo até a data de entrada em vigor desta Emenda Constitucional poderá aposentar-se voluntariamente quando preencher, cumulativamente, os seguintes requisitos: (caput - art. 4º)

> I - 56 (cinquenta e seis) anos de idade, se mulher, e 61 (sessenta e um) anos de idade, se homem, observado o disposto no § 1º;
> II - 30 (trinta) anos de contribuição, se mulher, e 35 (trinta e cinco) anos de contribuição, se homem;
> III - 20 (vinte) anos de efetivo exercício no serviço público;
> IV - 5 (cinco) anos no cargo efetivo em que se der a aposentadoria; e
> V - somatório da idade e do tempo de contribuição, incluídas as frações, equivalente a 86 (oitenta e seis) pontos, se mulher, e 96 (noventa e seis) pontos, se homem, observado o disposto nos §§ 2º e 3º.

A partir de 1º de janeiro de 2022, a idade mínima a que se refere o inciso I do caput será de 57 (cinquenta e sete) anos de idade, se mulher, e 62 (sessenta e dois) anos de idade, se homem. (§1º)

A partir de 1º de janeiro de 2020, a pontuação a que se refere o inciso V do **caput** será acrescida a cada ano de 1 (um) ponto, até atingir o limite de 100 (cem) pontos, se mulher, e de 105 (cento e cinco) pontos, se homem.(§2º)

A idade e o tempo de contribuição serão apurados em dias para o cálculo do somatório de pontos a que se referem o inciso V do **caput** e o § 2º. (§3º)

b) Regra de transição da idade mínima – RGPS

Art. 16 da Emenda Constitucional 103/2019.

Ao segurado filiado ao Regime Geral de Previdência Social até a data de entrada em vigor desta Emenda Constitucional fica assegurado o direito à aposentadoria quando preencher, cumulativamente, os seguintes requisitos: (caput – art. 16)

> I - 30 (trinta) anos de contribuição, se mulher, e 35 (trinta e cinco) anos de contribuição, se homem; e
> II - idade de 56 (cinquenta e seis) anos, se mulher, e 61 (sessenta e um) anos, se homem.

A partir de 1º de janeiro de 2020, a idade a que se refere o inciso II do caput será acrescida de 6 (seis) meses a cada ano, até atingir 62 (sessenta e dois) anos de idade, se mulher, e 65 (sessenta e cinco) anos de idade, se homem.

Para o professor que comprovar exclusivamente tempo de efetivo exercício das funções de magistério na educação infantil e no ensino fundamental e médio, o tempo de contribuição e a idade de que tratam os incisos I e II do caput deste artigo serão reduzidos em 5 (cinco) anos, sendo, a partir de 1º de janeiro de 2020, acrescidos 6 (seis) meses, a cada ano, às idades previstas no inciso II do caput, até atingirem 57 (cinquenta e sete) anos, se mulher, e 60 (sessenta) anos, se homem.

O valor da aposentadoria concedida nos termos do disposto neste artigo será apurado na forma da nova regra de cálculo do benefício: 60% do salário de benefício (média integral) + dois pontos percentuais para cada ano que exceder a 20 anos, se homem, e 15 anos, se mulher.

c) Regra para quem está a dois anos de se aposentar – RGPS
Art. 17 da Emenda Constitucional 103/2019.

Ao segurado filiado ao Regime Geral de Previdência Social até a data de entrada em vigor desta Emenda Constitucional e que na referida data contar com mais de 28 (vinte e oito) anos de contribuição, se mulher, e 33 (trinta e três) anos de contribuição, se homem, fica assegurado o direito à aposentadoria quando preencher, cumulativamente, os seguintes requisitos:

> I – 30 (trinta) anos de contribuição, se mulher, e 35 (trinta e cinco) anos de contribuição, se homem; e
> II – cumprimento de período adicional correspondente a 50% (cinquenta por cento) do tempo que, na data de entrada em vigor desta Emenda Constitucional, faltaria para atingir 30 (trinta) anos de contribuição, se mulher, e 35 (trinta e cinco) anos de contribuição, se homem.

O benefício concedido nos termos deste artigo terá seu valor apurado de acordo com a média aritmética simples dos salários de contribuição e das remunerações calculada na forma da lei, multiplicada pelo fator previdenciário, calculado na forma do disposto nos §§ 7º a 9º do art. 29 da Lei nº 8.213, de 24 de julho de 1991.

d) Regra de transição da aposentadoria por idade e tempo de contribuição- RGPS – Art. 18 da Emenda Constitucional 103/2019.

O segurado de que trata o inciso I do § 7º do art. 201 da Constituição Federal filiado ao Regime Geral de Previdência Social até a data de entrada em vigor desta Emenda Constitucional poderá aposentar-se quando preencher, cumulativamente, os seguintes requisitos:

> I – 60 (sessenta) anos de idade, se mulher, e 65 (sessenta e cinco) anos de idade, se homem; e
> II – 15 (quinze) anos de contribuição, para ambos os sexos.

A partir de 1º de janeiro de 2020, a idade de 60 (sessenta) anos da mulher, prevista no inciso I do caput, será acrescida em 6 (seis) meses a cada ano, até atingir 62 (sessenta e dois) anos de idade.

O valor da aposentadoria concedida nos termos do disposto neste artigo será apurado na forma da nova regra de cálculo do benefício: 60% do salário de benefício (média integral) + dois pontos percentuais para cada ano que exceder a 20 anos, se homem, e 15 anos, se mulher.

e) Regra do pedágio com idade mínima (RGPS e servidores federais)
Art. 20 da Emenda Constitucional 103/2019.

O segurado ou o servidor público federal que se tenha filiado ao Regime Geral de Previdência Social ou ingressado no serviço público em cargo efetivo até a data de entrada em vigor desta Emenda Constitucional poderá aposentar-se voluntariamente quando preencher, cumulativamente, os seguintes requisitos:

> I – 57 (cinquenta e sete) anos de idade, se mulher, e 60 (sessenta) anos de idade, se homem;
> II – 30 (trinta) anos de contribuição, se mulher, e 35 (trinta e cinco) anos de contribuição, se homem;
> III – para os servidores públicos, 20 (vinte) anos de efetivo exercício no serviço público e 5 (cinco) anos no cargo efetivo em que se der a aposentadoria;

IV – período adicional de contribuição correspondente ao tempo que, na data de entrada em vigor desta Emenda Constitucional, faltaria para atingir o tempo mínimo de contribuição referido no inciso II.

Para o professor que comprovar exclusivamente tempo de efetivo exercício das funções de magistério na educação infantil e no ensino fundamental e médio serão reduzidos, para ambos os sexos, os requisitos de idade e de tempo de contribuição em 5 (cinco) anos.

5.4.6. Aposentadorias Especiais

5.4.6.1. Fundamentação Legal

Art. 201. *A previdência social será organizada sob a forma do Regime Geral de Previdência Social, de caráter contributivo e de filiação obrigatória, observados critérios que preservem o equilíbrio financeiro e atuarial, e atenderá, na forma da lei, a:*
§ 1º É vedada a adoção de requisitos ou critérios diferenciados para concessão de benefícios, ressalvada, nos termos de lei complementar, a possibilidade de previsão de idade e tempo de contribuição distintos da regra geral para concessão de aposentadoria exclusivamente em favor dos segurados:

A criação de critérios distintos para concessão de benefícios de aposentadoria para os segurados, no caso das aposentadorias especiais, não viola o princípio da isonomia. A definição de critérios distintos para as aposentadorias especiais é na verdade a exteriorização da isonomia vertical, ou seja, os segurados que em função da atividade de que exerce, deve ser tratados de forma diferente dos que não exercem tais atividades e iguais aos que da mesma forma exercem.

Tais atividades possuem uma peculiaridade, demandam um maior esforço ou um caráter mais nocivo à saúde do que as atividades assim consideradas normais. Por esse motivo os que exercem tais atividades devem ser tratados de forma distinta, no entanto, a regra é a mesma para todos aqueles que exercerem tais atividades, respeitando assim a isonomia horizontal.

5.4.6.2. Aposentadoria por agentes nocivos

Artigos 57 e 58 da Lei nº 8.213/91 e 64 a 70 do Decreto nº 3.048/99

> **Art. 57.** *A aposentadoria especial será devida, uma vez cumprida a carência exigida nesta Lei, ao segurado que tiver trabalhado sujeito a condições especiais que prejudiquem a saúde ou a integridade física, durante 15 (quinze), 20 (vinte) ou 25 (vinte e cinco) anos, conforme dispuser a lei.*
> **Art. 25.** *A concessão das prestações pecuniárias do Regime Geral de Previdência Social depende dos seguintes períodos de carência, ressalvado o disposto no art. 26:*
> *II – aposentadoria por idade, aposentadoria por tempo de serviço e aposentadoria especial: 180 contribuições mensais.*

As atividades que permitem uma redução do tempo de contribuição para 15, 20 ou 25 anos estão previstas no ANEXO IV do RPS:

- **15 (quinze) anos** para trabalhos em mineração subterrânea, em frentes de produção com exposição à associação de agentes físicos, químicos ou biológicos;·
- **20 (vinte) anos** para trabalhos com exposição ao agente químico asbestos (amianto) e para trabalhos em mineração subterrânea, mas afastados das frentes de produção com exposição à associação de agentes físicos, químicos ou biológicos.·
- **25 (vinte e cinco anos)** para os demais casos de exposição a agentes nocivos.

Com relação ao rol dos agentes, muito se questiona se eles são taxativos ou se seriam taxativos o rol das atividades desempenhadas pelos segurados. Sobre o assunto temos a opinião da Previdência Social de que o entendimento da previdência é que o rol dos agentes nocivos é exaustivo, enquanto que as atividades listadas, nas quais pode haver exposição, são exemplificativas.

Com relação ao STJ temos o seguinte entendimento:

Para o STJ:

DIREITO PREVIDENCIÁRIO. ARTS. 57 E 58 DA LEI Nº 8.213/1991. ROL DE ATIVIDADES E AGENTES NOCIVOS. CARÁTER EXEMPLIFICATIVO. RECURSO REPETITIVO (ART.

> **543-C DO CPC E RES. Nº 8/2008-STJ). É possível considerar como atividade especial para fins previdenciários o trabalho exposto à eletricidade, mesmo se exercido após a vigência do Dec.** nº 2.172/1997, que suprimiu eletricidade do rol de agentes nocivos. À luz da interpretação sistemática, as normas regulamentadoras que estabelecem os casos de agentes e atividades nocivas à saúde do trabalhador são exemplificativas, podendo ser considerado especial o labor que a técnica médica e a legislação correlata considerarem como prejudiciais ao obreiro, desde que o trabalho seja permanente, não ocasional nem intermitente e em condições especiais (art. 57, § 3º, da Lei nº 8.213/1991). O extinto TFR também já havia sedimentado na Súm. nº 198 o entendimento acerca da não taxatividade das hipóteses legais de atividade especial. Precedentes citados: AgRg no REsp 1.168.455-RS, DJe 28/6/2012, e AgRg no REsp 1.147.178-RS, DJe 6/6/2012. **REsp 1.306.113-SC, Rel. Min. Herman Benjamin, julgado em 14/11/2012.** (grifo nosso).

Antes da redação da Lei nº 8.213/91, o enquadramento era feito por categoria profissional - Decretos nº 53.831/64 e 83.080/79. Bastava que as categorias profissionais estivessem listadas em regulamento para que seu trabalho fosse considerado como especial, com presunção absoluta de exposição. Essa situação perdurou até a lei nº 9.032/95.

> **Súmula 49 TNU**
>
> Para reconhecimento de condição especial de trabalho antes de 29/4/1995, a exposição a agentes nocivos à saúde ou à integridade física não precisa ocorrer de forma permanente.

Para o reconhecimento do tempo de contribuição especial incidirá o Princípio de *Tempus Regit Actum*, de modo que será aplicada a legislação previdenciária vigente no momento de sua aplicação. STJ - Resp 1.205.482 de 21.11.2010.

Caso o segurado aposentado por agentes nocivos volte a exercer uma atividade laboral especial, de acordo com o art. 46 da Lei nº 8.213/91, o benefício será cancelado, o mesmo não ocorre caso o segurado volte a exercer uma atividade comum, o que não impediria que ele recebesse a aposentadoria cumulada com o salário.

O artigo 64 do RPS prevê que apenas o segurado empregado, o trabalhador avulso e o contribuinte individual cooperado filiado à cooperativa de trabalho ou de produção fazem jus à aposentadoria especial. *Justificativa*: Apenas nesses casos há prévia fonte de custei específica. Art. 57, §6º da Lei 8.213/91.

Ocorre que tal restrição não é previsão na legal, apenas no decreto 3.048/99. Dessa forma, a TNU e o STJ se pronunciaram da seguinte forma:

> **TNU** - Súmula 62
> O segurado contribuinte individual pode obter reconhecimento de atividade especial para fins previdenciários, desde que consiga comprovar exposição a agentes nocivos à saúde ou à integridade física
> **STJ - Resp 1.436.794**
> O art. 64 do RPS ao limitar a concessão do benefício de aposentadoria especial ao segurado empregado, trabalhados avulso e contribuinte cooperado, extrapola os limites da Lei de benefícios que se propôs regulamentar, razão pela qual deve ser reconhecida a sua ilegalidade.

Com relação à comprovação, esta será feita mediante formulário emitido pela empresa ou seu preposto, com base em laudo técnico de condições ambientais do trabalho, expedido por médico do trabalho ou engenheiro de segurança do trabalho. O Formulário é o PPP – Perfil Profissiográfico Previdenciário.

O responsável pela emissão do PPP é a empresa no caso do empregado, a cooperativa de trabalho no caso do cooperado e do OGMO ou sindicato no caso do avulso.

Por entendimento da TNU não problema quando a extemporaneidade do PPP, conforme de depreende da leitura da **Sumula 68 TNU**: O laudo pericial não contemporâneo ao período trabalhado é apto à comprovação da atividade especial do segurado.

No entanto, Caso a empresa não forneça o PPP ou apresente com incorreções o segurado poderá ajuizar ação contra a empresa na justiça do Trabalho cominatória com obrigação de fazer, a fim de disponibilizar o formulário que é indispensável para concessão da aposentadoria especial.

Outra grande questão é a respeito do fornecimento de equipamento de proteção individual – EPI ao trabalhador se excluiria ou não o enquadramento como atividade especial. Sobre o assunto temos o entendimento do STJ e da TNU:

> **Entendimento do STJ**
> Resp. 720.082: O fato da empresa fornecer o EPI não afasta o direito ao benefício da aposentadoria especial.
> **Entendimento da TNU**
> O uso de Equipamento de Proteção Individual (EPI), ainda que elimine a insalubridade, no caso de exposição a ruído, não descaracteriza o tempo de serviço especial prestado.

Já o STF possui **entendimento intermediário** (STF) ARE 664335

– Em caso de agente nocivo *qualitativo*: o EPI não exclui a atividade especial.

– Em caso de agente nocivo *quantitativo*: caso o EPI reduza a exposição não haverá atividade nociva a ser considerada.

5.4.6.3. Regras pós reforma da previdência

Trabalhadores que exercem **atividades insalubres** terão novas regras para se aposentar. A **aposentadoria especial**, que dá direito a quem exerce atividade exposto a agente nocivo à saúde se aposentar mais cedo não tem mais integralidade no benefício.

Na regra antiga, quem se aposenta pela regra recebe 100% de salário de contribuição. Com a nova regra, o cálculo do benefício é o mesmo previsto para outras aposentadorias: 60% da média salarial mais 2% a cada ano que exceder 20 anos de contribuição, mesma regra de cálculo dos outros benefícios.

Pela disposto no art. 21 da EC 103/2019, o segurado ou o servidor público federal que se tenha filiado ao Regime Geral de Previdência Social ou ingressado no serviço público em cargo efetivo até a data de entrada em vigor desta Emenda Constitucional cujas atividades tenham sido exercidas com efetiva exposição a agentes químicos, físicos e biológicos prejudiciais à saúde, ou associação desses agentes, vedada a caracterização por categoria profissional ou ocupação, desde que cumpridos, no caso do servidor, o tempo mínimo de 20 (vinte) anos de efetivo exercício no serviço público e de 5 (cinco) anos no cargo efetivo em que for concedida a aposentadoria, na forma dos arts. 57 e 58 da Lei nº 8.213, de 24 de julho de 1991, poderão aposentar-se quando o total da soma resultante da sua idade e do tempo de contribuição e o tempo de efetiva exposição forem, respectivamente, de:

> I - 66 (sessenta e seis) pontos e 15 (quinze) anos de efetiva exposição;
> II - 76 (setenta e seis) pontos e 20 (vinte) anos de efetiva exposição; e
> III - 86 (oitenta e seis) pontos e 25 (vinte e cinco) anos de efetiva exposição.

Para os que ingressarem no regime após a EC 109/2019 em atividades que comprovem o exercício de atividades com efetiva exposição a agentes químicos, físicos e biológicos prejudiciais à saúde, ou associação desses agentes, vedada a caracterização por categoria profissional ou ocupação, durante, no mínimo, 15 (quinze), 20 (vinte) ou 25 (vinte e cinco) anos, nos termos do disposto nos arts. 57 e 58 da Lei nº 8.213, de 24 de julho de 1991, quando cumpridos:

> a) 55 (cinquenta e cinco) anos de idade, quando se tratar de atividade especial de 15 (quinze) anos de contribuição;
> b) 58 (cinquenta e oito) anos de idade, quando se tratar de atividade especial de 20 (vinte) anos de contribuição; ou
> c) 60 (sessenta) anos de idade, quando se tratar de atividade especial de 25 (vinte e cinco) anos de contribuição;

A Renda mensal inicial consiste em 60% do valor do salário de benefício (média integral de todos os salários de contribuição desde julho de 1994, corrigidos monetariamente), com acréscimo de dois pontos percentuais para cada ano que exceder o tempo de 20 anos de contribuição para os homens e de 15 anos para as mulheres. O acrescimento de dois pontos percentuais será aplicado a partir dos 15 anos, inclusive para homens, em caso de atividades que geram aposentadoria com esse tempo.

5.4.6.4. Aposentadoria para deficientes

A Lei Complementar nº 142/2013 e Decreto nº 8.145/2013 surgiram para regulamentar a previsão da EC 47/2005 que incluiu no texto constitucional a aposentadoria especial do deficiente.

Para efeito de concessão deste benefício, considera-se pessoa com deficiência aquela que tem impedimentos de longo prazo de natureza física, mental, intelectual ou sensorial, os quais, em interação com diversas barreiras, podem obstruir sua participação plena e efetiva na sociedade em igualdade de condições com as demais pessoas. Redação da Lei nº 12.470/2011 que alterou a Lei nº 8.742/93 (LOAS).

Para a concessão o segurado deve se enquadrar em dos graus de deficiência na forma da tabela a baixo:

<table>
<tr><th>Grau de deficiência</th><th>Tempo de Contribuição</th><th>Carência</th></tr>
<tr><td>Leve</td><td>Homem: 33 anos
Mulher: 28 anos</td><td rowspan="3">180 meses trabalhados na condição de pessoa com deficiência</td></tr>
<tr><td>Moderada</td><td>Homem: 29 anos
Mulher: 24 anos</td></tr>
<tr><td>Grave</td><td>Homem: 25 anos
Mulher: 20 anos</td></tr>
</table>

Existe uma variação da aposentadoria especial que leva em conta a idade e conta com redução em 5 anos: 60 Homem | 55 Mulher, independentemente do grau de deficiência.

Caso a Deficiência seja anterior a LC 142/2013, deve ser fixado o grau de deficiência na primeira avaliação do INSS e a comprovação da deficiência não será comprovada por meio de prova exclusivamente testemunhal.

Com o advento da EC 103/2019, foi mantida a possibilidade de lei complementar definir critérios diferenciados de idade e tempo de contribuição para a concessão de aposentadoria em favor dos segurados com deficiência, previamente submetidos à avaliação biopsicossocial realizada por equipe multiprofissional e interdisciplinar. É o consta do art. 201, § 1º:

> *§ 1º É vedada a adoção de requisitos ou critérios diferenciados para concessão de benefícios, ressalvada, nos termos de lei complementar, a possibilidade de previsão de idade e tempo de contribuição distintos da*

regra geral para concessão de aposentadoria exclusivamente em favor dos segurados:
I – com deficiência, previamente submetidos à avaliação biopsicossocial realizada por equipe multiprofissional e interdisciplinar.

O benefício é devido aos segurados: empregado, avulso, doméstico, contribuinte individual, facultativo e especial (somente nos casos em que contribuir).

A LC 142/2013 não previu nenhuma contribuição previdenciária adicional para custear a aposentadoria especial dos deficientes. Tal situação viola algum dispositivo constitucional por violação, ao Princípio da preexistência do custeio ou regra da contrapartida?

Em tese sim, no entanto a União não manifestou interesse em propor uma inconstitucionalidade.

Caso o deficiente também exerça atividade especial poderá valer-se cumulativamente das regras da aposentadoria especial por agentes nocivos? a LC 142/2013 prevê em seu art. 10 que a redução do tempo de contribuição prevista nesta Lei Complementar não poderá ser acumulada, no tocante ao mesmo período contributivo, com a redução assegurada aos casos de atividades exercidas sob condições especiais que prejudiquem a saúde ou a integridade física.

Para fins de apuração da deficiência, a definição de impedimento de longo prazo está no art. 3º do Ato Conjunto, Portaria Interministerial SDH/MPS/MF/MOG/AGU nº 1 de 27.01.2014: *Considera-se impedimento de longo prazo, para os efeitos do Decreto nº 3.048, de 1999, aquele que produza efeitos de natureza física, mental, intelectual ou sensorial, pelo prazo mínimo de 02 (dois) anos, contados de forma ininterrupta."*

Qual é a principal condição para a concessão da aposentadoria ao segurado com deficiência pela LC nº 142/2013?

A comprovação por meio de avaliação médica e funcional, realizada pela perícia do INSS, da existência de uma deficiência que pode ser de três graus: leve, moderada ou grave.

Compete à perícia por meio da avaliação fixar a data provável do início da deficiência do segurado e o respectivo grau, bem como identificar a ocorrência de variação no grau de deficiência e indicar os respectivos períodos em cada grau.

A comprovação da deficiência anterior à data da vigência da LC nº 142 de 08.05.2013 deve ser instruída por documentos que subsidiem a avaliação médica e funcional, sendo vedada a prova exclusivamente testemunhal.

Por fim, o segurado aposentado de acordo com as regras da LC nº 142/2013 não está obrigado ao afastamento da atividade que exerce na condição de pessoa com deficiência, pode continuar trabalhando normalmente.

5.4.7. Salário-maternidade[74]

Para ter direito ao salário-maternidade, o cidadão deve atender aos seguintes requisitos na data do parto, aborto ou adoção:

- **Quantidade de meses trabalhados (carência)**
  - 10 meses: para o trabalhador Contribuinte Individual, Facultativo e Segurado Especial;
  - isento: para segurados Empregado, Empregado Doméstico e Trabalhador Avulso (que estejam em atividade na data do afastamento, parto, adoção ou guarda com a mesma finalidade);

Para as desempregados: é necessário comprovar a qualidade de segurado do INSS e, conforme o caso, cumprir carência de 10 meses trabalhados;

Caso tenha perdido a qualidade de segurado, deverá cumprir metade da carência de 10 meses antes do parto/evento gerador do benefício (Lei nº 13.457/2017).

5.4.7.1. Duração do benefício

A duração do salário-maternidade dependerá do tipo do evento que deu origem ao benefício:

- 120 dias no caso de parto;

---

74 Informações colhidas da página eletrônica do Instituto Nacional do Seguro Social. Disponível em: < https://www.inss.gov.br/beneficios/salario-maternidade/ > Acesso em 28 de jan. 2020

- 120 dias no caso de adoção ou guarda judicial para fins de adoção, independentemente da idade do adotado que deverá ter no máximo 12 anos de idade;
- dias, no caso de natimorto;
- 14 dias, no caso de aborto espontâneo ou previstos em lei (estupro ou risco de vida para a mãe), a critério médico.

5.4.7.2. Documentos originais necessários

Para ser atendido nas agências do INSS, deve apresentar um documento de identificação com foto e o número do CPF. O trabalhador também deve apresentar suas carteiras de trabalho, carnês e outros comprovantes de contribuição.

- O trabalhador desempregado deve, obrigatoriamente, apresentar a certidão de nascimento ou de natimorto do dependente;
- O trabalhador que se afasta 28 dias antes do parto deve apresentar **atestado médico original**, específico para gestante.
- Em caso de guarda, deve apresentar o Termo de Guarda com a indicação de que a guarda destina-se à adoção;
- Em caso de adoção, deverá apresentar a nova certidão de nascimento expedida após a decisão judicial.

5.4.7.3. Outras informações

- Em situação de **adoção ou parto de mais de uma criança**, o segurado terá direito somente ao pagamento de um salário-maternidade;
- No caso de **empregos concomitantes** ou de **atividade simultânea** na condição de segurado empregado, como Contribuinte Individual ou Doméstico, o cidadão fará jus ao salário-maternidade relativo a cada emprego ou atividade;
- O salário-maternidade **não pode ser acumulado** com Benefícios por Incapacidade: por exemplo, auxílio-doença ou aposentadoria por invalidez;
- O salário-maternidade será devido ao adotante do sexo **masculino**, para adoção ou guarda para fins de adoção, ocorrida a partir de 25/10/2013 (Lei nº 12.873/2013);
- A partir de 23/1/2013, é garantido, no caso de falecimento do segurado, que tinha direito ao recebimento de salário-maternidade, o pagamento do benefício ao cônjuge ou companheiro sobrevivente, desde que este também possua as condições ne-

cessárias à concessão do benefício em razão de suas próprias contribuições. Para o reconhecimento desse direito, é necessário que o **sobrevivente solicite o benefício até o último dia do prazo previsto para o término do salário-maternidade originário** (120 dias). Esse benefício, em qualquer hipótese, é pago pelo INSS (artigo 71-B da Lei nº 8.213/1991).

5.4.8. Auxílio Reclusão[75]

Benefício devido apenas aos dependentes do segurado de baixa renda do INSS preso em regime fechado, durante o período de reclusão ou detenção. O segurado não pode estar recebendo salário, nem outro benefício do INSS.

Para que os dependentes tenham direito, é necessário que a média dos salários de contribuição apurados no período de 12 meses anteriores ao mês do recolhimento à prisão (ou seja, nos 12 meses antes de ser preso) esteja dentro do limite previsto pela legislação. Caso a renda do segurado esteja acima desse valor limite estabelecido, daí não há direito ao benefício. Importante explicar também que agora é preciso que o segurado tenha contribuído por pelo menos 24 meses, ou seja, tenha realizado 24 contribuições, antes de ser preso, para que sua família possa então ter direito ao benefício do auxílio-reclusão.

O atendimento deste serviço será realizado à distância (Meu INSS ou telefone 135), não sendo necessário o comparecimento presencial nas unidades do INSS, a não ser quando solicitado para eventual comprovação.

Os dependentes do trabalhador recluso (em regime fechado ou semiaberto) que receba auxílio-reclusão precisam Cadastrar Declaração de Cárcere/Reclusão, também pelo Meu INSS. O documento é feito pelas unidades prisionais e deve ser apresentado a cada 3 meses.

Caso esta declaração não seja apresentada, o pagamento do benefício é suspenso. Além disso, caso o segurado seja posto em

---

75 Informações colhidas da página eletrônica do Instituto Nacional do Seguro Social. Disponível em: < https://www.inss.gov.br/beneficios/auxilio-reclusao-urbano/> Acesso em 28 de jan. 2020

liberdade, fuja da prisão ou passe a cumprir pena em regime aberto, o benefício é encerrado.

Para o cônjuge, o companheiro, o cônjuge divorciado ou separado judicialmente ou de fato que recebia pensão alimentícia:

A duração será de 4 meses contados a partir da data da prisão:

- Se o casamento ou união estável se iniciar em menos de dois anos antes da prisão do segurado;

Se a prisão ocorreu pelo menos dois anos após o início do casamento ou da união estável, a duração do benefício será variável, conforme a tabela abaixo:

Idade do dependente na data da prisão	Duração máxima do benefício ou cota
menos de 21 anos	3 anos
entre 21 e 26 anos	6 anos
entre 27 e 29 anos	10 anos
entre 30 e 40 anos	15 anos
entre 41 e 43 anos	20 anos
a partir de 44 anos	Vitalício

Para filhos e equiparados: o benefício terá duração até os 21 anos de idade, salvo se for inválido ou com deficiência. Nos casos em que houver emancipação, haverá a cessação do benefício.

5.4.8.1. Quem pode utilizar esse serviço?

Em relação ao segurado recluso:

- Possuir qualidade de segurado na data da prisão (ou seja, estar trabalhando e contribuindo regularmente);
- Estar recluso em regime fechado ou semiaberto (desde que a execução da pena seja em colônia agrícola, industrial ou similar);
- Possuir o último salário de contribuição abaixo do valor previsto na legislação, conforme a época da prisão.

Em relação aos dependentes:

- Para cônjuge ou companheira: comprovar casamento ou união estável na data em que o segurado foi preso;

- Para filhos e equiparados: possuir menos de 21 anos de idade, se for inválido ou com deficiência não há limite de idade;
- Para os pais: comprovar dependência econômica;
- Para os irmãos: comprovar dependência econômica e idade inferior a 21 anos de idade, se for inválido ou com deficiência não há limite de idade;

5.4.8.2. Documentos originais necessários

- Certidão judicial que ateste o recolhimento efetivo à prisão;
- Documentos que comprovem a qualidade de dependente.

5.4.8.3 Outras informações

- Se a declaração carcerária apresentada no requerimento do benefício permitir a identificação plena do segurado recluso, não é necessária a apresentação dos documentos de identificação do recluso. Entretanto, se for necessário o acerto de dados cadastrais, é necessária a apresentação do documento de identificação do trabalhador preso;
- A cada três meses deve ser apresentada nova declaração de cárcere, emitida pela unidade prisional. Consulte o serviço cadastrar declaração de cárcere/reclusão para mais informações;
- Assim que o segurado recluso for posto em liberdade, o dependente ou responsável deverá apresentar imediatamente o alvará de soltura, para que não ocorra recebimento indevido do benefício;
- Em caso de fuga, liberdade condicional, transferência para prisão albergue ou cumprimento da pena em regime aberto, o dependente ou responsável também deverá procurar a Agência do INSS para solicitar o encerramento imediato do benefício e, no caso de nova prisão posterior, deverá requerer um novo benefício, mesmo nos casos de fuga com posterior recaptura;
- O auxílio-reclusão será devido a contar da data do efetivo recolhimento do segurado à prisão, se requerido até 90 dias, ou da data do requerimento, se posterior;
- Equipara-se à condição de recolhido à prisão a situação do segurado com idade entre 16 e 18 anos que tenha sido internado em estabelecimento educacional ou similar, sob custódia do Juizado de Infância e da Juventude.

5.4.9. Pensão por Morte[76]

Benefício destinado aos dependentes (cônjuge, companheiro, filhos e enteados menores de 21 anos ou inválidos, desde que não tenham se emancipado; pais; irmãos não emancipados, menores de 21 anos ou inválidos) de beneficiário que era aposentado ou trabalhador que exercia sua atividade no perímetro urbano.

O benefício é devido apenas aos dependentes que vier a falecer ou, em caso de desaparecimento, tiver sua morte presumida declarada judicialmente (for declarado oficialmente morto) .

5.4.9.1. A duração do benefício

É variável conforme a idade e o tipo de beneficiário. Para o cônjuge, o companheiro, o cônjuge divorciado ou separado judicialmente ou de fato que recebia pensão alimentícia:

A duração será de 4 meses contados a partir do óbito (morte):

- Se o falecimento tiver ocorrido sem ter havido tempo para a realização de, ao menos, 18 contribuições mensais à Previdência; ou
- Se o casamento ou união estável se iniciar em menos de dois anos antes do falecimento do segurado;

A duração será variável conforme a tabela abaixo:

- Se o óbito ocorreu depois de 18 contribuições mensais pelo segurado e pelo menos dois anos após o início do casamento ou da união estável; ou
- Se o óbito decorrer de acidente de qualquer natureza, independentemente da quantidade de contribuições e tempo de casamento ou união estável.

---

76 Informações colhidas da página eletrônica do Instituto Nacional do Seguro Social e atualizadas pela Emenda Constitucional nº 103/2019. Disponível em: < https://www.inss.gov.br/beneficios/pensao-por-morte/> Acesso em 28 de jan. 2020.

Idade do dependente na data do óbito	Duração máxima do benefício ou cota
menos de 21 anos	3 anos
entre 21 e 26 anos	6 anos
entre 27 e 29 anos	10 anos
entre 30 e 40 anos	15 anos
entre 41 e 43 anos	20 anos
a partir de 44 anos	Vitalício

Para o cônjuge inválido ou com deficiência: o benefício é devido enquanto durar a deficiência ou invalidez, respeitando-se os prazos mínimos descritos na tabela acima;

Para os filhos (equiparados) ou irmãos do falecido, desde que comprovem o direito: O benefício é devido até os 21 anos de idade, salvo em caso de invalidez ou deficiência adquiridas antes dos 21 anos de idade ou da emancipação.

5.4.9.2. Quem pode utilizar esse serviço?

Os dependentes que comprovarem que o falecido possuía qualidade de segurado do INSS na data do óbito;

Os dependentes também terão que comprovar:

- Para cônjuge ou companheira: comprovar casamento ou união estável na data em que o segurado faleceu;
- Para filhos e equiparados: possuir menos de 21 anos de idade, salvo se for inválido ou com deficiência;
- Para os pais: comprovar dependência econômica;
- Para os irmãos: comprovar dependência econômica e idade inferior a 21 anos de idade, a não ser que seja inválido ou com deficiência.

5.4.9.3. Documentos originais necessários

- Certidão de óbito ou documento que comprove a morte presumida. Documentos que comprovem a qualidade de dependente.
- Em caso de morte por acidente de trabalho, consulte a página sobre Comunicação de Acidente de Trabalho – CAT;

5.4.9.4. Documentos que poderão ser solicitados pelo INSS

- Procuração ou termo de representação legal, documento de identificação com foto e CPF do procurador ou representante, se houver;
- Documentos pessoais dos dependentes e do segurado falecido, bem como a certidão de óbito;
- Documentos referentes às relações previdenciárido segurado falecido (exemplo: Carteira de Trabalho e Previdência Social (CTPS), Certidão de Tempo de Contribuição (CTC), carnês, documentação rural, etc.); e
  Em caso de morte por acidente de trabalho, consulte a página sobre Comunicação de Acidente de Trabalho – CAT;
- Documentos que comprovem a qualidade de dependente.

5.4.9.5. Mudanças trazidas pela Emenda Constitucional 103/2019

Pela Emenda Constitucional 103/2019 (Art. 23), a pensão por morte concedida a dependente de segurado do Regime Geral de Previdência Social ou de servidor público federal será equivalente a uma cota familiar de 50% (cinquenta por cento) do valor da aposentadoria recebida pelo segurado ou servidor ou daquela a que teria direito se fosse aposentado por incapacidade permanente na data do óbito, acrescida de cotas de 10 (dez) pontos percentuais por dependente, até o máximo de 100% (cem por cento).

As cotas por dependente cessarão com a perda dessa qualidade e não serão reversíveis aos demais dependentes, preservado o valor de 100% (cem por cento) da pensão por morte quando o número de dependentes remanescente for igual ou superior a 5 (cinco). (§1º)

Na hipótese de existir dependente inválido ou com deficiência intelectual, mental ou grave, o valor da pensão por morte de que trata o **caput** será equivalente a:

> I – 100% (cem por cento) da aposentadoria recebida pelo segurado ou servidor ou daquela a que teria direito se fosse aposentado por incapacidade permanente na data do óbito, até o limite máximo de benefícios do Regime Geral de Previdência Social; e
> II – uma cota familiar de 50% (cinquenta por cento) acrescida de cotas de 10 (dez) pontos percentuais por dependente, até o má-

ximo de 100% (cem por cento), para o valor que supere o limite máximo de benefícios do Regime Geral de Previdência Social.

Quando não houver mais dependente inválido ou com deficiência intelectual, mental ou grave, o valor da pensão será recalculado na forma do disposto no caput e no § 1º.

O tempo de duração da pensão por morte e das cotas individuais por dependente até a perda dessa qualidade, o rol de dependentes e sua qualificação e as condições necessárias para enquadramento serão aqueles estabelecidos na Lei nº 8.213, de 24 de julho de 1991.

Para o dependente inválido ou com deficiência intelectual, mental ou grave, sua condição pode ser reconhecida previamente ao óbito do segurado, por meio de avaliação biopsicossocial realizada por equipe multiprofissional e interdisciplinar, observada revisão periódica na forma da legislação.

Equiparam-se a filho, para fins de recebimento da pensão por morte, exclusivamente o enteado e o menor tutelado, desde que comprovada a dependência econômica.

5.4.9.6. Cumulação de pensão

O Art. 24. da Emenda Constitucional nº 103/2019 veda a acumulação de mais de uma pensão por morte deixada por cônjuge ou companheiro, no âmbito do mesmo regime de previdência social, ressalvadas as pensões do mesmo instituidor decorrentes do exercício de cargos acumuláveis na forma do art. 37 da Constituição Federal.

> *§ 1º Será admitida, nos termos do § 2º, a acumulação de:*
> *I – pensão por morte deixada por cônjuge ou companheiro de um regime de previdência social com pensão por morte concedida por outro regime de previdência social ou com pensões decorrentes das atividades militares de que tratam os arts. 42 e 142 da Constituição Federal;*
> *II – pensão por morte deixada por cônjuge ou companheiro de um regime de previdência social com aposentadoria concedida no âmbito do Regime Geral de Previdência Social ou de regime próprio de previdência social ou com proventos de inatividade decorrentes das atividades militares de que tratam os arts. 42 e 142 da Constituição Federal; ou*

III – pensões decorrentes das atividades militares de que tratam os arts. 42 e 142 da Constituição Federal com aposentadoria concedida no âmbito do Regime Geral de Previdência Social ou de regime próprio de previdência social.

§ 2º Nas hipóteses das acumulações previstas no § 1º, é assegurada a percepção do valor integral do benefício mais vantajoso e de uma parte de cada um dos demais benefícios, apurada cumulativamente de acordo com as seguintes faixas:

I – 60% (sessenta por cento) do valor que exceder 1 (um) salário-mínimo, até o limite de 2 (dois) salários-mínimos;

II – 40% (quarenta por cento) do valor que exceder 2 (dois) salários-mínimos, até o limite de 3 (três) salários-mínimos;

III – 20% (vinte por cento) do valor que exceder 3 (três) salários-mínimos, até o limite de 4 (quatro) salários-mínimos; e

IV – 10% (dez por cento) do valor que exceder 4 (quatro) salários-mínimos.

§ 3º A aplicação do disposto no § 2º poderá ser revista a qualquer tempo, a pedido do interessado, em razão de alteração de algum dos benefícios.

§ 4º As restrições previstas neste artigo não serão aplicadas se o direito aos benefícios houver sido adquirido antes da data de entrada em vigor desta Emenda Constitucional.

§ 5º As regras sobre acumulação previstas neste artigo e na legislação vigente na data de entrada em vigor desta Emenda Constitucional poderão ser alteradas na forma do § 6º do art. 40 e do § 15 do art. 201 da Constituição Federal.

Destaca-se que a Emenda Constitucional 103 restringiu sua aplicação tão somente às pensões deixadas por cônjuge ou companheiro. Não há menção alguma às pensões deixadas pelos pais em favor dos filhos (em todos os casos previstos legalmente); as pensões deixadas pelos filhos em favor de seus pais e aquelas deixadas em favor do irmão na forma descrita na lei.

5.4.9.7. Outras informações

A pensão por morte de companheiro ou cônjuge poderá ser acumulada (receber ao mesmo tempo) com a pensão por morte de filho;

O dependente condenado pela prática de crime doloso que tenha resultado na morte do segurado, após o trânsito em julgado (condenação pela Justiça), não terá direito ao benefício (Lei nº 13.135/2015);

Conforme Portaria MPS nº 513, de 9 de dezembro de 2010, fica garantido o direito à pensão por morte ao companheiro ou companheira do mesmo sexo, para óbitos ocorridos a partir de 5 de abril de 1991, desde que atendidas todas as condições exigidas para o reconhecimento do direito a esse benefício.

5.4.10. Salário-família[77]

O salário-família é um valor pago ao empregado, inclusive o doméstico, e ao trabalhador avulso, de acordo com o número de filhos ou equiparados que possua. Filhos maiores de 14 anos não têm direito, exceto no caso dos inválidos (para quem não há limite de idade).

Para ter direito, o cidadão precisa enquadrar-se no limite máximo de renda estipulado pelo governo federal (confira a tabela com o valor do benefício).

O empregado, inclusive o doméstico, deve requerer o salário-família diretamente ao empregador. Já o trabalhador avulso deve requerer o benefício ao sindicato ou órgão gestor de mão-de-obra ao qual está vinculado.

Casos estes trabalhadores estejam recebendo auxílio-doença, aposentadoria por invalidez e aposentadoria por idade rural, devem realizar o seu requerimento no INSS.

O mesmo vale para os demais aposentados, que também têm direito ao salário-família, caso tenham mais de 65 anos de idade, se homem, ou 60 anos de idade, se mulher, e possuam filhos que se enquadrem nos critérios para a concessão.

5.4.10.1. Principais requisitos

- Ter filho(s) de qualquer condição com menos de 14 anos de idade, ou filho(s) inválido(s) de qualquer idade;
- Ter remuneração mensal abaixo do valor limite para recebimento do salário-família.

---

77 Informações colhidas da página eletrônica do Instituto Nacional do Seguro Social. Disponível em: < https://www.inss.gov.br/beneficios/salario-familia/> Acesso em 28 de jan. 2020.

5.4.10.2. Documentos originais e formulários necessários

Para requerer o salário-família, o cidadão deve apresentar os seguintes documentos:

Documento de identificação com foto e o número do CPF;

- termo de responsabilidade;
- certidão de nascimento de cada dependente;
- caderneta de vacinação ou equivalente, dos dependentes de até 6 anos de idade;
- comprovação de frequência escolar dos dependentes de 7 a 14 anos de idade;
- requerimento de salário-família (apenas para processos de aposentadoria ou quando não solicitado no requerimento de benefício por incapacidade).

Para renovar o direito ao benefício é necessário apresentar anualmente a carteira de vacinação dos dependentes de até 6 anos de idade, sempre no mês de novembro. Já a frequência escolar deve ser comprovada a cada seis meses, em maio e novembro.

5.4.10.3. Outras informações

- Os dois pais têm direito ao benefício, caso ambos satisfaçam os requisitos para a concessão;
- Caso o salário-família pago pelo INSS seja suspenso por falta de renovação, os valores serão pagos depois que a situação for regularizada;
- Considera-se remuneração mensal o valor total do respectivo salário de contribuição, caso o cidadão exerça mais de uma atividade;
- Caso o cidadão esteja em gozo de benefício da Previdência Social, o valor do salário-família será pago como acréscimo no próprio benefício.

Referências bibliográficas

ALEXANDRE, Ricardo. *Direito Tributário*. 11ª ed. Salvador: Jus Podivum, 2017.

ALVAREZ, Alejandro Bugallo. Análise econômica do direito: contribuições e desmistificações. *Revista de Direito, Estado e Sociedade*. v. 9. nº 29, 2006.

ALVIM, Rui Carlos Machado. *Uma história crítica da legislação previdenciária brasileira*. São Paulo: RDT, 1979.

AMADO, Frederico. *Direito Previdenciário*. 7ª ed. Salvador: Jus Podivm, 2016.

AMARAL FILHO, Léo. *Previdência privada aberta*. São Paulo: Quartier Latin, 2005.

ANDERSON. Perry. *As origens da pós-modernidade*. Rio de Janeiro: Jorge Zahar Editor, 1998.

ARAÚJO NETO, Raul Lopes de. *Tributação das entidades de previdência complementar sob a ótica da teoria da maximização de riquezas de Richard Posner* (2011). *Economic Analysis of Law Review*. V. 2, nº 1. Disponível em: <http://ealr.com.br/>. Acesso: 15 ago. 2011.

__________. *Tributação e previdência complementar: o papel do imposto de renda na geração de poupança interna*. Rio de Janeiro: Lumen Juris, 2013.

__________. *O conceito jurídico de invalidez no direito previdenciário*. Rio de Janeiro: Lumen Juris, 2017.

ARISTÓTELES. Ética a Nicômaco. São Paulo: Nova Cultural, 1991.

ASSIS. Armando de Oliveira. Em busca de uma concepção moderna de "risco social". In: BALERA, Wagner (coord.). *Revista de Direito Social*. Ano 4, abr./jun., nº 14. Porto Alegre: Notadez, 2004.

ATALIBA, Geraldo Ataliba. *Hipótese de Incidência Tributária*. 6ª ed. São Paulo: Malheiros, 2009.

ÁVILA, Humberto. *Segurança jurídica:* entre permanência, mudança e realização no direito tributário. 2ª ed. São Paulo: Malheiros, 2012.

BALERA, Wagner. A importância da Assistência Social na Constituição Federal como instrumento social. In: COSTA, José Ricardo Caetano; SERAU JÚNIOR, Marcos Aurélio (Coords.). *Benefício Assistencial: temas polêmicos - Lei nº 8.742/93*. São Paulo: LTr , 2015.

__________. A organização e o custeio da Seguridade Social. In: BALERA, Wagner (coord.). *Curso de Direito Previdenciário em homenagem a Moacyr Velloso Cardoso de Oliveira*. 5ª ed. São Paulo: LTr, 2003.

__________. Coordenador. *Comentários à Lei de Previdência Privada. São Paulo:* Quartier Latin. 2005.

__________. Introdução à seguridade social. In: MONTEIRO, Meire Lúcia Gomes (coord). *Introdução ao Direito Previdenciário*. São Paulo: LTr, 1998.

__________. *Noções preliminares de direito previdenciário*. 2ª ed. São Paulo: Quartier Latin, 2010.

__________. O Valor Social do Trabalho. *Revista LTr*, v. 58/10, p. 1167-1178, 1994.

__________. *Salário-Família no direito previdenciário brasileiro*. São Paulo: Ltr, 2007.

__________. Sistema de Seguridade Social. 7ª ed. São Paulo: LTr, 2014.

BARRA, Juliano Sarmento. *Fundos de pensão instituídos na previdência privada brasileira*. São Paulo: Ltr, 2008.

BARRETO, Paulo Ayres. *Contribuições - Regime Jurídico, Destinação e Controle*. São Paulo: Noeses, 2006.

BARROSO, Luis Roberto. *A dignidade da pessoa humana no direito constitucional brasileiro:* a construção de um conceito jurídico à luz da jurisprudência mundial. Belo Horizonte: Forum, 2014.

BASTOS, Celso Ribeiro. *Curso de Direito Constitucional*. 21ª ed. São Paulo: Saraiva, 2000.

BAUMAN. Zygmunt. O mal-estar da pós-modernidade. Rio de Janeiro: Zahar, 1998.

BECK, Ulrich. *Sociedade de risco*: rumo a uma nova modernidade. São Paulo: Editora 34, 2010.

BENTHAM, Jeremy. *Uma Introdução aos princípios da moral e da legislação*. 2ª ed. São Paulo: Abril Cultural, 1979.

BITTAR, Eduardo C. B. O direito na pós-modernidade. *Revista Sequência*, v. 29, nº 57, p. 131-152, 2008. Disponível em: <https://periodicos.ufsc.br/index.php/sequencia/issue/view/1471>. Acesso em: 04 abr. 2016.

__________. *O direito na pós-modernidade*. Rio de Janeiro: Forense Universitária, 2005.

_________. O direito na pós-modernidade. *Revista Sequência*, v. 29, nº 57, p. 131-152, 2008. Disponível em: <https://periodicos.ufsc.br/index.php/sequencia/issue/view/1471>. Acesso em: 04 abr. 2016.

BOBBIO, Norberto. *Teoria do Ordenamento Jurídico*. São Paulo: Edipro, 2011.

CANARIS, Claus-Wilhelm. *Pensamento Sistemático e Conceito de Sistema na Ciência do Direito*. Lisboa: Fundação Calouste Gulbenkian, 2002.

CANOTILHO, José Joaquim Gomes. *Direito Constitucional*. 7ª ed. Coimbra: Almedina, 2003.

CANUTO, Alessandra Mihailidou; FERNANDES, Maria Fernanda Otero; THOMAS, José Carlos. *O Crescimento da previdência privada aberta face a crise da previdência social* (2009). Disponível em: <http://www.mackenzie.br/fileadmin/Graduacao/CCSA/Publicaco-es/Jovens_Pesquisadores/02/2_2_09.pdf>. Acesso em: 10 dez 2010.

CARVALHO, Aurora Tomazini de. *Curso de Teoria Geral do Direito* – o construtivismo lógico-semântico. 4ª ed. São Paulo: Noeses, 2014.

CARVALHO, Cristiano. *Teoria do Sistema Jurídico:* direito, economia, tributação. São Paulo: Quartier Latin, 2005.

CARVALHO, Fábio Junqueira; MURGEL, Maria Inês. *Tributação de fundos de pensão*. Belo Horizonte: Decálogo, 2007.

CARVALHO, Paulo de Barros. *Direito Tributário, Linguagem e Método*. São Paulo: Noeses, 2013.

COELHO, Sacha Calmon Navarro. *Curso de direito tributário brasileiro*. 1ª ed., Rio de Janeiro: Forense, 1999.

COIMBRA, J.R. Feijó. *Direito previdenciário brasileiro*. 7ª ed. Rio de Janeiro: Edições Trabalhistas, 1997.

COMPARATO, Fábio Konder. *A afirmação histórica dos direitos humanos*. São Paulo: Saraiva, 1999.

CORREIA, Marcos Orione Gonçalves. Interpretação do direito da segurança social. In: ROCHA, Daniel Machado; CORREIA, Marcos Orione Gonçalves (Coord). *Curso de especialização em direito previdenciário.* 1ª ed. Curitiba: Juruá, p. 249-268. v. 1. 2006.

DERZI, Heloisa Hernandez; ZAPPA, Fabiana Ulson. A tributação e o caráter social da previdência complementar. *Revista de Previdência.* nº 4, Rio de Janeiro: Gramma, 2006.

DERZI, Misabel Abreu Machado. Seguridade social. Problemas financeiros e soluções na constituição de 1988. *Revista Trimestral de Direito Público.* São Paulo: Malheiros, 2003.

DRAIBE, Sonia; HENRIQUE, Wilnês. Welfare state, Crise e Gestão da crise. *Revista Brasileira de Ciências Sociais,* v. 3, nº 6, São Paulo: ANPOCS, 1988.

DUARTE, Marina Vasques. *Direito Previdenciário.* 5ª ed. Porto Alegre: Verbo Jurídico, 2007.

DUPEYROUX, Jean-Jacques. *Droit de la sécurité sociale.* 8ª **ed.** Paris: Dalloz, 1997).

DURAND, Paul. A política de Seguridade Social e a evolução da sociedade contemporânea. In: BALERA, Wagner (coord.). *Revista de Direito Social.* Ano 4, out./dez., nº 16. Porto Alegre: Notadez, 2004. p. 127-128.

________. *La política contemporânea de seguridad social.* Madrid: Ministério de Trabajo y Seguridad Social, 1991.

DWORKIN, Ronald. *Uma questão de princípios.* 2ª ed. São Paulo: Martins Fontes, 2005.

ESPING-ANDERSEN, Gosta. O futuro do welfare state na nova ordem mundial. *Revista Lua Nova,* nº 35, São Paulo: CEDEC, 1995.

ESTEVES, Juliana Teixeira. *Fundos de Pensão: benefícios ou prejuízo para os trabalhadores?.* São Paulo: Ltr, 2008.

FABRÍCIO, Adroaldo. Previdência ou imprevidência. In: *Previdência ou imprevidência?.* Porto Alegre: Ajuris, 2003.

FERNADES, Anníbal; FREUDENTHAL, Sérgio Pardal. Acidentes do Trabalho: evolução e perspectivas. In: BALERA, Wagner (coord.). *Curso de Direito Previdenciário em homenagem a Moacyr Velloso Cardoso de Oliveira.* 5ª ed. São Paulo: LTr, 2003.

FERRAZ JR., Tercio Sampaio. *Concepção de sistema jurídico no pensamento de Emil Lask.* Disponível em: <http://www.terciosampaioferrazjr.com.br/?q=/publicacoes-cientificas/107>. Acesso em: 29 jun. 2015.

FLEISCHACKER, Samuel. *Uma breve história da justiça distributiva.* São Paulo: Martins Fontes, 2006.

GARCIA, Gustavo Filipe Barbosa. *Curso de Direito da Seguridade Social.* Rio de Janeiro: Forense, 2016.

GENTIL, Denise Lobato. *A Falsa crise do sistema de seguridade social no Brasil: uma análise financeira do período 1990 - 2005 (2007).* Disponível em: <www.corecon-rj.org.br/ced/artigo_denise_gentil_reforma_da_previdencia.pdf>. Acesso em: 03 dez. 2010.

GICO JÚNIOR, Ivo Teixeira. *Metodologia e epistemologia da análise econômica do direito* (2010). Disponível em: < http://works.bepress.com/ivo_teixeira_gico_junior/44/ > Acesso em: 10 nov. 2010.

GIDDENS Antony. *As consequências da modernidade.* São Paulo: Unesp, 1991.

GODOY, Arnaldo Sampaio de Moraes. Direito e economia: introdução ao movimento *law and economics. Revista Arte Júridica.* Jur., Brasília, v. 7, nº 73, 2005.

GOMES, Orlando. Natureza jurídica da relação de previdência social. In: GOMES, Orlando. *Escritos Menores.* São Paulo: Saraiva, 1981.

HESSE, Hermann. *Demian.* Rio de janeiro: BestBolso, 2015.

HORVATH JÚNIOR, Miguel. As políticas públicas, o ativismo judicial e a assistência social. In: COSTA, José Ricardo Caetano; SERAU JÚNIOR, Marcos Aurélio (Coords.). *Benefício Assistencial: temas polêmicos – Lei nº 8.742/93.* São Paulo: LTr , 2015.

__________. *Direito Previdenciário.* 9ª ed. São Paulo: Quartier Latin, 2012.

__________. *Salário maternidade: à luz da proteção previdenciária.* São Paulo: Quatier Latin, 2004.

JARDIM, Tânia Horsth Noronha. *Responsabilidade social corporativa: uma prática hegemônica? Um estudo sobre a responsabilidade social corporativa e seus impactos para o serviço social de Furnas Centrais Elétricas S/A.* 2010. 206 f. Dissertação (Mestrado em Serviço Social) – Departamento de Serviço Social, Pontifícia Universidade Católica do Rio de Janeiro, Rio de Janeiro, 2010.

KELSEN, Hans. *Teoria Pura do Direito*. 6ª ed. São Paulo: Martins Fontes, 1998.

KERTZMAN, Ivan. *Curso Prático de Direito Previdenciário*. 11ª ed. rev. ampl. e atual. Salvador: JusPODIVM, 2014.

KRAUT. Richard. *Aristotle:* Political Philosophy. Oxford: Oxford University Press. 2002.

LAZZARI, João Batista Et Al.. *Comentários à Reforma da Previdência*. Rio de Janeiro: Forense, 2019.

LEITE, Celso Barroso. *A proteção social no Brasil*. 2ª ed. São Paulo: Ltr, 1978.

__________. Conceito de Seguridade Social. In: BALERA, Wagner (coord.). *Curso de Direito Previdenciário em homenagem a Moacyr Velloso Cardoso de Oliveira*. 5ª ed. São Paulo: LTr, 2003.

LUBIATO, Kelly. Expectativa de crescimento. *Conjuntura Econômica*. São Paulo, 2002.

LUHMANN, Niklas. *Introdução à teoria dos sistemas*. Petrópolis: Vozes, 2009.

LUKIC, Melina de Sousa Rocha. *Tributos em Espécie*. Disponível em: <https://direitorio.fgv.br/sites/direitorio.fgv.br/files/u1882/tributos_em_espécie _2017-1.pdf >. Acesso em: 15 ago. 2018.

LYOTARD, Jean-François. *A condição pós-moderna*. 14ª ed. Rio de Janeiro: José Olympio, 2011.

MACHADO, Hugo de Brito. *Curso de direito tributário*. 13ª ed. São Paulo: Malheiros, 1998.

MARTINEZ, Wladimir Novaes. *Princípios de direito previdenciário*. 6ª ed. São Paulo: LTr, 2015.

MATTOS, Paulo Todescan Lessa. *O novo Estado regulador do Brasil: eficiência e legitimidade*. São Paulo: Singular, 2006.

MEDEIROS, Marcelo. *A Trajetória do Welfare State no Brasil: Papel Redistributivo das Políticas Sociais dos anos 1930 aos anos 1960*. Rio de Janeiro: Instituto de Pesquisa Econômica Aplicada, 2001.

MILLER, David. *Principles of Social Justice*. Cambridge: Harvard Press. 2001.

MIRANDA, Francisco Cavalcante Pontes de. *Tratado de Direito Privado*. Campinas: Bookseller, Tomo I, 1999.

NASCIMENTO, Leandro Maciel do. *A segurança jurídica na jurisprudência do STF: a proteção de expectativas não abrangidas pelos direitos adquiridos*. Rio de Janeiro: Lumen Juris, 2017.

NADER, Paulo. *Filosofia do direito*. 20ª ed. Rio de Janeiro: Forense, 2011.

OLEA, Manuel Alonso; PLAZA, José Luiz Tortuero. *Instituciones de seguridade social*. 14ª ed. Madrid: Editorial Civitas, 1995.

OLIVEIRA, Francisco Eduardo Barreto de; BELTRÃO, Kaizo Iwakami; DAVID, Antônio Carlos de Albuquerque. *A dívida da União com a previdência social: Uma perspectiva histórica* (1999). Disponível em: < www.ipea.gov.br/pub/td/td0638.pdf>. Acesso em: 21 jun. 2010. p. 8.

PAIXÃO, Leonardo André. *A previdência complementar fechada: uma visão geral* (2006). < Disponível em: http://www.previdencia.gov.br/arquivos/office/3_081014-111321-983.pdf > Acesso em: 10 ago. 2014.

PASTOR, José Manuel Almansa. *Derecho de la Seguridad Social*. 7ª ed. Madrid: Tecnos, 1991.

PATSIS, Keti Stylianos; TRAZUB, Cláudio José. *Perícia médica previdenciária: benefícios por incapacidade*. Salvador: Editora Jus Podivm, 2020.

PERES, Marcos Antônio Simões. A evolução da previdência complementar aberta. *Revista da Previdência*. nº 4. Rio de Janeiro: Gramma, 2006.

PERSIANI, Mattia. *Direito da previdência social*. São Paulo: Quartier Latin, 2009.

POSNER, Richard A. *Problemas de filosofia do direito*. São Paulo: Martins Fontes, 2007.

PULINO, Daniel. *A aposentadoria por invalidez no direito positivo brasileiro*. 1ª ed. São Paulo: LTr, 2001.

Paulo: LTr, 2001.

___________. *Previdência Complementar*: natureza jurídico-constitucional e seu desenvolvimento pelas entidades fechadas. 1ª ed. São Paulo: Conceito, 2011. p. 27.

RAEFFRAY, Ana Paula Oriola. *O bem-estar social e o direito de patentes na seguridade social*. São Paulo: Conceito, 2011.

RAEFFRAY, Ana Paula Oriola. *O bem-estar social e o direito de patentes na seguridade social*. São Paulo: Conceito, 2011.

RAMOS, Maria Cibele de Oliveira. *Os planos de benefícios das entidades de previdência privada*. São Paulo: Ltr, 2005.

RAWLS. John. *Uma teoria da justiça*. São Paulo: Martins Fontes, 2000.

RODRIGUES, Juliano José. *A tributação incidente sobre a previdência privada* (2007). Disponível em: <http://www.ambito-juridico.com.br/site/index.php?n_link=revista_artigos_leitura&artigo_id=1467> Acesso em: 21 set. de 2014.

RUBIN, Fernando. *Benefícios por incapacidade no Regime Geral de Previdência Social:* questões centrais de direito matéria e de direito processual. Porto Alegre: Livraria do Advogado, 2014.

SALAMA, Bruno Meyerhof. *A história do declínio e queda do eficientismo na obra de Richard Posner* (2009). Disponível em: <http://works.bepress.com/cgi/viewcontent.cgi?article=1034&context=bruno_meyerhof_salama>. Acesso em: 02 fev. 2010.

SANTOS. Boaventura Sousa. *Pela mão de Alice*: o social e o político na pós-modernidade. 4ª ed. São Paulo: Cortez, 1995.

SARLET, Ingo Wolfgang. *Dignidade da pessoa humana e direitos fundamentais*. Porto Alegre: Livraria do Advogado. 2001.

SAVARIS, José Antonio. Traços do sistema constitucional de seguridade social. In: ROCHA, Daniel Machado; SAVARIS, José Antonio (Coord). *Curso de especialização em direito previdenciário.* 1ª ed. Curitiba: Juruá, 2006. v. 1.

SCHUBERT, B. *Reabilitação profissional no mundo*. Revista da Associação Nacional dos Médicos Peritos da Previdência Social, Brasília, 2009.

SCHUMPETER, Joseph. *On The Concept Of Social Value* (1908). Disponível em: <http://socserv.mcmaster.ca/econ/ugcm/3ll3/schumpeter/socialval.html>. Acesso em: 20 nov. de 2010.

__________. On The Concept Of Social Value. s.n.t. [1908]. *The Quarterly Journal of Economics*, 1909, v. 23, nº 2.

SILVA, José Afonso. *Aplicabilidade das Normas Constitucionais*. 8ª ed. São Paulo: Malheiros, 2012.

SILVA, L. C. *Judicialização da saúde: em busca de uma contenção saudável*. Revista Âmbito Jurídico, Rio Grande, v. 16, nº 112, maio 2013. Disponível em: <http://www.ambito-juridico.com.br/site/index.php/?n_link=revista_artigos_leitura&artigo_id=13182&revista_caderno=9>. Acesso em: 16 ago. 2013

SILVA, Virgílio Afonso da. *A Constituição do direito:* os direitos fundamentais nas relações entre particulares. São Paulo: Malheiros, 2008.

STUDART, André. *Imunidade na Seguridade Social.* Disponível em: <https://andrestudart.jusbrasil.com.br/artigos/121933571/imunidades-na-seguridade-social> Acesso em: 20 de ago. de 18.

TSUTITYA, Augusto Massayuki. *Curso de direito da seguridade social.* São Paulo: Saraiva, 2007.

VENTURI, Augusto. *Los fundamentos científicos de la seguridad social.* Madrid: Ministerio do Trabajo e Seguridad social, 1994.

VIANA, João Ernesto Aragonés. *Curso de Direito Previdenciário.* São Paulo: LTr. 2007.

VILANOVA, Lourival. *As Estruturas Lógicas e o Sistema do Direito Positivo.* 2ª ed. São Paulo: Max Limonad, 1997.

VIOL, Andréa Lemgruber. *A finalidade da tributação e sua difusão na sociedade* (2005). Disponível em: <http://www.receita.fazenda.gov.br/publico/estudotributarios/eventos/seminarioii/texto02afinalidadedatributacao.pdf> Acesso em: 06 set. 2011.

WALZER, Michael. *Esferas da Justiça: uma defesa do pluralismo e da igualdade.* 1ª ed. São Paulo: Martins Fontes, 2003.

WEINTRAUB, Arthur Bragança de Vasconcelos. *Previdência privada: doutrina e jurisprudência.* São Paulo: Quartier Latin, 2005.

WIECZYNSKI, Marilene. *Considerações teóricas sobre o surgimento do Welfare State e sua implicações nas políticas Sociais: uma versão preliminar* (2007). Disponível em: <http://www.portalsocial.ufsc.br/publicacao/consideracoes.pdf>. Acesso em: 20 abr. 2011.